BALADI, Mauro

Guia de Filmes

Volume 2: Horror e Ficção Científica

Rio de Janeiro: Edições Guinefort, 2018

DIRETOR: Nacho Cerdá

PAÍS: Espanha

COMPANHIA PRODUTORA: Waken Prods.

ANO DE PRODUÇÃO: 1994

DURAÇÃO: 32'

IDIOMA ORIGINAL: Espanhol

PRODUÇÃO: Nacho Cerdá

ARGUMENTO: Nacho Cerdá

ROTEIRO: Nacho Cerdá

FOTOGRAFIA: Christopher Baffa [cor]

MONTAGEM: Raul Almanzan

MÚSICA: Mark Cowling

ELENCO: Pep Tosar, Jordi Tarrida, Ángel Tarres, Xevi Collellmir

GÊNERO: Horror escatológico

SINOPSE: Numa sala de autópsias, um legista tarado não consegue resistir à tentação e estupra o cadáver de uma moça, levando depois o coração da sua vítima para dar como jantar ao seu cachorro.

COMENTÁRIOS: Esteticamente sofisticado, o filme é considerado uma das obras mais repugnantes da história do cinema (embora, sob certos aspectos, possa ser visto também como uma comédia).

AVALIAÇÃO: ***

AMAZING STORIES 6

HISTÓRIAS MARAVILHOSAS 6

DIRETOR: Martin Scorsese [1], Paul Michael Glaser [2], Donald Petrie [3]

PAÍS: Estados Unidos

COMPANHIA PRODUTORA: Amblin Television / Universal

ANO DE PRODUÇÃO: 1985-1987

DURAÇÃO: 74'

IDIOMA ORIGINAL: Inglês

PRODUÇÃO: David E. Vogel (executiva: Steven Spielberg)

ARGUMENTO: Steven Spielberg [1, 2]

ROTEIRO: Joseph Minion [1], Jacob Epstein [2], Daniel Lindley [2], Joshua Brand [3], John Falsey [3]

FOTOGRAFIA: Robert Stevens [1], Charles Minsky [2], John McPherson [3] [cor]

MONTAGEM: Joe Ann Fogle [1, 3], John Wright [2]

MÚSICA: Michael Kamen [1], Brad Fiedel [2], Bruce Broughton [3]

[1] MIRROR, MIRROR – ELENCO: Sam Waterston, Helen Shaver, Dick Cavett, Tim Robbins, Dana Gladstone, Valorie Grear, Michael C. Gwynne, Peter Iacangelo, Jonathan Luria, Harry E. Northup, Glenn Scarpelli, Jack Thibeau

[2] BLUE MAN DOWN – ELENCO: Max Gail, Kate McNeil, Chris Nash, Sal Viscuso, Eddie Zammit, Michael Villella, Frank Doubleday, Tad Horino, Jay Ingram, Mark Erickson, Charlie Hawke, Lynn Kuratomi, Richard Epcar, Robert Benedict, Robert Louis Cameron, Debby Lynn Ross

[3] MR. MAGIC – ELENCO: Sid Caesar, Leo Rossi, Larry Gelman, Julius Harris, Tim Herbert, Eda Reiss Merin, Larry Cedar, Nick Lewin

GÊNERO: Fantasia

SINOPSE: Em três episódios. [1] Jordan, conhecido mestre do cinema de horror, lamenta-se pelo fato de há muito tempo não sentir mais medo de nada. Porém, subitamente, e sem nenhum motivo aparente, ele passa a ser atormentado pela visão de um monstro, que só é visto através de reflexos e que parece ter intenções sinistras com relação a ele; [2] Policial veterano e acomodado perde seu jovem parceiro ao distrair-se durante a investigação de um assalto. Cheio de remorsos, o homem entra numa profunda depressão, ameaçado de perder seu emprego. Porém, tudo se modifica quando ele ganha uma nova parceira, uma jovem que o incentiva a entrar em forma e a participar mais das atividades policiais; [3] Lou é um mágico para lá de veterano, que insiste em não reconhecer que a idade de pendurar a cartola está chegando (ou já chegou faz tempo). Trabalhando no mesmo clube de mágica onde estreou - há 50 anos - Lou começa a cometer erros grosseiros em seus truques, tornando-se objeto de zombaria dos espectadores. Quando o gerente do clube insiste em que ele se aposente, Lou teima em continuar e prepara um novo truque com cartas de baralho. Para isso, ele vai comprar novos equipamentos, mas acaba adquirindo um velhíssimo baralho de papel, que logo vai revelar um espantoso segredo.

COMENTÁRIOS: Mais uma coletânea de episódios da série de TV produzida por Steven Spielberg. Para nossa surpresa, o pior deste trio é justamente o primeiro, dirigido por Martin Scorsese (com uma história sem sentido e cheia de exageros). O segundo episódio vale mais pelo seu conteúdo humano e o terceiro é uma bela homenagem ao veterano astro do show business Sid Caesar.

AVALIAÇÃO: ***

AMAZING STORIES 8

HISTÓRIAS MARAVILHOSAS 8

DIRETOR: Norman Reynolds [1], Lesli Linka Glatter [2], Bob Balaban [3]

PAÍS: Estados Unidos

COMPANHIA PRODUTORA: Amblin Television / Universal

ANO DE PRODUÇÃO: 1985-1987

DURAÇÃO: 69'

IDIOMA ORIGINAL: Inglês

PRODUÇÃO: David E. Vogel (executiva: Steven Spielberg)

ARGUMENTO: Steven Spielberg [3]

ROTEIRO: Peter Z. Orton [1], Mick Garris [2], Earl Pomerantz [3]

FOTOGRAFIA: John McPherson [1, 2], Robert Stevens [3] [cor]

MONTAGEM: Wendy Greene Bricmont [1], Steven Kemper [2], Joe Ann Fogle [3]

MÚSICA: John Addison [1], Georges Delerue [2], Jonathan

Tunick [3]

[1] THE PUMPKIN COMPETITION – ELENCO: Polly Holliday, June Lockhart, J. A. Preston, Ritch Brinkley, Britt Leach, Ann Walker, Joshua Rudoy

[2] WITHOUT DIANA – ELENCO: Billy Green Bush, Dianne Hull, Gennie James, Fredric Cook, Rick Andosca

[3] FINE TUNING – ELENCO: Matthew Laborteaux, Gary Riley, Jimmy Gatherum, Milton Berle, Debbie Carrington, Daniel Frishman, Patty Maloney, Kevin Thompson, Vance Colvig, Mousie Gardner, Don Davis, Happy Hall, Jack Spoons, Whitey Roberts, Angelo Rossito, Tom Amundsen, Charlie Cirillo, Bryan Gordon, Starr Hester, Peter Kwong, Titus Napoleon

GÊNERO: Fantasia

SINOPSE: Em três episódios. [1] Numa cidade do interior, uma velha e ranzinza milionária maltrata todos os seus vizinhos com a sua arrogância. Porém, a velhota nutre uma profunda frustração por nunca ter vencido o concurso que premia a maior abóbora da região, embora concorra há mais de 20 anos. Um dia, após mais uma derrota, ela recebe a visita de um cientista, que lhe promete a receita para conseguir abóboras gigantes em troca de dez mil dólares para patrocinar suas pesquisas. Porém, como é muito mesquinha, a velhota lhe paga apenas cinco mil, o que pode lhe custar muito mais caro; [2] Logo após a guerra, um soldado volta para casa e reencontra sua esposa e a filhinha Diana, que se ressentiu da sua longa ausência. Durante um piquenique, a menina desaparece sem deixar vestígio, apesar de todas as buscas. Para compensar sua tristeza, seus pais fundam um orfanato, passando a cuidar de crianças abandonadas. Passam-se décadas e, numa noite, algo de muito estranho acontece...; [3] Adolescente metido a cientista constrói uma antena parabólica de fundo de quintal, com a qual – devido a uma série de incidentes – consegue captar transmissões de outro planeta. Através delas, ele descobre que alguns alienígenas, fascinados com os velhos programas da TV americana, estão vindo para a Terra buscar artistas para estrelar seus próprios enlatados.

COMENTÁRIOS: Última coletânea de episódios da série de TV produzida por Steven Spielberg. Neste exemplar, as três histórias são bastante simpáticas, misturando fantasia, sentimentalismo e uma boa dose de humor.

AVALIAÇÃO: ***

THE AMAZING TRANSPARENT MAN

O FANTÁSTICO HOMEM TRANSPARENTE

DIRETOR: Edgar G. Ulmer

PAÍS: Estados Unidos

COMPANHIA PRODUTORA: Miller Consolidated Pictures

ANO DE PRODUÇÃO: 1959

DURAÇÃO: 58'

IDIOMA ORIGINAL: Inglês

PRODUÇÃO: Lester D. Guthrie

ARGUMENTO: Jack Lewis

ROTEIRO: Jack Lewis

FOTOGRAFIA: Meredith M. Nicholson [p&b]

MONTAGEM: Jack Ruggiero

MÚSICA: Darrell Calker

ELENCO: Marguerite Chapman, Douglas Kennedy, James Griffith, Ivan Triesault, Red Morgan, Cormel Daniel, Edward Erwin, Jonathan Ledford, Norman Smith, Patrick Cranshaw, Kevin Kelly, Dennis Adams, Stacy Morgan

GÊNERO: Ficção científica e drama criminal

SINOPSE: Gangster providencia o resgate de um presidiário, para que este seja seu comparsa em um incrível plano. O gangster tem a seu serviço um cientista que inventou um processo para transformar seres vivos em criaturas invisíveis. Como isso, obviamente, não tem nenhum interesse para todos os governos do mundo, que jamais pagariam um centavo por esta invenção, ele quer que o presidiário se submeta ao experimento para, com isso, poder realizar grandes roubos sem ser identificado.

COMENTÁRIOS: Obra menor da última fase da carreira de Edgar Ulmer, com uma trama medíocre e absurda.

AVALIAÇÃO: **

AMITYVILLE II: THE POSSESSION

AMITYVILLE II

DIRETOR: Damiano Damiani

PAÍS: Estados Unidos / México

COMPANHIA PRODUTORA: Dino De Laurentiis Corporation / Media Technology

ANO DE PRODUÇÃO: 1982

DURAÇÃO: 100'

IDIOMA ORIGINAL: Inglês

PRODUÇÃO: Ira N. Smith, Stephen R. Greenwald

ARGUMENTO: Hans Holzer

ROTEIRO: Tommy Lee Wallace

FOTOGRAFIA: Franco DiGiacomo [cor]

MONTAGEM: Sam O'Steen

MÚSICA: Lalo Schifrin

ELENCO: James Olson, Burt Young, Rutanya Alda, Jack Magner, Andrew Prine, Diane Franklin, Moses Gunn, Ted Ross, Erika Katz, Brent Katz, Leonardo Cimino, Danny Aiello III, Gilbert Stafford, Petra Lea, Allan Dellay, Martin Donegan, John Ring, Peter Radon, Lawrence Bolen, Tony Boschetti, John Clohessey, Hollis Granville, Frank Patton, Kim Ornitz, Lindsay Hill, Rudy Jones, Todd Jamie, Ken Smith, Anita Keal (voz), Sondra Lee (voz), Alice Playten (voz)

GÊNERO: Horror satânico

SINOPSE: Os Montelli, família americana de origem italiana, mudam-se para a cidadezinha de Amityville, onde vão viver num velho casarão. Porém, eles ignoram que o local foi um antigo cemitério e que as almas desalojadas costumam frequentar a casa para filar um cafezinho. Logo, as influências malignas começam a agir sobre os Montelli, que até então eram uma feliz família católica. Percebendo que existe algo de errado, a dona da casa vai procurar Adamsky, o padre da cidade, que percebe o que está havendo, mas prefere não se intrometer, já que a Igreja moderninha não gosta de se envolver com superstições medievais, preferindo exorcizar criancinhas atrás do altar.

COMENTÁRIOS: Na verdade, este filmezinho medíocre não é exatamente uma sequência de "The Amityville horror", já que os acontecimentos que ele descreve são anteriores. De resto, uma típica trama de casa mal-assombrada, tendo como única ousadia o tema do incesto. Baseado no livro "Murder in Amityville".

AVALIAÇÃO: **

AMITYVILLE III: THE DEMON

(Cf. Amityville 3-D)

AMITYVILLE 3-D / AMITYVILLE III: THE DEMON

AMITYVILLE III: O DEMÔNIO

DIRETOR: Richard Fleischer

PAÍS: Estados Unidos

COMPANHIA PRODUTORA: Dino De Laurentiis Corporation

ANO DE PRODUÇÃO: 1983

DURAÇÃO: 105'/93'

IDIOMA ORIGINAL: Inglês

PRODUÇÃO: Stephen F. Kesten

ROTEIRO: William Wales

FOTOGRAFIA: Fred Schuler [cor]

MONTAGEM: Frank J. Urioste

MÚSICA: Howard Blake

ELENCO: Tony Roberts, Tess Harper, Robert Joy, Candy Clark, John Beal, Leora Dana, John Harkins, Lori Loughlin, Meg Ryan, Neill Barry, Pete Kowanko, Rikke Borge, Carlos Romano, Josephina Echanove, Jorge Zepeda, Raquel Pankowsky, Paco Pharres

GÊNERO: Horror de casa mal-assombrada

SINOPSE: John Baxter e sua amiga Melanie são repórteres de uma revista sensacionalista, especializada em desmascarar embustes mediúnicos. Os dois conseguem registrar as atividades de um casal de picaretas, que realizava sessões na cidade de Amityville, justamente na mansão onde foram cometidos alguns brutais assassinatos. Temendo ser envolvido num escândalo, o dono da casa quer vendê-la e John, que está se divorciando, a compra por uma ninharia – já que o lugar tem fama de assombrado. Porém, o incrédulo John não sabe que a casa é mesmo habitada por espíritos do mal, que logo passam a causar danos a ele e à sua família.

COMENTÁRIOS: Mais uma sequência da tão medíocre quanto vitoriosa série de horror sobre a mansão assombrada de Amityville. Este exemplar (ao qual se seguiriam vários outros, realizados para o cinema e a TV) tem a curiosidade de ter sido realizado em 3-D (processo que periodicamente vem "regenerar" o cinema comercial norte-americano). Apesar de um elenco razoável (contando com a adolescente Meg Ryan) e da direção do veterano artesão Fleischer, este filme não passa de uma grande porcaria, capaz de entediar até o mais impressionável e o menos exigente dos espectadores.

AVALIAÇÃO: **

AMITYVILLE: A NEW GENERATION

AMITYVILLE, A NOVA GERAÇÃO

DIRETOR: John Murlowski

PAÍS: Estados Unidos

COMPANHIA PRODUTORA: A. Ninety-Three Productions

ANO DE PRODUÇÃO: 1993

DURAÇÃO: 90'

IDIOMA ORIGINAL: Inglês

PRODUÇÃO: Christopher Defaria, John G. Jones

ARGUMENTO: John G. Jones

ROTEIRO: Christopher Defaria, Antonio Toro

FOTOGRAFIA: Wally Pfister [cor]

MONTAGEM: Rick Finney

MÚSICA: Daniel Licht

ELENCO: Ross Partridge, Julia Nickson-Soul, Lala Sloatman, Jack R. Orend, David Naughton, Barbara Howard, Richard Roundtree, Terry O'Quinn, Robert Rusler, Lin Shaye, Karl Johnson, Ralph Ahn, Tom Wright, Bob Jennings, Jon Steuer, Claudia Gold, Bob harvey, Ken Bolognese, Abbe Rowlins, Joseph Schuster

GÊNERO: Horror satânico

SINOPSE: Keyes é um jovem fotógrafo que vive com sua noiva Llanie e alguns amigos artistas em um pequeno prédio de apartamentos. Um dia, fotografando casualmente um estranho mendigo, Keyes recebe de presente dele um velho espelho, que ele diz ser herança de família. Não querendo o bagulho, Keyes o empresta à sua vizinha Suki, uma pintora. Porém, o espelho possui um poder maligno, que provoca a morte de um ex-namorado de Suki e força a garota a cometer suicídio. Chamado para identificar o corpo do mendigo, a quem dera seu cartão, Keyes descobre que se tratava de Bronner, seu pai desaparecido, que fugira de um manicômio onde fôra internado depois de matar toda a sua família quando residia na cidade de Amityville.

COMENTÁRIOS: Sétima parte da pouco inspirada saga do casarão mal-assombrado de Amityville, agora mudando de endereço para tentar conservar algum interesse. O enredo paupérrimo apoia-se no velho clichê do espelho diabólico, porta de comunicação com o além do tolerável. Produção em vídeo, digna das melhores insônias.

AVALIAÇÃO: *

O AMULETO

O AMULETO

DIRETOR: Jeferson De

PAÍS: Brasil

COMPANHIA PRODUTORA: Buda Filmes / Contraponto

ANO DE PRODUÇÃO: 2014

DURAÇÃO: 81'

IDIOMA ORIGINAL: Português

ROTEIRO: Cristiane Arenas, Jeferson De

FOTOGRAFIA: Marx Vamerlatti [cor]

MONTAGEM: Jeferson De

MÚSICA: Guga Bernardo

ELENCO: Bruna Linzmeyer, Maria Fernanda Cândido, Regius Brandão, Margarida Baird, Gustavo Saulle, Isadora Damiani, Tiago Mendes, Antonella Batista, Marisa Naspolini, Luiz Canoa, Cuca Voigt, Clara Ferrari, Nathalia Nunes, Daniel Filho, Michel Melamed, Elizandro Eli Albino

GÊNERO: Drama de horror para adolescentes

SINOPSE: Em uma ilha, no litoral de Santa Catarina, o delegado local encontra um veículo abandonado em plena floresta. Logo depois, ele descobre uma jovem ferida e os cadáveres de outros dois jovens, que parecem ter sido assassinados. A garota ferida é Diana, que está passando férias na casa de sua mãe, Elisabete – uma mulher que se dedica às ancestrais práticas da magia branca. Logo depois da sua chegada, Diana reencontrara seus amigos Paulinho, Marcinha e Alex, e fora convidada para ir a uma grande festa, que se realizaria do outro lado da ilha. A garota aceitou o convite, apesar das advertências de sua mãe, já que a Floresta da Cabana – pela qual os jovens teriam que passar – é assombrada por duas bruxas que foram queimadas ali em 1747 por um fanático religioso. No trajeto para a festa, os quatro jovens foram vítimas da maldição das bruxas. Enquanto investiga o caso, ajudado por seu misterioso assistente Reginaldo, o delegado passa a desconfiar de que as mortes de Marcinha e Alex e o desaparecimento de Paulinho podem ser obra da própria Diana.

COMENTÁRIOS: Raro exemplar de horror "profissional" dentro do cinema brasileiro, com um nível de produção e realização bem acima da média. No entanto, o filme nos oferece um problema recorrente no gênero: a imitação servil do cinema estrangeiro (especialmente do norte-americano). A criação de uma linguagem brasileira de horror (que nasceu e morreu com os primeiros filmes de José Mojica Marins) ainda se faz esperar.

AVALIAÇÃO: ***

ANNO ZERO – GUERRA NELLO SPAZIO / WAR OF THE PLANETS

BATALHA NO ESPAÇO ESTELAR

DIRETOR: Al Bradley [Alfonso Brescia]

PAÍS: Itália

COMPANHIA PRODUTORA: Nais Film

ANO DE PRODUÇÃO: 1977

DURAÇÃO: 89'

IDIOMA ORIGINAL: Inglês

PRODUÇÃO: Doro Vlado Hreljanovic, Louis Aless [Luigi Alessi]

ROTEIRO: Al Bradley [Alfonso Brescia], Al Crydo [Aldo

Crudo]

FOTOGRAFIA: S. Fraschetti [Silvio Fraschetti] [cor]

MONTAGEM: Charles Really [Carlo Reali], Lawrence Marinelli

MÚSICA: Marcel Giombrini [Marcello Giombini]

ELENCO: John Richardson, Yanti Somer, West Buchanan, Elly King, Kathy Christine, Percy Hogan, Max Karis, John Fortis, Dan Dublin, Max Bonus, Romeo Costantin, Malisa Longo, Charles Borromey, Aldy Canti

GÊNERO: Ficção científica

SINOPSE: Estranhos sinais vindos do espaço estão atrapalhando as comunicações da Terra. Como os sinais parecem ser provenientes de algum tipo de inteligência alienígena, as autoridades térreas enviam uma nave para investigar sua fonte. Porém, a nave é atacada e vai parar em um misterioso planeta, onde um povo de humanoides primitivos está sendo escravizado por um robô que vampiriza a energia mental de suas vítimas.

COMENTÁRIOS: Produção bastante bizarra e medíocre, com um nível técnico que parece ser de meados dos anos 60.

AVALIAÇÃO: **

O antropófago

DIRETOR: Joe D'Amato [Aristide Massaccesi]

PAÍS: Itália

COMPANHIA PRODUTORA: P. C. M. International / Filmirage

ANO DE PRODUÇÃO: 1980

DURAÇÃO: 87'/90'

IDIOMA ORIGINAL: Inglês

ARGUMENTO: Luigi Montefiori, Aristide Massaccesi

ROTEIRO: Luigi Montefiori

FOTOGRAFIA: Enrico Biribicchi [cor]

MONTAGEM: Ornella Micheli

MÚSICA: Marcello Giombini

ELENCO: Tisa Farrow, Saverio Vallone, Vanessa Steiger [Serena Grandi], Margaret Donnelly [Margaret Mazzantini], Mark Bodin, Bob Larson, Rubina Rey, Simone Baker, Mark Logan, George Eastman, Zora Kerova

GÊNERO: Horror escatológico

SINOPSE: Turistas em férias alugam um barco para fazerem um cruzeiro pelas ilhas gregas e resolvem dar carona para uma outra turista, que precisa chegar a uma pequena ilha quase sem contato com o continente, onde passará suas férias trabalhando como preceptora de uma adolescente. Porém, a visita à ilhota paradisíaca não será uma experiência nada agradável para o grupo, já que o lugar está sendo assolado por um louco canibal.

COMENTÁRIOS: Desperdício de bons cenários com uma história onde tudo demora muito para acontecer.

AVALIAÇÃO: **

APARTMENT 1303

1303 – APARTAMENTO DO MAL

DIRETOR: Michael Taverna

PAÍS: Estados Unidos

COMPANHIA PRODUTORA: Montecristo Pictures

ANO DE PRODUÇÃO: 2012

DURAÇÃO: 85'

IDIOMA ORIGINAL: Inglês

PRODUÇÃO: Michael Taverna, Cindy Nelson-Mullen

ARGUMENTO: Kei Oishi

ROTEIRO: Michael Taverna

FOTOGRAFIA: Paul M. Sommers [cor]

MONTAGEM: Roberto Silvi, Edo Brizio

MÚSICA: Davy Bernagoult, Yoann Bernagoult

ELENCO: Mischa Barton, Rebecca De Mornay, Julianne Michelle, John Diehl, Kathleen Mackey, Madison McAleer, Corey Sevier, Gordon Masten, Grace Savage, Katherine Cleland, Jessica Malka, Antoine Yared

GÊNERO: Horror fantasmagórico

SINOPSE: Janet e Lara são as filhas de Maddie Slate, uma cantora decadente afundada no alcoolismo e nas lembranças de seu turbulento passado de glórias. Cansada da convivência conturbada com a mãe, com quem ainda mora aos 24 anos, Janet resolve abandonar sua casa e aluga um apartamento para poder viver em paz. Porém, logo depois de chegar ao seu novo lar, Janet descobre – por meio de uma jovem vizinha – a razão de ter encontrado um bom imóvel por um aluguel muito barato: é que seu apartamento foi o cenário do suicídio de uma jovem. Como se não bastasse, ela começa a ser afetada por estranhas experiências, que a levam rapidamente ao desespero. Por fim, atacada pelo fantasma da suicida, Janet é atirada pela janela e morre. Obviamente, a polícia acredita em suicídio, já que Janet estava só e apresentava sinais de depressão. Porém, inconformada com o que aconteceu e sentindo-se culpada, Lara resolve investigar por conta própria e muda-se para o apartamento, sem saber que ele foi cenário de outros três suicídios de moças jovens, vítimas dos poderes maléficos do além.

COMENTÁRIOS: Versão do filme homônimo japonês, realizado em 2007 por Ataru Oikawa. A história, que pode ter alguma pertinência no quadro da cultura japonesa, se torna bastante idiota e previsível em sua versão norte-americana. Rodado em 3D, com locações no Canadá.

AVALIAÇÃO: **

O PRIMATA

DIRETOR: William Nigh

PAÍS: Estados Unidos

COMPANHIA PRODUTORA: Monogram Pictures Corporation

ANO DE PRODUÇÃO: 1940

DURAÇÃO: 62'

IDIOMA ORIGINAL: Inglês

PRODUÇÃO: Scott R. Dunlap

ARGUMENTO: Kurt Siodmak [Curt Siodmak] (or: Adam

Hull Shirk)

ROTEIRO: Kurt Siodmak [Curt Siodmak], Richard Carroll

FOTOGRAFIA: Harry Neumann [p&b]

MONTAGEM: R. Schoengarth [Russell F. Schoengarth]

MÚSICA: Edward Kay

ELENCO: Boris Karloff, Maris Wrixon, Gene O'Donnell, Dorothy Vaughan, Gertrude W. Hoffman, Henry Hall, Selmer Jackson, Ray Corrigan

GÊNERO: Horror

SINOPSE: O dr. Bernard Adrian é um cientista empenhado na descoberta da cura da poliomielite (doença que provocou a morte de sua esposa e da filha do casal). Fazendo pesquisas demasiado heterodoxas, o dr. Bernard acaba sendo expulso do instituto onde trabalhava, indo clinicar numa cidadezinha interiorana. Logo, o médico ganha fama de excêntrico e passa a ser evitado por boa parte dos habitantes da cidade. Porém, ele continua suas pesquisas, usando animais domésticos como cobaias. Sua única paciente constante é Frances Clifford, uma jovem paralítica que Adrian considera sua filha adotiva. Um circo chega à cidade, tendo como principal atração um gigantesco gorila. Logo após a estreia, o gorila agride seu tratador e foge para o mato. Ao atender o ferido, o dr. Bernard vê que não há nada a fazer por ele e decide aproveitar o cadáver para extrair fluído de sua medula, a fim de fazer um soro para Frances. O soro parece surtir algum efeito, mas são necessárias outras doses e não há mais "doadores" disponíveis. Quando o gorila invade seu consultório, o médico consegue matá-lo e tem uma ideia salvadora: mantendo tudo em sigilo, ele curte a pele do animal, faz uma fantasia e passa a cometer assassinatos, colocando a culpa na fera desaparecida.

COMENTÁRIOS: Filmezinho bastante medíocre e previsível, apresentando Karloff como um cientista muitíssimo louco (embora cheio de boas intenções). O filme apela para o surrado recurso da fantasia de macaco, que – nos anos 30/50 – transitava da comédia para o horror com a mesma falta de competência. Nada funciona nesta produção B, que apenas acrescenta mais um título à longa e irregular filmografia de Karloff.

AVALIAÇÃO: **

APOCALYPSE DOMANI / CANNIBAL APOCALYPSE

DIRETOR: Anthony M. Dawson [Antonio Margheriti]

PAÍS: Itália / Espanha

COMPANHIA PRODUTORA: New Fida Organization /

José Frade Production

ANO DE PRODUÇÃO: 1980

DURAÇÃO: 97'

IDIOMA ORIGINAL: Inglês

PRODUÇÃO: Maurizio Amati, Sandro Amati

ARGUMENTO: Jimmy Gould

ROTEIRO: Jimmy Gould, Anthony M. Dawson [Antonio Margheriti]

FOTOGRAFIA: Fernando Arribas [cor]

MONTAGEM: George Serralonga

MÚSICA: Alexander Blonksteiner

ELENCO: John Saxon, Elizabeth Turner, John Morghen, Cindy Hamilton, Tony King, Wallace Wilkinson, Ray Williams, John Geroson, May Heatherley, Ronnie Sanders, Vic Perkins, Jere Beery, Joan Riordan, Laura Dean, Lonnie Smith, Don Ruffin, Benjamin Rogers, William H. Gribble, George Nikas, Doug Dillingham, Ralph Vaughn

GÊNERO: Horror

SINOPSE: Veteranos da guerra do Vietnã são contaminados por um tipo de vírus que transforma suas vítimas em canibais loucos. De volta aos Estados Unidos, os afetados são caçados pela polícia, que tenta impedir que a doença se propague.

COMENTÁRIOS: Mais uma medíocre produção de Margheriti, sempre tentando imitar – com sucesso – o que de pior se fez no cinema B norte-americano e do seu próprio país. Aqui, nosso herói tenta tirar proveito da moda do canibalismo que devorou o cinema italiano do início dos anos 80.

AVALIAÇÃO: *

APOCALYPSE OF THE DEAD

(Cf. Zone of the dead)

APRIL FOOL'S DAY

A NOITE DAS BRINCADEIRAS MORTAIS

DIRETOR: Fred Walton

PAÍS: Estados Unidos

COMPANHIA PRODUTORA: Hometown Films / Paramount Pictures

ANO DE PRODUÇÃO: 1986

DURAÇÃO: 89'

IDIOMA ORIGINAL: Inglês

PRODUÇÃO: Frank Mancuso Jr.

ARGUMENTO: Danilo Bach

ROTEIRO: Danilo Bach

FOTOGRAFIA: Charles Minsky [cor]

MONTAGEM: Bruce Green

MÚSICA: Charles Bernstein

ELENCO: Jay Baker, Deborah Foreman, Deborah Goodrich, Ken Olandt, Griffin O'Neal, Leah King Pinsent, Clayton Rohner, Amy Steel, Thomas F. Wilson, Pat Barlow, Lloyd Berry, Tom Heaton, Mike Nomad

GÊNERO: Horror para adolescentes

SINOPSE: Muffy, a filha de um milionário, convida um grupo de amigos para passar um fim de semana em sua ilha particular, justamente durante o 1º de abril. Porém, um sério acidente com um dos marinheiros do barco de transporte – causado por uma das brincadeiras de mau gosto dos jovens – ameaça estragar a diversão de todos. O caso parece esquecido, até que um dos amigos de Muffy desaparece misteriosamente. Durante a busca, outro jovem some, deixando todos bastante preocupados. Quando os dois são encontrados mortos, surge a suspeita de que o marinheiro ferido pode estar em busca de uma vingança sangrenta.

COMENTÁRIOS: Apesar da sua trama bastante absurda,

o filme consegue divertir aqueles que podem suportar um incrível festival de "bobeira".

AVALIAÇÃO: ***

ARACHNID

DIRETOR: Jack Sholder

PAÍS: Espanha

COMPANHIA PRODUTORA: Fantastic Factory / Castelao Productions

ANO DE PRODUÇÃO: 2001

DURAÇÃO: 95'

IDIOMA ORIGINAL: Inglês

PRODUÇÃO: Brian Yuzna, Julio Fernández (coprodutor:
Sheri Bryant)

ROTEIRO: Marc Sevi

FOTOGRAFIA: Carlos González [cor]

MONTAGEM: Jaume Vilalta

MÚSICA: Francesc Gener

ELENCO: Chris Potter, Alex Reid, José Sancho, Neus
Asensi, Ravil Isyanov, Luis Lorenzo, Rocqueford Allen, Ro-

bert Gabriel Vicencio, Jesus Cabrero, Hector Chiquin, Conejo Wilson, Fausto Gualsaqui

GÊNERO: Horror e ação

SINOPSE: Nativo de uma pequena ilha do Pacífico é morto pela picada de um inseto misterioso e uma expedição é organizada para identificar o bicho responsável. A expedição, formada por um médico, sua enfermeira, um famoso entomologista, a piloto de um avião, um aventureiro, dois ex-militares e alguns nativos, parte para a ilha, sofrendo um acidente que deixa o seu avião inutilizado. Mesmo assim, as investigações têm início, sem que nossos heróis saibam que o misterioso inseto é na verdade um ser alienígena em forma de aranha, que caiu na ilha quando a nave em que viajava chocou-se com um avião experimental norte-americano. Logo, os membros da expedição começam a ser dizimados, enquanto lutam contra a gigantesca e super-poderosa aranha mutante.

COMENTÁRIOS: História banal, elenco fraco e efeitos especiais medíocres.

AVALIAÇÃO: **

ARAÑAS INFERNALES

ARANHAS INFERNAIS

DIRETOR: Federico Curiel

PAÍS: México

COMPANHIA PRODUTORA: Filmica Vergara

ANO DE PRODUÇÃO: 1966

DURAÇÃO: 85'

IDIOMA ORIGINAL: Espanhol

PRODUÇÃO: Luis Enrique Vergara G.

ARGUMENTO: L. E. Vergara [Luis Enrique Vergara]

ROTEIRO: Adolfo Torres Portillo

FOTOGRAFIA: Eduardo Valdez [p&b]

MONTAGEM: José Juan Munguia

MÚSICA: Jorge Perez Herrera

ELENCO: Blue Demon, Blanca Sanchez, Martha Elena Cervantes, Ramon Bugarini, Sergio Virel, Jessica Munguia, Fernando Oses, Frankestein, Rene Barrera, Enrique Ramirez, Vicente Lara 'Cacama', Juan Garza, Marco Antonio Arzate, Jose Luis Fernandez, Octavio Muñoz, José E. Vergara A.

GÊNERO: Aventura e ficção científica

SINOPSE: Na distante galáxia Aracnea, a rainha do mesmo nome comanda um povo poderoso, mas bastante decadente (tal como alguns políticos brasileiros). Porém, quando o seu principal alimento – cérebros – se esgota, a rainha ordena que seus súditos invadam a Terra, em busca de miolos frescos. Seus planos parecem perfeitos, mas a presença do lutador mascarado Blue Demon, um gênio do catch, vai atrapalhar tudo. Para acabar com a ameaça, a rainha manda buscar seu braço-direito, o príncipe Arac, um ser indestrutível que se disfarçará de lutador para aniquilar Blue Demon.

COMENTÁRIOS: Mais um exemplar do cinema com lutadores mascarados, típico produto da indústria mexicana. Este exemplar, que tempera a ação com elementos de ficção científica, é incrivelmente pobre e mal-acabado, com situações ridículas e efeitos especiais precaríssimos (mal disfarçados pela pouca iluminação dos cenários). Como sempre, a falta de assunto é suprida por sequências de luta no ringue, nas quais o super-herói sofre mais que os espectadores de bom gosto.

AVALIAÇÃO: **

Arcade – Realidade mortal

DIRETOR: Albert Pyun

PAÍS: Estados Unidos

COMPANHIA PRODUTORA: Full Moon Entertainment

ANO DE PRODUÇÃO: 1993

DURAÇÃO: 85'

IDIOMA ORIGINAL: Inglês

PRODUÇÃO: Cathy Gesualdo

ARGUMENTO: Charles Band

ROTEIRO: David S. Goyer

FOTOGRAFIA: George Mooradian [cor]

MONTAGEM: Miles Wynton

MÚSICA: Alan Howarth

ELENCO: Megan Ward, Peter Billingsley, John deLancie, Sharon Farrell, Seth Green, A. J. Langer, Bryan Dattilo, Brandon Rane, B. J. Barie, Humberto Ortiz, Norbert Weisser, Don Stark, Dorothy Dells, Todd Starks, Alexandria Byrne, David Sederholm, Tom Stoviak, Jonathan Fuller

GÊNERO: Horror e ficção científica

SINOPSE: Alex Manning é uma adolescente gravemente perturbada, já que sua mãe se suicidou e seu pai já não se preocupa mais com ela. Junto com seus amigos, Alex vai conhecer um novo jogo eletrônico em realidade virtual – o Arcade – no fliperama local. Enquanto seu namorado joga, Alex é chamada por um estranho para receber como brinde uma versão doméstica do Arcade. Porém, ao voltar, ela não consegue mais encontrar o rapaz. Em casa, ao ligar o jogo, Alex se surpreende ao ser chamada pelo nome e descobre que seu namorado foi capturado pela máquina, que também deseja apoderar-se dela. Ao procurar seus outros amigos, ela descobre que alguns deles desapareceram e percebe que está lidando com uma séria ameaça de natureza totalmente desconhecida.

COMENTÁRIOS: O filme explora um tema bastante moderno: a realidade virtual e os jogos eletrônicos. Porém, os efeitos especiais toscos e o roteiro rampeiro acabam com qualquer possibilidade de sucesso.

AVALIAÇÃO: **

ÁREA Q / AREA Q

ÁREA Q

DIRETOR: Gerson Sanginitto

PAÍS: Estados Unidos / Brasil

COMPANHIA PRODUTORA: Reef Pictures / Sophia Filmes / ATC Entretenimentos / Estação Luz Filmes / Boa Vontade Filmes / Mundo Maior Filmes

ANO DE PRODUÇÃO: 2011

DURAÇÃO: 107'

IDIOMA ORIGINAL: Inglês

PRODUÇÃO: Gerson Sanginitto, Halder Gomes, Carina Sanginitto, Isaiah Washington, Ric Halpern

ROTEIRO: Júlia Câmara, Gerson Sanginitto

FOTOGRAFIA: Carina Sanginitto [cor]

MONTAGEM: Helgi Thor, David Alexander Davidson

MÚSICA: Perry La Marca

ELENCO: Isaiah Washington, Murilo Rosa, Tânia Khalil, Ricardo Conti, Jordan Jones, Sol Moufer, Rodger Rogério, Daniel Porpino, Hiramisa Serra, Adriana Borba, Leuda Bandeira, Abby Ferreira, Jenny Vilim, Ronnie Gene Blevins, Apollo Powers, Lisa Crilley, Daniel Zykov, Ana Kelly, Leslie Lewis Sword, Steve Felice, John Deignan, Haroldo Serra, Karla Karenina, Ana Marlene, Cícero Alves Pereira Neto, Gustavo Borges, Diego Silva, Pedro Henrique, Sara Caetano, Drew Russell, Ruy Lima, Maria Fernanda Mota, Drica Lima, Eduardo Cintra, Naiana Moura, Brino Correia,

Léo Porto, seu José, Márcio Ramos, Jeff Jones, Regina Cheng

GÊNERO: Drama de ficção científica com toques de espiritismo

SINOPSE: Thomas Mathews é um respeitado jornalista norte-americano que teve sua vida brutalmente alterada pelo desaparecimento de seu filhinho Peter, ocorrido em circunstâncias nunca esclarecidas. Um ano depois, à beira da falência, ele aceita suspender sua busca do filho para fazer uma reportagem sobre abduções alienígenas no Brasil, indo para o interior do Ceará. Inicialmente cético, Thomas vai entrando em contato com a população local e começa a crer que existe algo de verdadeiro por trás das incríveis histórias de seus entrevistados. Porém, um encontro com um homem misterioso acabará por convencê-lo de que o próprio desaparecimento de seu filho pode estar ligado aos estranhos fenômenos atribuídos aos alienígenas.

COMENTÁRIOS: Com locações em Los Angeles e no Ceará, este filme poderia ser definido, com algum exagero, como uma mistura de "Contatos imediatos do terceiro grau" (Steven Spielberg, 1977) e "Nosso lar" (Wagner de Assis, 2010).

AVALIAÇÃO: ***

AREIAS ESCALDANTES / CARAVANA DO DELÍRIO

Areias escaldantes

DIRETOR: Francisco de Paula

PAÍS: Brasil

COMPANHIA PRODUTORA: Naïve Produções Artísticas

ANO DE PRODUÇÃO: 1985

DURAÇÃO: 78'

IDIOMA ORIGINAL: Português

ARGUMENTO: Francisco de Paula, Nelson Motta

ROTEIRO: Francisco de Paula, Nelson Motta

FOTOGRAFIA: Antonio Luiz Mendes [cor]

MONTAGEM: Hercília Cardillo, Jorge Saldanha, Amauri Alves

MÚSICA: Lobão (direção)

ELENCO: Regina Casé, Luiz Fernando Guimarães, Cristina Aché, Diogo Vilella, Eduardo Rolly, Macalé, Guará Rodrigues, Sérgio Bezerra, Lobão, Neville D'Almeida, Cláudio Gaya, Catarina Abdalla, Paulo Henrique Souto, Sandro Solviatti, Breno Moroni, Antonio Breves, Cláudio Lins, Liane

Monteiro, Mayara Norbim, Patrícia Marques, Marise Farias, Denise Mayer, Mário Dias Costa, Christina Stege, Virginie, Cristiane Couto [Cris Couto], Duse Nacaratti, Lidoca, Virgínia Campos, Elizabeth Leporace, João Carlos Lutz, Felipe Murray, Mônica Castro, Danny Roland, Ulisses, Suzana Badin, Mônica Teresa, Mônica Biel, Felipe Satto, Carlos Satto, Mauri Aklander, Bia Junqueira, Sogo, Alexandre Dacosta, Sílvia Holmes, Luiz Otávio Pires, Tamur Aimara, Daniel Mattar, Pedro Garrido, Rana Allegra, Jade Aimara, Hugo, Maria Aché, André Porto, "Titãs" [Branco Mello, Paulo Miklos, Nando Reis, Tony Bellotto, Arnaldo Antunes, Marcelo Fromer, Sérgio Brito, Charles Gavin], "Os Ronaldos" [Guto de Barros, Odeid, Baster de Barros], Sérgio Arena, Bernardo Vilhena (voz)

GÊNERO: Aventura musical juvenil futurista

SINOPSE: Província de Kali, 1990: Num mundo futurista dominado pelo totalitarismo fascistizante, um grupo de jovens participa das ações terroristas promovidas por uma organização revolucionária, enquanto é perseguido pelas forças da repressão policial. Porém, ao receberem uma missão praticamente suicida, alguns membros do grupo se rebelam e a organização se divide.

COMENTÁRIOS: O maior mérito desta brincadeira é a trilha sonora, que reúne boa parte da elite do rock nacional dos anos 80.

AVALIAÇÃO: ***

BABY BLOOD II

(Cf. The unborn II)

BANANA MOTHERFUCKER

DIRETOR: Pedro Florêncio, Fernando Alle

PAÍS: Portugal

COMPANHIA PRODUTORA: Clones

ANO DE PRODUÇÃO: 2011

DURAÇÃO: 16'

IDIOMA ORIGINAL: Português

PRODUÇÃO: Pedro Florêncio, Fernando Alle, Nuria Leon Bernardo, Luís Henriques, Tiago Augusto

ROTEIRO: Pedro Florêncio

FOTOGRAFIA: Tiago Augusto [cor]

MONTAGEM: Pedro Florêncio, Fernando Alle

MÚSICA: Luís Henriques

ELENCO: Mário Oliveira, Pedro Florêncio, Luís Henriques,

Bruno Corte-Real, Miguel Plantier, Fernando Alle, André Silva, Paula Mendes, "alunos do prof. Miguel Cipriano", Bernardo Ramos, Samuel Andrês, Pedro Ribeiro, Filipe Soares, Isabel Pina, Rui Cortez, Bruno Silva, André Martins, Ana Lúcia Chita, Carolina Rocha, João Fumo

GÊNERO: Comédia de terror

SINOPSE: Uma equipe de cinema *trash* visita uma ilha dos mares do Sul, em busca de locações baratas para mais uma de suas produções. Porém, o grupo é atacada por uma penca de bananas assassinas, que dizima todos de maneira incrivelmente sangrenta. Somente um dos seres humanos escapa e volta para a civilização, sem saber que está levando consigo uma das frutas satânicas.

COMENTÁRIOS: Sátira aos filmes trash em produção amadora. Apesar das óbvias limitações, o filme consegue divertir com alguns bons efeitos especiais e muita movimentação.

AVALIAÇÃO: ***

BASILISK: THE SERPENT KING

BASILISCO: A SERPENTE DO MAL

DIRETOR: Louie Myman

PAÍS: Estados Unidos

COMPANHIA PRODUTORA: Sci Fi Pictures

ANO DE PRODUÇÃO: 2006

DURAÇÃO: 88'

IDIOMA ORIGINAL: Inglês

PRODUÇÃO: Jeffery Beach, Phillip Roth

ARGUMENTO: Wil McCarthy, Chase Parker

ROTEIRO: Wil McCarthy, Chase Parker

FOTOGRAFIA: Anton Bakarski [cor]

MONTAGEM: John Quinn

MÚSICA: Nathan Furst

ELENCO: Jeremy London, Wendy Carter, Cleavant Derricks, Griff Furst, Sarah Skeeters, Stephen Furst, Yancy Butler, Doug Dearth, James Graves, Atanas Srebrev, Bashar Rahal, Djoko Rosich, Martin Gjaurov, Velislav Pavlov, Daniel Gibson, Konstantin Bonet, Ivo Simeonov, Jonas Talkington, Ryan Dauner, John Hansson, Jeff Rank, Jonathan J. Sparacino, Coarties J. Raines, Julian Dioulo, Ryan Congiardo

GÊNERO: Horror

SINOPSE: Arqueólogo encontra em suas pesquisas no Oriente a estátua de uma enorme serpente que é, na verdade, o dragão Basilisk, entidade sobrenatural que tem o poder de transformar os seres vivos em pedra. O problema é que, ao ser levada para os Estados Unidos, a estátua ganha vida e causa muitos transtornos, especialmente nos espectadores.

COMENTÁRIOS: Telefilme bastante pobre, que por vezes descamba para o humor (além de tentar imitar "The mummy", de Stephen Sommers, com um protagonista que é sósia do já caricato Brendan Fraser).

AVALIAÇÃO: *

THE BAT

A MANSÃO DO MORCEGO

DIRETOR: Crane Wilbur

PAÍS: Estados Unidos

COMPANHIA PRODUTORA: Liberty Pictures Corporation

ANO DE PRODUÇÃO: 1959

DURAÇÃO: 80'

IDIOMA ORIGINAL: Inglês

PRODUÇÃO: C. J. Tevlin

ARGUMENTO: Mary Roberts Rinehart, Avery Hopwood

ROTEIRO: Crane Wilbur

FOTOGRAFIA: Joseph Biroc [p&b]

MONTAGEM: William Austin

MÚSICA: Louis Forbes

ELENCO: Vincent Price, Agnes Moorehead, Gavin Gordon, John Sutton, Lenita Lane, Elaine Edwards, Darla Hood, John Bryant, Harvey Stephens, Mike Steele, Riza Royce, Robert B. Williams

GÊNERO: Suspense e horror

SINOPSE: Banqueiro dá um desfalque de um milhão de dólares em seu próprio banco e conta tudo ao seu médico, já que deseja sua cumplicidade para se passar por morto. Porém, mais esperto, o médico elimina seu cliente e dispõe a embolsar toda a fortuna. A partir daí um misterioso criminoso psicopata, conhecido pela alcunha de "O Morcego", vai atacar a mansão do banqueiro falecido — que foi alugada por uma famosa escritora de romances policiais — em busca do dinheiro, que deve estar escondido por lá.

COMENTÁRIOS: Grandes atores, como Price e Moorehead, em um filme perfeitamente esquecível, com uma história banal e um roteiro atroz.

AVALIAÇÃO: **

BATALHA REAL

DIRETOR: Kinji Fukasaku

PAÍS: Japão

COMPANHIA PRODUTORA: Toei

ANO DE PRODUÇÃO: 2000

DURAÇÃO: 121'/114'

IDIOMA ORIGINAL: Japonês

PRODUÇÃO: Masao Sato, Masumi Okada, Teruo Kayama, Tetsu Kayama

ARGUMENTO: Koshun Takami

ROTEIRO: Kenta Fukasaku

FOTOGRAFIA: Katsumi Yanagijima [cor]

MONTAGEM: Hirohide Abe

MÚSICA: Masamichi Amano

ELENCO: Tatsuya Fujiwara, Aki Maeda, Taro Yamamoto, Chiaki Kuriyama, Beat Takeshi [Takeshi Kitano], Sosuke Takaoka, Takashi Tsukamoto, Yukihiro Kotani, Eri Ishikawa, Sayaka Kamiya, Aki Inoue, Takayo Mimura, Yutaka Shimada, Ren Matsuzawa, Hirohito Honda, Ryou Nitta,

Sayaka Ikeda, Anna Nagata, Yukari Kanasawa, Misao Kato, Hitomi Hyuga, Satomi Ishii, Asami Kanai, Satomi Hanamura, Yousuke Shibata, Shiro Go, Yuuki Masuda, Shigeki Hirokawa, Tamaki Mihara, Tomomi Shimaki, Yasuomi Sano, Shin Kusaka, Gouki Nishimura, Shigehiro Yamaguchi, Osamu Ohnishi, Satoshi Yokomichi, Junichi Naitou, Tsuyako Kinoshita, Mai Sekiguchi, Takako Baba, Haruka Nomiyama, Ai Iwamura, Ai Maeda (voz), Minami, Michiko Yamamura, Takeyuki Hirai, Tomu Asakawa, Yûya Nakahara, Takashi Komori, Ryota Nakamura, Akihiro Ugajin, Yoichi Murakami, Tsuguharu Niizaki, Jun'ichi Nashiki, Hiroshi Kitagawa, Hideaki Kawashima, Umiji Tasaki, Mitsuaki Tachikawa, Hidetsugu Okumura, Daisuke Yazawa, Nobuki Baba, Naoki Iwasawa, Koji Tokuhisa, Mikiya Sanada, Kazuhiro Yokokura, Shigeki Homma, Kazuo Araki, Goshi Matsuhara, Akira Yoshizawa, Kenzo Shirahama, Kanji Okumura, Shoji Takano, Ryoji Sugimoto, Hajime Yoneda, Hideaki Kojima, Gou Ryugawa, Takashi Taniguchi, Ken Nakaide, Kanako Fukaura, Yûko Miyamura, Ko Shibasaki, Masanobu Ando

GÊNERO: Drama de horror futurista com elementos de crítica social

SINOPSE: Num futuro próximo, diante da crescente tensão social e da incontrolável rebeldia estudantil, o governo japonês institui um jogo educativo no qual periodicamente dezenas de secundaristas são enviados para uma ilha deserta e obrigados a matar uns aos outros até que reste apenas um sobrevivente.

COMENTÁRIOS: Alto teor de violência, abordando questões bastante atuais. Indicado principalmente para os profissionais da área de educação, com finalidades catárticas.

AVALIAÇÃO: ****

BATS

MORCEGOS

DIRETOR: Louis Morneau

PAÍS: Estados Unidos

COMPANHIA PRODUTORA: Destination Films

ANO DE PRODUÇÃO: 1999

DURAÇÃO: 91'

IDIOMA ORIGINAL: Inglês

PRODUÇÃO: Brad Jenkel, Louise Rosner

ARGUMENTO: John Logan

ROTEIRO: John Logan

FOTOGRAFIA: George Mooradian [cor]

MONTAGEM: Glenn Garland

MÚSICA: Graeme Revell

ELENCO: Lou Diamond Phillips, Dina Meyer, Leon, Carlos Jacott, Bob Gunton, David Shawn McConell, Marcia Dangerfield, Oscar Rowland, Tim Whitaker, Juliana Johnson, James Sie, Ned Belamy, George Gerdes, Kurt Woodruff, Joel Farar

GÊNERO: Horror de animais mutantes

SINOPSE: Uma pequena cidade do interior do Texas é atacada por uma estranha espécie de morcegos, muito mais fortes e inteligentes que os animais comuns. A doutora Sheila, bióloga especialista em morcegos, é convocada pelo governo para estudar o caso, descobrindo que os responsáveis pelo problema são um casal de morcegos infectados com uma estranha doença, que fugiram do laboratório de um cientista. Com a ajuda de Kimsey, o xerife da cidade, Sheila tem que descobrir o esconderijo dos morcegos, que estão contaminando os outros animais e ameaçam seriamente a segurança da população.

COMENTÁRIOS: Mais um exemplar do inesgotável filão dos filmes de terror com animais mutantes, prontos a destruir os seres humanos que brincam de Deus com a natureza. Neste tipo de filme, mudam os animais mas permanecem os clichês.

BATTLE BEYOND THE SUN

DIRETOR: Thomas Colchart [Francis Ford Coppola]

PAÍS: Estados Unidos / União Soviética (Rússia)

COMPANHIA PRODUTORA: American International Pictures / Mosfilm

ANO DE PRODUÇÃO: 1962

DURAÇÃO: 64'

IDIOMA ORIGINAL: Inglês

PRODUÇÃO: Thomas Colchart [Francis Ford Coppola]

ROTEIRO: Nicholas Colbert, Edwin Palmer

FOTOGRAFIA: Nikolai Kulchitsky [cor]

MONTAGEM: Andrew Kousin, Mitchell Kellogg

MÚSICA: Jan Oneidas (especial: Carmen Coppola [Carmine Coppola])

ELENCO: Edd Perry, Arla Powell, Andy Stewart, Gene Tonner, Barry Chertok, Lawrence Loben, Kirk Barton, Frederick Farley, Thomas Littleton, Mary Kannon, Linda Barrett

GÊNERO: Ficção científica

SINOPSE: No distante ano de 1997, a Terra foi arruinada por uma guerra nuclear e o mundo em reconstrução foi dividido em duas partes antagônicas, o Hemisfério Norte e o Hemisfério Sul. No Hemisfério Sul, o governo realiza um projeto para enviar o homem a Marte, sob a direção do cientista Herbert Gordon. Porém, os governantes do Norte também desenvolvem um projeto semelhante, embora em estágio bastante inferior. Quando dois astronautas do Norte visitam a estação espacial do Sul, onde está a nave que fará o voo a Marte, ficam sabendo que a viagem se realizará no dia seguinte e entram em desespero, já que não admitem perder a corrida espacial. Assim, o capitão Torrence, comandante da astronave do Norte, decide empreender a viagem, apesar de saber que está longe de poder efetuá-la com total segurança.

COMENTÁRIOS: Remontagem norte-americana do filme soviético "Nebo zovyot" (Aleksandr Kosyr e Mikhail Karjukov, 1960), com pequenas alterações na trama (que, no original, opunha os íntegros cientistas russos aos invejosos cientistas ianques). Este empreendimento da American International, um dos primeiros trabalhos do jovem Francis Ford Coppola, não menciona em seus créditos nenhum ator ou técnico soviético. O elenco apresentado nesta ficha é composto pelos dubladores, embora essa informação seja omitida nos créditos. De resto, trata-se de uma obra sem muitos atrativos, cujo único ponto de interesse são os efeitos especiais.

AVALIAÇÃO: **

BATTLE IN OUTER SPACE / UCHU DAISENSO

Mundos em guerra

DIRETOR: Inoshiro Honda [Ishiro Honda]

PAÍS: Japão / Estados Unidos

COMPANHIA PRODUTORA: Toho / Columbia Pictures

ANO DE PRODUÇÃO: 1959

DURAÇÃO: 93'/90'

IDIOMA ORIGINAL: Inglês

PRODUÇÃO: Yuko Tanaka

ARGUMENTO: Jotaro Okami

ROTEIRO: Shinichi Sekizawa

FOTOGRAFIA: Hajime Koizumi [cor]

MONTAGEM: Kazuji Taira

MÚSICA: Akira Ifukube

ELENCO: Ryo Ikebe, Kyoko Anzai, Minoru Takada, Koreya Senda, Len Stanford, Harold Conway, George Whitman, Elise Richter, Hisaya Ito, Yoshio Tsuchiya, Hiro-o Kirino, Kozo Nomura, Fuyuki Murakami

GÊNERO: Ficção científica

SINOPSE: A Terra está ameaçada pelo ataque de alienígenas do planeta Natal, que pretendem presentear a si mesmos com o nosso pobre mundo. Por isso, as nações do globo se unem para enviar uma expedição à Lua, onde os ETs montaram uma base de operações.

COMENTÁRIOS: O filme aborda um tema recorrente: a ameaça de uma invasão alienígena ao nosso planeta. Os efeitos especiais são bastante interessantes, mas o roteiro fraco e cheio de clichês compromete o resultado final. A versão consultada é a norte-americana, com dublagem em inglês.

AVALIAÇÃO: **

BATTLE ROYALE

(Cf. Batoru Rowaiaru)

A BESTA DA CAVERNA ASSOMBRADA

DIRETOR: Monte Hellman

PAÍS: Estados Unidos

COMPANHIA PRODUTORA: Northern Pictures

ANO DE PRODUÇÃO: 1959

DURAÇÃO: 75'

IDIOMA ORIGINAL: Inglês

PRODUÇÃO: Gene Corman

ARGUMENTO: Charles B. Griffith

ROTEIRO: Charles B. Griffith

FOTOGRAFIA: Andrew Costikyan [p&b]

MONTAGEM: Anthony Carras

MÚSICA: Alexander Laszlo

ELENCO: Michael Forest, Sheila Carol [Sheila Noonan], Frank Wolff, Wally Campo, Richard Sinatra, Linné Ahlstrand, Christopher Robinson, Kay Jennings

GÊNERO: Drama de horror

SINOPSE: Quadrilha de bandidos elabora um plano para

roubar uma agência bancária e fugir pelas montanhas nevadas, com a ajuda de um inocente guia local. Porém, o interesse da namorada do chefe da quadrilha pelo guia e o aparecimento de um estranho monstro ameaçam o sucesso do plano.

COMENTÁRIOS: Um filme extraordinariamente chato e pobre.

AVALIAÇÃO: *

THE BEAST FROM 20,000 FATHOMS

DIRETOR: Eugene Lourie

PAÍS: Estados Unidos

COMPANHIA PRODUTORA: Warner Bros. Pictures

ANO DE PRODUÇÃO: 1953

DURAÇÃO: 77'

IDIOMA ORIGINAL: Inglês

PRODUÇÃO: Hal Chester, Jack Dietz

ARGUMENTO: Ray Bradbury

ROTEIRO: Lou Morheim, Fred Freiberger

FOTOGRAFIA: Jack Russell [p&b]

MONTAGEM: Bernard W. Burton

MÚSICA: David Buttolph

ELENCO: Paul Christian [Paul Hubschmid], Paula Raymond, Cecil Kellaway, Kenneth Tobey, Donald Woods, Lee Van Cleef, Steve Brodie, Ross Elliott, Jack Pennick, Ray Hyke, Mary Hill, Michael Fox, Alvin Greenman, Frank Ferguson, King Donovan

GÊNERO: Horror e ficção científica

SINOPSE: No Ártico, os militares norte-americanos resolvem dar à expressão "Guerra Fria" um sentido extremo e promovem um teste nuclear, explodindo uma poderosa bomba. Porém, a explosão liberta dos gelos (quase) eternos um gigantesco dinossauro, que estava hibernando por ali há cem milhões de anos. Enquanto analisavam os efeitos da explosão, dois físicos são atacados pelo monstro e apenas um deles, Tom Nesbitt, sobrevive. Como ninguém acredita em sua história, Tom acaba internado em uma clínica de repouso, até que o surgimento de novos relatos o animam a procurar um famoso paleontólogo, o professor Elson, que também não leva sua história a sério. Para a sorte de Tom, a assistente de Elson, Lee Hunter, interessa-se mais por ele do que pela sua história, ajudando-o a identificar o animal como um rhedossauro. Quando a vítima de um outro ataque identifica o mesmo animal, Elson se anima a organizar uma expedição submarina, com o apoio da marinha americana. De fato, ele encontra a criatura, mas perece em um ataque, deixando Lee inconsolável. Mas o luto da jovem não pode durar muito, já que o monstro – cansado de seus 100 milhões de anos de solidão – aparece em Nova Iorque e começa a destruir a cidade.

COMENTÁRIOS: Este filme, que contou com os efeitos especiais do genial Ray Harryhausen, é tido como o primeiro a abordar o tema dos monstros oriundos de mutações causadas pela radioatividade, tendo servido inegavelmente de inspiração para o Godzilla japonês, que surgiria nas telas no ano seguinte.

AVALIAÇÃO: ***

THE BEAST OF HOLLOW MOUNTAIN

DIRETOR: Edward Nassour, Ismael Rodriguez

PAÍS: Estados Unidos / México

COMPANHIA PRODUTORA: Nassour Studios / Peliculas Rodriguez

ANO DE PRODUÇÃO: 1956

DURAÇÃO: 81'

IDIOMA ORIGINAL: Inglês

PRODUÇÃO: William Nassour, Edward Nassour

ARGUMENTO: Willis O'Brien

ROTEIRO: Robert Hill

FOTOGRAFIA: Jorge Stahl Jr. [cor]

MONTAGEM: Holbrook Todd, Maury Wright

MÚSICA: Raul Lavista

ELENCO: Guy Madison, Patricia Medina, Carlos Rivas, Edward Noriega [Eduardo Noriega], Julio Villarreal, Mario Navarro, Pasquel Garcia Pena [Pascual Garcia Peña], Lupe Carriles

GÊNERO: Faroeste de horror

SINOPSE: Jimmy é um cauboi texano que comprou um rancho no interior do México, em sociedade com um amigo nativo. Porém, a chegada do americano é muito mal-vista pelo latifundiário local, Enrique, que o vê como um concorrente indesejado, não apenas quanto aos negócios de gado, mas também quanto ao afeto de Sarita, a filha do alcaide da cidadezinha. Como se não bastassem seus problemas com Enrique e Sarita, Jimmy está tendo frequentes perdas em seu rebanho, que podem estar associadas a algumas lendas tenebrosas acerca de uma montanha das proximidades.

COMENTÁRIOS: Coprodução inacreditavelmente incompetente, que dedica quase três quartos de sua duração aos conflitos românticos de seus protagonistas. Pior ainda é quando entra em cena a tal "besta da montanha", um boneco de borracha que parece uma (ainda mais) tosca imitação do célebre Godzilla.

AVALIAÇÃO: *

THE BEAST OF YUCCA FLATS

DIRETOR: Coleman Francis

PAÍS: Estados Unidos

COMPANHIA PRODUTORA: Coleman Francis

ANO DE PRODUÇÃO: 1961

DURAÇÃO: 54'

IDIOMA ORIGINAL: Inglês

PRODUÇÃO: Coleman Francis, Anthony Cardoza

ARGUMENTO: Coleman Francis

ROTEIRO: Coleman Francis

FOTOGRAFIA: John Cagle [p&b]

MONTAGEM: C. Francis [Coleman Francis]

MÚSICA: Irwin Nafshun, Al Remington

ELENCO: Douglas Mellor, Barbara Francis, Bing Stafford, Larry Aten, Linda Bielema, Ronald Francis, Alan Francis,

Tony Cardoza [Anthony Cardoza], Bob Labansat, Jim Oliphant, John Morrison, Eric Tomlin, Jim Miles, George Principe, Conrad Brooks, Graham Stafford, Tor Johnson, Coleman Francis

GÊNERO: Horror e ficção científica

SINOPSE: O dr. Josef Javorsky é um cientista russo que, depois do assassinato de sua família, resolve fugir para os Estados Unidos levando todos os planos de um foguete soviético que vai voar para a Lua. Como os russos não dormem de touca, enviam logo dois assassinos profissionais para recuperar os planos e eliminar o traidor. Como os americanos dormem de touca, Javorsky tem uma segurança pequena e logo tem que fugir dos pistoleiros comunas. Na perseguição, todos vão parar justamente em uma região onde vai ocorrer uma explosão nuclear experimental, que também não parece cercada de nenhum grande aparato de segurança. Assim, a bomba atômica explode e dizima todo mundo, menos o dr. Javorsky. Talvez devido à sua imensa camada de banha protetora, o cientista sobrevive, transformado em uma criatura monstruosa e sedenta de sangue humano.

COMENTÁRIOS: Substituindo os diálogos por uma narração, provavelmente para economizar na dublagem, este é mais um daqueles filmes de orçamento ínfimo que conseguem unir inúmeros defeitos técnicos a uma infinita falta de originalidade e imaginação.

AVALIAÇÃO: *

THE BEAST WITH A MILLION EYES

A BESTA COM UM MILHÃO DE OLHOS

DIRETOR: David Kramarsky (+ Roger Corman)

PAÍS: Estados Unidos

COMPANHIA PRODUTORA: San Mateo Productions / ARC – The American Releasing Corporation

ANO DE PRODUÇÃO: 1955

DURAÇÃO: 78'

IDIOMA ORIGINAL: Inglês

PRODUÇÃO: David Kramarsky

ROTEIRO: Tom Filer

FOTOGRAFIA: Everett Baker [p&b]

MONTAGEM: Jack Killifer

MÚSICA: John Bickford

ELENCO: Paul Birch, Lorna Thayer, Dona Cole, Richard Sargeant [Dick Sargent], Leonard Tarver, Bruce Whitmore, Chester Conklin

GÊNERO: Drama familiar de horror e ficção científica

SINOPSE: Allan e sua família vivem em um sítio decadente à beira do deserto californiano, enfrentando o desgaste provocado pelos problemas financeiros e pela distância da civilização. Subitamente, a família passa a ser vítima de estranhos acontecimentos, envolvendo animais domésticos e selvagens que começam a se comportar de forma bastante agressiva. Porém, tudo não passa da ação malévola de um invasor extraterrestre, que se alimenta do medo e do ódio e que pretende dominar a Terra começando por aquela região.

COMENTÁRIOS: Esta produção de baixíssimo orçamento, da primeira fase da carreira de Roger Corman (que fez a produção executiva e colaborou na direção), é um dos piores filmes de todos os tempos, ao menos no entender de alguns críticos mais exigentes. De fato, a extrema carência de recursos se reflete em uma narrativa pobre e mal estruturada, onde nada parece se encaixar muito bem. Praticamente sem efeitos especiais, o filme gasta muito mais tempo com os problemas de relacionamento entre os personagens do que com a ação objetiva.

AVALIAÇÃO: *

A BESTA

DIRETOR: Philippe Mora

PAÍS: Estados Unidos

COMPANHIA PRODUTORA: United Artists

ANO DE PRODUÇÃO: 1981

DURAÇÃO: 98'

IDIOMA ORIGINAL: Inglês

PRODUÇÃO: Harvey Bernhard, Gabriel Katzka

ARGUMENTO: Edward Levy

ROTEIRO: Tom Holland

FOTOGRAFIA: Jack L. Richards [cor]

MONTAGEM: Robert Brown, Bert Lovitt

MÚSICA: Les Baxter

ELENCO: Ronny Cox, Bibi Besch, Paul Clemens, Don Gordon, R. G. Armstrong, Kitty Moffat [Katherine Moffat]. L. Q. Jones, Logan Ramsey, John Dennis Johnston, Ron Soble, Luke Askew, Meshach Taylor, J. Boyce Holleman, Natalie Nolan Howard, Malcolm McMillin, Fred D. Meyer

GÊNERO: Horror

SINOPSE: Após casar-se com Caroline, Eli MacCleary leva sua esposa para uma lua de mel no interior. Porém, o carro do casal quebra na estrada e Eli vai pedir ajuda, deixando Caroline sozinha. Ao voltar, ele descobre que sua esposa foi atacada e violentada, ficando bastante ferida. Passam-se 17 anos e o casal superou o trauma, embora seu único filho – Michael – seja fruto daquele estupro. Porém, quando Michael é atingido por uma grave doença genética, ficando entre a vida e a morte, Caroline convence o marido a voltarem ao local da agressão, a fim de procurar o verdadeiro pai do rapaz e obterem informações sobre a origem da doença. Ninguém na cidadezinha parece disposto a colaborar com a busca do casal, já que o episódio havia caído em total esquecimento. Logo depois, Michael foge do hospital e se junta aos pais, parecendo recuperar a saúde. No entanto, a causa de sua surpreendente cura é bem outra...

COMENTÁRIOS: Uma das histórias mais absurdas e cretinas que o cinema já teve coragem de mostrar.

AVALIAÇÃO: *

THE BEES

ABELHAS

DIRETOR: Alfredo Zacharias [Alfredo Zacarias]

PAÍS: México

COMPANHIA PRODUTORA: Bee One Productions / Panorama Films

ANO DE PRODUÇÃO: 1978

DURAÇÃO: 92'

IDIOMA ORIGINAL: Inglês

PRODUÇÃO: Alfredo Zacharias [Alfredo Zacarias]

ARGUMENTO: Alfredo Zacharias [Alfredo Zacarias]

ROTEIRO: Alfredo Zacarias (?)

FOTOGRAFIA: Leon Sanchez [cor]

MONTAGEM: Sandy Nervig (supervisão: Mort Tubor)

MÚSICA: Richard Gillis

ELENCO: John Saxon, Angel Tompkins, John Carradine, Claudio Brook, Alicia Encinas, Julio Cesar [Julio César Imbert], Armand Martín [Armando Martín], Jose Chavez Trowe, George Bellanger, Deloy White [Delroy White], Roger Cudney, Julia Yallop, Chad Hastings, Elizabeth Wallace, Al Jones, Gray Johnson, Whitey Hughes, David Silberkleit, Brian Hanna, Alfred Melhem, Don Maxwell, Eddie Alexander, Xavier Mark, Ivan Scott, Max Kerlow, René Muñoz, Edward Alcaraz [Eduardo Alcaraz], Julián Navarro, Giovanni Korporale [Giovanni Korporaal], Martin LaSalle, Carlhillos [Carlos Bravo y Fernández], Walter Hanna, Bill

Bordy

GÊNERO: Horror e ficção científica

SINOPSE: O dr. Miller é um cientista norte-americano que está trabalhando no Brasil, fazendo pesquisas para deter o avanço das letais abelhas africanas que estão infestando o país. Quando as abelhas de Miller matam uma criança da vizinhança, os camponeses se rebelam e destroem o laboratório, assassinando o pesquisador. Sua esposa Sandra, que também é cientista, volta para os Estados Unidos e retoma as pesquisas do marido, na companhia do seu tio, o dr. Hummel, e do cientista John Norman. Sem nenhum apoio, eles começam a trabalhar na clandestinidade, até que as abelhas assassinas chegam aos Estados Unidos – trazidas por empresas de cosméticos que desejavam utilizar geléia real em seus produtos. Em desespero de causa, as autoridades permitem que Norman utilize uma substância que induz as abelhas a se destruirem, o que parece liquidar com a praga. Porém, Hummel e Norman logo descobrem que outro perigo muito maior ameaça a humanidade.

COMENTÁRIOS: Mais um exemplar da série "a vingança da natureza contra os seres humanos gananciosos que querem aniquilar o mundo só para poderem encher os bolsos". Desta vez, lidamos com as terríveis abelhas africanas – o que confere uma débil base real a um enredo repleto de clichês. A produção – que é totalmente falada em inglês e contou com locações nos Estados Unidos – se esforça bastante para disfarçar a sua pobreza, tendo como grande destaque a presença marcante do legendário John Carradine.

AVALIAÇÃO: **

O COMEÇO DO FIM

DIRETOR: Bert I. Gordon

PAÍS: Estados Unidos

COMPANHIA PRODUTORA: AB-PT Pictures

ANO DE PRODUÇÃO: 1957

DURAÇÃO: 76'

IDIOMA ORIGINAL: Inglês

PRODUÇÃO: Bert I. Gordon

ROTEIRO: Fred Freiberger, Lester Gorn

FOTOGRAFIA: Jack Marta [p&b]

MONTAGEM: Aaron Stell

MÚSICA: Albert Glasser

ELENCO: Peter Graves, Peggie Castle, Morris Ankrum, Than Wyenn, Thomas B. Henry, Richard Benedict, James

Seay, John Close, Don C. Harvey, Larry J. Blake, Eilene Janssen, Hylton Socher, Frank Wilcox, Douglas Evans, Paul Grant, Richard Emory, Hank Patterson, Steve Warren, Frank Connor, Don Eitner, Rayford Barnes

GÊNERO: Horror e ficção científica

SINOPSE: Policiais encontram, na beira de uma estrada, um automóvel bastante danificado e sem sinal de seus ocupantes. Ao buscar a residência do proprietário do automóvel, que mora na pequena cidade de Ludlow, um dos policiais encontra a localidade – que tinha 150 habitantes – completamente destruída e vazia. Os militares logo são chamados para investigar o caso, que é mantido em sigilo, embora não consigam descobrir absolutamente o que aconteceu. Passando casualmente pelo lugar, a repórter Audrey Aimes fica curiosa e acaba sendo informada dos acontecimentos, já que goza de prestígio entre os militares por ter sido correspondente de guerra. Fazendo pesquisas, Audrey trava relações com o dr. Ed Wainwright, um entomólogo abnegado que desenvolve um projeto naquela região, criando vegetais gigantes com a ajuda da radiação. Logo, Audrey vai conhecer o perigo que destruiu Ludlow e que pode liquidar com toda a humanidade: monstruosos gafanhotos gigantes gerados pelas mutações dos insetos que entraram em contato com os vegetais de Ed.

COMENTÁRIOS: Mais um dos filmes de gigantismo do célebre Bert Gordon, seguindo os mais surrados clichês do gênero: destruições misteriosas produzidas por animais mutantes criados acidentalmente pelo trabalho de cientistas humanitários e destruídos propositadamente por esses mesmos cientistas.

AVALIAÇÃO: ***

BLACK CADILLAC

O CARRO DA MORTE

DIRETOR: John Murlowski

PAÍS: Estados Unidos

COMPANHIA PRODUTORA: Painting Entertainment

ANO DE PRODUÇÃO: 2002

DURAÇÃO: 93'

IDIOMA ORIGINAL: Inglês

PRODUÇÃO: Kenneth Burke, John Murlowski, Steven Douglas Smith (coprodutores: Miriam Flynn, John Lind)

ARGUMENTO: John Murlowski

ROTEIRO: Will Aldis

FOTOGRAFIA: Steven Douglas Smith [cor]

MONTAGEM: John Gilbert

MÚSICA: Chris Bell

ELENCO: Randy Quaid, Shane Johnson, Josh Hammond, Jason Dohring, Kiesten Warren

GÊNERO: Suspense e horror

SINOPSE: Três jovens universitários fazem uma longa viagem de carro em busca de alguma diversão diferente, já que as iguais não os divertem mais. Depois de uma briga de bar, eles resolvem voltar para casa, mas passam a ser perseguidos por um misterioso Cadillac negro, cujo motorista parece ter intenções muitíssimo sinistras.

COMENTÁRIOS: Mais uma desgastada história de perseguição automobilística por intermináveis estradas desertas, que desde "Encurralado" vem garantindo alguns trocados para os produtores sem muita imaginação.

AVALIAÇÃO: **

THE BLACK CASTLE

O CASTELO DO PAVOR

DIRETOR: Nathan Juran

PAÍS: Estados Unidos

COMPANHIA PRODUTORA: Universal International

ANO DE PRODUÇÃO: 1952

DURAÇÃO: 82'

IDIOMA ORIGINAL: Inglês

PRODUÇÃO: William Alland

ARGUMENTO: Jerry Sackheim

ROTEIRO: Jerry Sackheim

FOTOGRAFIA: Irving Glassberg [p&b]

MONTAGEM: Russell Schoengarth

MÚSICA: Joseph Gershenson

ELENCO: Richard Greene, Boris Karloff, Stephen McNally, Paula Corday, Lon Chaney, John Hoyt, Michael Pate, Nancy Valentine, Tudor Owen, Henry Corden, Otto Waldis

GÊNERO: Drama de horror

SINOPSE: Ronald Burton, um jovem aristocrata inglês, consegue ser convidado para caçar na propriedade do sádico conde Von Bruno, nos cafundós da Áustria. Porém, o objetivo de Ronald não é apanhar animais selvagens, mas o próprio conde, já que este deve ser o responsável pelo assassinato de dois amigos do rapaz. Há alguns anos, Von Bruno vivia no interior da África, onde dominava uma tribo de nativos afirmando ser um deus branco. Ronald e seus amigos, comandando um destacamento do exército britânico, acabaram com o reinado do conde, que tivera que voltar para casa e ainda perdera um olho no confronto. No castelo – com um nome falso, já que Von Bruno nunca o viu – Ronald começa a investigar, mas acaba se apaixonando pela bela esposa do conde, Helga, que nada sabe sobre o caso.

COMENTÁRIOS: Roteiro absurdo, cheio de furos e de clichês surrados, com um elenco de canastrões que mais parecem estar fazendo uma comédia.

AVALIAÇÃO: **

THE BLACK CAT

O GATO PRETO

DIRETOR: Edgar G. Ulmer

PAÍS: Estados Unidos

COMPANHIA PRODUTORA: Universal Pictures

ANO DE PRODUÇÃO: 1934

DURAÇÃO: 65'

IDIOMA ORIGINAL: Inglês

PRODUÇÃO: Carl Laemmle

ARGUMENTO: Edgar G. Ulmer, Peter Ruric (or: Edgar Allan Poe)

ROTEIRO: Peter Ruric

FOTOGRAFIA: John J. Mescall [p&b]

MONTAGEM: Ray Curtiss

MÚSICA: Heinz Roemheld

ELENCO: Karloff [Boris Karloff], Bela Lugosi, David Manners, Jacqueline Wells, Lucille Lund, Egon Brecher, Harry Cording, Henry Armetta, Albert Conti

GÊNERO: Horror

SINOPSE: Muitos anos depois da Grande guerra, o ex-soldado Vitus, do exército húngaro, é libertado de uma prisão russa e volta para ajustar contas com seu antigo comandante Hjalmar Poelzig (que, além de entregar o forte que comandava ao inimigo, ainda roubou a esposa e a filhinha de Vitus, dizendo-lhes que ele estava morto). Na viagem, Vitus tem como companhia Peter e Joan, recém-casados em viagem de turismo. No caminho, um acidente faz com que Vitus tenha que levar o casal para a casa de Poelzig, construída justamente sobre as ruínas do forte. Enquanto Vitus fica sabendo que sua esposa faleceu, Poelzig, também líder de um culto demoníaco, interessa-se por Joan e resolve apoderar-se da moça. Sabendo estar no meio de uma velha rixa que não lhe diz respeito, Peter deseja partir, mas é retido pelos capangas de Poelzig. Enquanto isso, Joan descobre um terrível segredo: Poelzig está casado com Karen, a filha de Vitus...

COMENTÁRIOS: Um dos mais insólitos e ousados clássicos do terror hollywoodiano, claramente calcado no cinema expressionista alemão, com uma incrível riqueza visual. O único ponto realmente negativo é a trilha sonora, completamente inadequada e estrondosa (mudo, este filme seria um dos maiores clássicos do cinema mundial).

AVALIAÇÃO: ***

THE BLACK SCORPION

DIRETOR: Edward Ludwig

PAÍS: Estados Unidos

COMPANHIA PRODUTORA: Amex Productions

ANO DE PRODUÇÃO: 1957

DURAÇÃO: 88'

IDIOMA ORIGINAL: Inglês

PRODUÇÃO: Frank Melford, Jack Dietz

ARGUMENTO: Paul Yawitz

ROTEIRO: David Duncan, Robert Blees

FOTOGRAFIA: Lionel Lindon [p&b]

MONTAGEM: Richard L. Van Enger

MÚSICA: Paul Sawtell

ELENCO: Richard Denning, Mara Corday, Carlos Rivas, Mario Navarro, Carlos Muzquiz, Pascual Peña, Fanny Schiller, Pedro Galvan, Arturo Martinez

GÊNERO: Horror e ficção científica

SINOPSE: No interior do México, uma violenta erupção vulcânica destrói cidades e campos e desaloja milhares de pessoas. Porém, isso está longe de ser a sua consequência mais grave, já que a erupção também traz à superfície uma espécie de escorpião pré-histórico cujos membros são tão imensos quanto a sua sede de sangue humano. Dois geólogos – um norte-americano e um mexicano – vão ajudar a combater a terrível criatura, antes que ela pique mortalmente toda a humanidade.

COMENTÁRIOS: O filme aborda um dos temas mais frequentes do gênero: animais gigantes que surgem subitamente para mostrar à humanidade a sua pequenez e a sua impotência diante das forças da natureza. Esta produção, com locações no México, não foge a todos os clichês, sem brilhar em nenhum deles.

AVALIAÇÃO: ***

BLACKENSTEIN

DIRETOR: William A. Levey

PAÍS: Estados Unidos

COMPANHIA PRODUTORA: Frisco Productions Limited

ANO DE PRODUÇÃO: 1972

DURAÇÃO: 87'

IDIOMA ORIGINAL: Inglês

PRODUÇÃO: Frank R. Saletri

ARGUMENTO: Frank R. Saletri (or: Mary Shelley)

ROTEIRO: Frank R. Saletri

FOTOGRAFIA: Robert Caramico [cor]

MONTAGEM: Bill Levey [William A. Levey]

MÚSICA: Cardella DeMilo, Lou Frohman

ELENCO: John Hart, Ivory Stone, Liz Renay, Roosevelt Jackson, Andrea King, Nick Bolin, Joe DeSue, Jim Cousar, Bob Brophy [John Dennis], Andy 'C', Beverly Haggerty, Daniel Fauré, Dale E. Bach, Don Brodie, Cardella DeMilo

[Cardella Di Milo], Jerry Soucie, Karin Lind, Yvonne Robinson, Liz Renay, Marva Farmer, Robert L. Hurd

GÊNERO: Drama de horror blaxploitation

SINOPSE: Winnifred é uma jovem médica que vai procurar seu antigo professor, o dr. Stein, em busca de ajuda para seu namorado Nick, um soldado que perdeu suas pernas e braços na explosão de uma mina no Vietnam. Como Stein é um cientista que ganhou justamente um prêmio Nobel com suas pesquisas sobre o DNA, que ele utiliza como auxiliar em transplantes de membros, Winnifred logo vê a possibilidade de ter seu namorado inteiro novamente. Stein transfere Nick para a sua clínica particular e logo realiza os transplantes que o devolverão à vida útil. Porém, o assistente de Stein, Malcomb, se apaixona por Winnifred e tenta conquistá-la. Ao ver que não conseguirá nada, Malcomb resolve se vingar trocando o DNA administrado a Nick por um DNA de macaco, que logo começa a causar estranhos efeitos no rapaz.

COMENTÁRIOS: Versão blaxploitation da história de Frankenstein, com um rotciro mcdíocre e um elenco bastante incompetente.

AVALIAÇÃO: **

Blácula

DIRETOR: William Crain

PAÍS: Estados Unidos

COMPANHIA PRODUTORA: American International Productions

ANO DE PRODUÇÃO: 1972

DURAÇÃO: 93'

IDIOMA ORIGINAL: Inglês

PRODUÇÃO: Joseph T. Naar (executivo: Samuel Z. Arkoff)

ROTEIRO: Joan Torres, Raymond Koenig

FOTOGRAFIA: John M. Stevens [cor]

MONTAGEM: Allan Jacobs

MÚSICA: Gene Page

ELENCO: William Marshall, Denise Nicholas, Vonetta McGee, Gordon Pinsent, Thalmus Rasulala, Emily Yancy, Lance Taylor Sr., Logan Field, Ted Harris, Rick Metzler, Ketty Lester, Charles Macaulay, Jitu Cumbuka, Elisha Cook, Eric Brotherson, "The Hues Corporation"

GÊNERO: Drama de horror

SINOPSE: Transilvânia, 1780: Mamuwalde, um príncipe africano, está visitando o castelo do conde Drácula, juntamente com sua esposa Luva. Seu objetivo é conseguir o apoio do conde para sua reivindicação da extinção do tráfico de escravos. Porém, Drácula só está interessado em Luva, se oferecendo para comprá-la. Ofendido, Mamuwalde briga com o conde e acaba sendo transformado em um vampiro, Blácula, que é preso em um caixão. Quase 200 anos depois, uma dupla de decoradores norte-americanos compra a mobília do castelo de Drácula e leva junto o caixão do príncipe. Nos Estados Unidos, Blácula se liberta e logo começa a fazer vítimas. Mas o verdadeiro interesse do vampiro é a jovem Tina, que é uma perfeita sósia de Luva. Enquanto começa a namorar Tina, Blácula deve enfrentar a perseguição do dr. Thomas, namorado da irmã da moça, que é investigador e que deseja acabar com a sua raça negra.

COMENTÁRIOS: Um dos clássicos absolutos do cinema blaxploitation dos anos 70, este filme transporta com bastante sucesso a história de drácula para os Estados Unidos contemporâneo, com Marshall em uma excelente personificação do vampiro negro.

AVALIAÇÃO: ***

BLADE RUNNER, O CAÇADOR DE ANDRÓIDES

DIRETOR: Ridley Scott

PAÍS: Estados Unidos / Hong Kong (China)

COMPANHIA PRODUTORA: The Ladd Company / Sir Run Run Shaw / Warner Bros.

ANO DE PRODUÇÃO: 1982

DURAÇÃO: 117'

IDIOMA ORIGINAL: Inglês

PRODUÇÃO: Michael Deeley, Ridley Scott, Run Run Shaw

ARGUMENTO: Philip K. Dick

ROTEIRO: Hampton Fancher, David Peoples

FOTOGRAFIA: Jordan Cronenweth [cor]

MONTAGEM: Marsha Nakashima (supervisão: Terry Rawlings)

MÚSICA: Vangelis

ELENCO: Harrison Ford, Rutger Hauer, Sean Young, Edward James Olmos, M. Emmet Walsh, Daryl Hannah, William Sanderson, Brion James, Joe Turkel, Joanna Cassidy,

James Hong, Morgan Paull, Kevin Thompson, John Edward Allen, Hy Pyke, Kimiro Hiroshige, Robert Okazaki, Carolyn DeMirjian

GÊNERO: Ficção científica e ação

SINOPSE: Los Angeles, 2019: O depauperado planeta Terra está sendo paulatinamente abandonado e virou quase uma terra de ninguém, onde só restaram párias. A fim de não correrem riscos em atividades perigosas, os homens construíram androides, que foram aperfeiçoados até se tornarem idênticos aos seres humanos. Os androides mais perfeitos, chamados de "replicantes", se revoltaram e passaram a ser caçados por policiais especializados, denominados *blade runners*, que os eliminaram do planeta. Com a notícia de que quatro androides invadiram a Terra, após assassinarem a tripulação de uma nave, o chefe de polícia convoca Rick Deckard, um *blade runner* rebelde que havia abandonado as suas atividades. Ameaçado, Deckard é obrigado a voltar ao serviço e vai conversar com Eldon Tyrell, gênio da engenharia genética e construtor dos replicantes. Tyrell é o principal alvo dos androides, já que estes foram programados para apenas quatro anos de funcionamento e desejam prolongar sua existência. No escritório de Tyrell, Deckard conhece Rachael e interessa-se pela moça, apesar de ficar sabendo que ela também é um android. Rachael, que desconhecia esse fato, fica chocada e foge, após uma entrevista com Deckard.

Seguindo as pistas dos replicantes, Rick consegue matar a dançarina Zhora e, logo depois, é atacado por Leon, outro androide. Prestes a ser morto, o *blade runner* é salvo por Rachael, que mata Leon. Rick e Rachael iniciam um envolvimento amoroso, ao mesmo tempo em que o policial é atormentado pela ideia de que também terá que eliminá-la. Enquanto isso, os replicantes restantes – o casal Roy e Pris – conseguem chegar a um dos assistentes de Tyrell, o geneticista J. F. Sebastian.

COMENTÁRIOS: O maior clássico da ficção científica dos anos 80, "Blade Runner" serviu de inspiração para centenas de filmes, sempre muito inferiores ao original. Trata-se de uma perfeita combinação de história, elenco (com destaque para Rutger Hauer), efeitos especiais, música (trilha brilhante de Vangelis) e direção (Scott, em seu terceiro longa). Além do original, existe uma "versão do diretor" de 1991, e um "final cut" de 2007. Na versão de Scott, são removidas algumas modificações impostas pelos produtores, com a supressão da narrativa em off de Deckard (que acompanhava toda a trama, no molde dos velhos filmes noirs) e do final otimista. Baseado no conto *Do androids dream of electric sheep?*

AVALIAÇÃO: *****

THE BLAIR WITCH PROJECT

A BRUXA DE BLAIR

DIRETOR: Daniel Myrick, Eduardo Sánchez

PAÍS: Estados Unidos

COMPANHIA PRODUTORA: Haxan Films

ANO DE PRODUÇÃO: 1999

DURAÇÃO: 81'

IDIOMA ORIGINAL: Inglês

PRODUÇÃO: Gregg Hale, Robin Cowie, Michael Monello

ARGUMENTO: Daniel Myrick, Eduardo Sánchez

ROTEIRO: Daniel Myrick, Eduardo Sánchez

FOTOGRAFIA: Neal Fredericks [cor]

MONTAGEM: Daniel Myrick, Eduardo Sánchez

MÚSICA: Tony Cora

ELENCO: Heather Donahue, Joshua Leonard, Michael Williams, Bob Griffin, Jim King, Sandra Sánchez, Ed Swanson, Patricia DeCou, Mark Mason, Jackie Hallex

GÊNERO: Horror

SINOPSE: Heather, uma jovem estudante de cinema, convida dois colegas – Michael e Josh – para participarem da realização de um documentário, durante um fim de semana. O tema do filme é a lenda da bruxa de Blair, que assombraria uma floresta nas proximidades da pequena cidade de Burkittsville, nos cafundós americanos. O trio penetra na floresta e começa o trabalho, mas logo começam também os problemas, já que eles se perdem e começam a achar que estão sendo vigiados por desconhecidos. O isolamento na floresta sombria e estranhos ruídos noturnos agem sobre os nervos dos jovens, que logo se desesperam e passam a brigar entre si.

COMENTÁRIOS: Falso documentário que alcançou um inesperado sucesso, com uma história narrada em *flashback*, a partir do material pretensamente filmado pelos protagonistas (constituindo um subgênero denominado *found footage*). O estilo deste filme (que teve uma continuação bastante inferior) tem influenciado inúmeras produções em diversos países (até mesmo no Brasil).

AVALIAÇÃO: ***

BLEEDERS / HEMOGLOBIN

HEMOGLOBINA

DIRETOR: Peter Svatek

PAÍS: Canadá

COMPANHIA PRODUTORA: Kingsborough Greenlight Pictures

ANO DE PRODUÇÃO: 1996

DURAÇÃO: 89'

IDIOMA ORIGINAL: Inglês

PRODUÇÃO: Pieter Kroonenburg, Julie Allan

ARGUMENTO: H. P. Lovecraft (?)

ROTEIRO: Charles Adair, Dan O'Bannon, Ronald Shusett

FOTOGRAFIA: Barry Gravelle [cor]

MONTAGEM: Heidi Haines

MÚSICA: Alan Reeves

ELENCO: Rutger Hauer, Roy Dupuis, Kristin Lehman, Jackie Burroughs, John Dunn-Hill, Joanna Noyes, Felicia Shulman, Janine Theriault, Gillian Ferrabee, Pascal Gruselle, John Harold Cail, Michelle Brunet, David Deveau, Spencer Evans, Carmen Ferlan, Leni Parker, Lisa Bronwyn-Moore, Christopher Heyerdahl (voz), Robert Baril, André Dandurand, Denis Lapalme, Matthieu Parent, Gary Jewell

GÊNERO: Drama de horror

SINOPSE: Afetado por uma doença sanguínea muito grave, John vai, junto com sua mulher Kathleen, visitar a pequena ilha onde ele nasceu, a fim de buscar informações sobre a sua família (da qual, estranhamente, ele nada sabe). Porém, o casal logo vai descobrir que John é descendente de uma estirpe denerada, que sofreu mutações atrozes por conta do excesso de relações incestuosas.

COMENTÁRIOS: O filme começa aparentando seriedade, mas logo vira uma bobagem sem tamanho. Apesar da obviedade do tema, o nome de Lovecraft não é mencionado nos créditos.

AVALIAÇÃO: **

BLESSED

REENCARNAÇÃO

DIRETOR: Simon Fellows

PAÍS: Inglaterra / Romênia

COMPANHIA PRODUTORA: Blessed Film Company / Castel Films

ANO DE PRODUÇÃO: 2004

DURAÇÃO: 98'

IDIOMA ORIGINAL: Inglês

PRODUÇÃO: Brad Wyman, Pierre Spengler, Andrew Stevens, Donald Kushner (coprodutores: Ron Schmidt, Alwyn

Hight Kushner)

ARGUMENTO: Robert Mearns, Jayson Rothwell

ROTEIRO: Jayson Rothwell

FOTOGRAFIA: Gabriel Kosuth [cor]

MONTAGEM: Kant Pan

MÚSICA: Stephen Jones

ELENCO: Heather Graham, James Purefoy, Fionnula Flanagan, Alan McKenna, Michael J. Reynolds, Debora Weston, Stella Stevens, William Hootkins, Andy Serkis, David Hemmings, Tess Lynden-Bell, Star Lynden-Bell, Liviu Timus, Michele Gentille, Florin Mateescu, Paul Grossman, Clara Voda, Gelu Nitu, Radu Branzaru, Luana Stoica, George Ulmeni, Constantin Florescu, Aurel Surulescu, Xenia Alina Grigore, Eduard Jighirgiu, Ruxandra Ciobanu, Cristina Nedea, Mihai Persa, Adriana Dragut, Costica Draganescu, Marioara Voinescu Sterian, Ester Nathalie, Ovidiu Niculescu, Oxana Moravec, Dan Sandulescu, Cristina Moldoveanu, Victor Yila, Adrian Cretu, Maria Pintea, Ilie Dobre, Ines Matei, Mrs. Grossmann

GÊNERO: Horror e ficção científica

SINOPSE: Casal com dificuldades para ter filhos busca o auxílio de uma sofisticada clínica de reprodução humana. O tratamento logo dá resultados e tudo parece perfeito, até que

o casal descobre que a instituição se dedica também à clonagem e ao satanismo, sendo responsável pelo ressurgimento
do próprio Lúcifer.

COMENTÁRIOS: Cópia disfarçada de *O bebê de Rosemary*,
adaptada aos padrões tecnológicos do século 21.

AVALIAÇÃO: ***

THE BLOB

A BOLHA ASSASSINA

DIRETOR: Irvin S. Yeaworth Jr.

PAÍS: Estados Unidos

COMPANHIA PRODUTORA: Tonylyn

ANO DE PRODUÇÃO: 1958

DURAÇÃO: 86'

IDIOMA ORIGINAL: Inglês

PRODUÇÃO: Jack H. Harris

ARGUMENTO: Irvine H. Millgate

ROTEIRO: Theodore Simonson, Kate Phillips

FOTOGRAFIA: Thomas Spalding [cor]

MONTAGEM: Alfred Hillmann

MÚSICA: Ralph Carmichael

ELENCO: Steven McQueen [Steve McQueen], Aneta Corseaut, Earl Rowe, Olin Howlin, Steven Chase, John Benson, George Karas, Elbert Smith, Vince Barbi, Lee Payton, Hugh Graham, Audrey Metcalf, Jasper Deeter, Elinor Hammer, Ralph Roseman, David Metcalf, George Gerbereck, Kieth Almoney, Tom Ogden, Pamela Curran, Charlie Overdorff, Josh Randolph, Julie Cousins, Eugene Sabel, Robert Fields, James Bonnet, Anthony Franke, Molly Ann Bourne, Diane Tabben

GÊNERO: Horror e ficção científica

SINOPSE: Um meteoro cai em uma pequena cidade do interior norte-americano, trazendo em seu interior uma estranha forma de vida. Trata-se de uma substância gelatinosa, que tem o poder de atacar e dissolver os seres humanos. Um casal de namorados percebe o perigo e tenta avisar as autoridades, mas o rapaz tem fama de transviado e não é levado a sério por ninguém. Porém, quando a bolha gosmenta começa a crescer e ataca a cidade, a população entra em pânico e vislumbra-se uma catástrofe de grandes proporções, já que todos os métodos parecem ineficazes para deter a ameaça alienígena.

COMENTÁRIOS: Um dos maiores cults da ficção científica dos anos 50 (provavelmente pela presença do jovem Steve McQueen), este filme apela para um dos maiores clichês do gênero: a chegada ao nosso planeta de uma forma de vida extraterrestre desconhecida, que inicia uma meticulosa aniquilação da humanidade com alguma intenção nefanda. Trata-se, é claro, de mais uma alegoria anti-comunista (nem é preciso dizer que a bolha assassina é vermelha), para tirar proveito da paranoia dos burgueses ianques.

AVALIAÇÃO: ***

BLOOD AND SEX NIGHTMARE

DIRETOR: Joseph R. Kolbek

PAÍS: Estados Unidos

COMPANHIA PRODUTORA: Bloody Earth Films

ANO DE PRODUÇÃO: 2008

DURAÇÃO: 59'

IDIOMA ORIGINAL: Inglês

PRODUÇÃO: Joseph R. Kolbek

ARGUMENTO: Joe Manzione

ROTEIRO: Joe Manzione

FOTOGRAFIA: Raul Martinez [cor]

MONTAGEM: Jeremiah Bruckart

MÚSICA: Scott Morgan

ELENCO: Julia M. Morizawa, Andy McGuinness, Tom Thatcher, Dan Petit, Niki Notarile [Niki Rubin], Lilly St. Claire, Eyez The Filmmaker Emcee [Eyez Emcee], Tina Krause, Anthony Navarino, Matt Deterior, John Mandara, Scott Morgan, Milon Castle, Jeremy Bruckart [Jeremiah Bruckart], Laura Diozzi, Ryosuke Yamada (voz)

GÊNERO: Drama de horror

SINOPSE: Nick é um rapaz um tanto desesperado, já que sua namorada Amy insiste em manter suas relações amorosas em um total platonismo. Para convencer a garota a satisfazer os seus desejos sexuais, Nick a convida para passar alguns dias em uma pousada só para adultos em busca de prazeres alternativos, perdida nos cafundós dos Estados Unidos. Porém, além dos tarados que estão hospedados no local, a pousada também é o território de caça de um zumbi *serial killer* depravado e psicótico, que logo começa a esvaziar os quartos para encher o cemitério.

COMENTÁRIOS: Mais um filmezinho de psicopatas assassinos com uma história banal e efeitos especiais ridículos, com uma produção mais barata que caixão de mendigo.

AVALIAÇÃO: *

Areia sangrenta

DIRETOR: Jeffrey Bloom

PAÍS: Estados Unidos

COMPANHIA PRODUTORA: Empress Film Production Corporation

ANO DE PRODUÇÃO: 1980

DURAÇÃO: 92'

IDIOMA ORIGINAL: Inglês

PRODUÇÃO: sir Run-Run Shaw, Sidney Beckerman, Steven Nalevansky

ARGUMENTO: Jeffrey Bloom, Steven Nalevansky

ROTEIRO: Jeffrey Bloom

FOTOGRAFIA: Steve Poster [cor]

MONTAGEM: Gary Griffen

MÚSICA: Gil Mellé

ELENCO: David Huffman, Mariana Hill, John Saxon, Otis Young, Stefan Gierasch, Burt Young, Darrell Fetty, Lynne Marta, Eleanor Zee, Lena Pousette, Pamela McMyler, Harriet Medin, Mickey Fox, Laura Burkett, Marleta Giles, Jacqueline Randall, Don Barlow, David Wysong, Charles

Rowe Rook, John Joseph Thomas, Julie Dolan, Sandra Friebel, Christopher Franklin, Bobby Bass, Read Morgan, Barney Pell, Marcus Wyatt, Mary Jo Catlett, Ian Abercrombie, Robert Newirth, Lavelle Roby, James Ogg, Lynne Fienerman, Steve Finkel, David Jacob, Stefanie Auerbach, Steve Ballard, Judy Walker, Muriel Bakcha, Norton Buffalo, Yancey E. Burns III, Michael Lewis, Laurin Rinder

GÊNERO: Horror

SINOPSE: Em uma localidade turística da costa da Califórnia, uma mulher que caminhava pela praia desaparece misteriosamente sem deixar qualquer vestígio. Não há nenhuma pista, até que uma adolescente, que estava na praia com alguns amigos, é atacada por uma criatura não identificada e sofre graves ferimentos. As autoridades passam a desconfiar que existe algum tipo de monstro vivendo no subsolo, mas escavações na praia não detectam nada, embora as vítimas continuem a desaparecer.

COMENTÁRIOS: Uma ideia interessante, prejudicada pela falta de talento e de orçamento. Além da estupidez da hipótese de que os ataques de um monstro desconhecido não despertem a atenção das autoridades militares e científicas, o roteiro desenvolve pessimamente o caráter dos protagonistas (Harry, o guarda do porto, tem sua namorada devorada pelo monstro e, horas depois, está transando com sua antiga paixão). Em suma, uma obra sem substância.

AVALIAÇÃO: **

BLOOD FEAST

BANQUETE DE SANGUE

DIRETOR: Herschell Gordon Lewis

PAÍS: Estados Unidos

COMPANHIA PRODUTORA: Box Office Spectaculars

ANO DE PRODUÇÃO: 1963

DURAÇÃO: 67'

IDIOMA ORIGINAL: Inglês

PRODUÇÃO: David F. Friedman, Herschell Gordon Lewis

ROTEIRO: A. Louise Downe

FOTOGRAFIA: Herschell Gordon Lewis [cor]

MONTAGEM: Robert Sinise, Frank Romolo

MÚSICA: Herschell Gordon Lewis

ELENCO: Thomas Wood [William Kerwin], Mal Arnold, Connie Mason, Lyn Bolton, Scott H. Hall, Toni Calvert, Ashlyn Martin, Astrid Olson, Sandra Sinclair, Gene Courtier, Louise Kamp, Hal Rich, Al Golden

GÊNERO: Horror

SINOPSE: Nos Estados Unidos, o psicopata egípcio Fuad Ramsés, dono de um bufê especializado em festas de grã-finos, pretende ressuscitar a antiga deusa Ishtar por meio de um banquete regado à carne e sangue humanos. Para isso, ele retalha jovens desavisadas, enquanto prepara um festim para a filha de uma socialite.

COMENTÁRIOS: Produção muito pobre e com péssimo elenco, embora bastante ousada. A característica de Herschell Lewis era justamente os enredos criativos, sempre estragados pela falta de dinheiro, pela falta de atores e pela própria mediocridade do realizador.

AVALIAÇÃO: ***

BLOOD FEAST 2 – ALL U CAN EAT

DIRETOR: Herschell Gordon Lewis

PAÍS: Estados Unidos

COMPANHIA PRODUTORA: Queso Grande Productions

ANO DE PRODUÇÃO: 2002

DURAÇÃO: 92'/99'

IDIOMA ORIGINAL: Inglês

PRODUÇÃO: Jacky Lee Morgan

ROTEIRO: W. Boyd Ford

FOTOGRAFIA: Chris Johnson ['Rad' Johnson] [cor]

MONTAGEM: Steven Teagle

MÚSICA: "Southern Culture On the Skids"

ELENCO: John 'Spud' McConnell, Mark McLachlan, Melissa Morgan, Toni Wynne, J. P. Delahoussaye, Trey Bosworth, Lavelle Higgins, Chris Mauer, Christy Brown, Christina Cuenca, Michelle Miller, Kristi Polit, Jill Rao, Cindy Roubal, Veronica Russell, Judy Thomas, Penelope Helmer, Stevie Leininger, Silky Smooth, John Fridge, Daniel Franzese, Nick Leon, "Teaglets", David F. Friedman, Mikko, John Waters

GÊNERO: Comédia de horror

SINOPSE: Fuad Ramses III, neto do psicopata que assassinou diversas pessoas há algumas décadas a fim de promover um banquete antropofágico em homenagem à deusa Ishtar, volta à cidade onde viveu seu avô para assumir o negócio da família: uma delicatessen. Porém, não são só os negócios culinários que Fuad assumirá, já que ele é possuído por Ishtar e inicia uma nova série de matanças, a fim de fazer refinadas iguarias com carne humana.

COMENTÁRIOS: Continuação de um dos clássicos do diretor Lewis, realizado em 1963. Adotando deliberadamente um tom de comédia, ao contrário do original, Lewis volta ao cinema após 30 anos, mostrando-se perfeitamente adaptado ao horror sangue & tripas dos modernos *trash movies*.

AVALIAÇÃO: ***

THE BOGUS WITCH PROJECT

A bruxa de Blair — A paródia

DIRETOR: Victor Kargan, Mark Mower, Kelly Anne Conroy, Steve Agee, Sammy Primero, Susan Johnson, Alex Mebane, Alec Tuckman

PAÍS: Estados Unidos

COMPANHIA PRODUTORA: Trimark Pictures

ANO DE PRODUÇÃO: 2000

DURAÇÃO: 85'

IDIOMA ORIGINAL: Inglês

PRODUÇÃO: Alex Zamm, Kent Kubena, Kelly Anne Conroy, Steve Agee, Sammy Primero, Sean McGinty, Jesper W. Rasmussen, Avery O. Williams, Tom Troy, Alex Mebane, Alec Tuckman, Bronni Bakke

ROTEIRO: Sam Jaffe, Kent Kubena, Mark Mower, Avery O. Williams, Alex Mebane, Alec Tuckman, Bronni Bakke

FOTOGRAFIA: Jeremy Rothman, James Jansen, Stephanie Rogers, Brian Bellamy, Aaron Landman, Zanobia Hodge [cor]

MONTAGEM: Jimmy Hill, Neguine Sanani, Mark Scheib, Sean McGinty, Steve Agee, John Homesley, Alex Mebane

MÚSICA: Carvin Knowles, Steve Agee

ELENCO: Pauly Shore, Cathy Giannone, James DiStefano, Frank Cassini, Joseph Griffo, Roger Morrissey, Jim Zulevik, Jerry Minor, Bryan Coffee, Michael Ian Black, Hyla Matthews, Wally Wingart, Jackie Harris, Bill Dwyer, Paul Greenburg, Kayryn Butler, Jenna Leigh Green, Brian Klugman, Judd Trichter, Kent Kubena, Kathleen Lindsay, Dennis Woodruff, Trevor Lawrence Young, Mark Mower, Brande Roderick, cão Trippy, Kelly Anne Conroy, Steve Agee, Sammy Primero, Peter Hill, Dan Shapiro, Brenda, John Stone, Eugene, Tracy Coley, Crystal Scales, Ali Woodson, April Singleton, Allison Heartinger, Knox Grantham White, Alex Mebane, Whitney Jackson, Eric Bram, Alec Tuckman, Bino Bates, Arin Cunningham, Adrian Redd, Shane Sinutko

GÊNERO: Comédia em esquetes

SINOPSE: Paródia do filme *A bruxa de Blair*.

COMENTÁRIOS: Na verdade, trata-se de uma série de paródias, com diversas perspectivas, realizadas por diferentes

diretores. A única coisa que falta a este filme é humor e inteligência, já que tudo é demasiado óbvio e amadorístico.

AVALIAÇÃO: *

THE BONE SNATCHER

O CAÇADOR DE OSSOS

DIRETOR: Jason Wulfsohn

PAÍS: Inglaterra / África do Sul / Canadá

COMPANHIA PRODUTORA: Focus Films / The Imagi-
narium / Persistence Pictures

ANO DE PRODUÇÃO: 2003

DURAÇÃO: 90'

IDIOMA ORIGINAL: Inglês

PRODUÇÃO: Malcolm Kohll, Izidore Codron, Koa Pa-
dolsky

ARGUMENTO: Gordon Render, Malcolm Kohll

ROTEIRO: Gordon Render, Malcolm Kohll

FOTOGRAFIA: Andreas Poulsson [cor]

MONTAGEM: Richard Benwick

MÚSICA: Paul Heard, Mike Pickering

ELENCO: Scott Bairstow, Rachel Shelley, Warrick Grier, Patrick Shai, Adrienne Pearce, Andre Weideman, Patrick Lyster, Chris April, Brian Claxton-Payne, Sean Higgs, Jan Ellis, Langley Kirkwood, Lulama J. Nombiba, Yusuf Hendrics, Andre Jacobs, Nikki Jackman, Bo Petersen, Wayne Harrison, Rob van Vuuren

GÊNERO: Horror e ficção científica

SINOPSE: Zack é um cientista contratado para trabalhar numa empresa de mineração que atua em pleno deserto da Namíbia. Logo em seu primeiro dia, ele segue numa expedição que leva suprimentos para um posto avançado. No caminho, ele e seus colegas descobrem alguns mineradores misteriosamente assassinados. A partir daí, o grupo irá se defrontar com uma extraordinária criatura do deserto, que domina com sua inteligência sobrenatural um bando aparentemente infinito de formigas devoradoras de seres humanos.

COMENTÁRIOS: Um filme sem a menor inspiração, onde os clichês abundam e as ideias se evaporam como a água no deserto.

AVALIAÇÃO: **

HOSPITAL MALDITO

DIRETOR: Anthony C. Ferrante

PAÍS: Estados Unidos

COMPANHIA PRODUTORA: Kismet Entertainment Group / Graveyard Filmworks

ANO DE PRODUÇÃO: 2005

DURAÇÃO: 94'

IDIOMA ORIGINAL: Inglês

PRODUÇÃO: David E. Allen (coprodutores: Sheri Bryant, Brian Patrick O'Toole)

ARGUMENTO: Anthony C. Ferrante

ROTEIRO: Anthony C. Ferrante

FOTOGRAFIA: Carl Bartels [cor]

MONTAGEM: Chris Conlee

MÚSICA: Carey James, Alan Howarth

ELENCO: Trish Coren, M. Steven Felty, Jilon Ghai, Dig Wayne, Nicole Rayburn, Josh Holt, Michael Samluk, Rachel Melvin, Happy Mahaney, Dee Wallace Stone

GÊNERO: Horror

SINOPSE: Por motivos que só eles talvez possam conhecer, jovens descerebrados resolvem passar a noite de halloween nas ruínas de um velho hospital abandonado, que além de tudo ainda tem fama de mal-assombrado. Para não perderem a fama, os fantasmas do hospital vão comparecer pontualmente para agitar a festa da rapaziada.

COMENTÁRIOS: Filme repleto de clichês, com mais uma história de fantasma psicopata perseguindo jovens abobalhados em um cenário tenebroso.

AVALIAÇÃO: **

BOOK OF SHADOWS: BLAIR WITCH 2

A BRUXA DE BLAIR 2 – O LIVRO DAS SOMBRAS

DIRETOR: Joe Berlinger

PAÍS: Estados Unidos

COMPANHIA PRODUTORA: Artisan Entertainment

ANO DE PRODUÇÃO: 2000

DURAÇÃO: 90'

IDIOMA ORIGINAL: Inglês

PRODUÇÃO: Bill Carraro

ROTEIRO: Dick Beebe, Joe Berlinger

FOTOGRAFIA: Nancy Schreiber [cor]

MONTAGEM: Sarah Flack

MÚSICA: Carter Burwell

ELENCO: Kim Director, Jeffrey Donovan, Erica Leerhsen, Tristen Skyler, Stephen Barker Turner, Kurt Loder, Chuck Scarborough, Bruce Reed, Joe Berlinger, Sara Phillips, Lynda Millard, Deb Burgoyne, Andrea Cox, Lanny Flaherty, Pete Burris, Briton Green, Erik Jensen, Peggy K. Chang, Tony Tsang, Anja Baron, Kevin Murray, Keira Naughton, Lauren Hulsey, Ed Sala, Tyler Zeisloft, Richard Kirkwood, Justin Fair, Raynor Scheine, Brilane Bowman, Kennen Sisco, Robert M. Kelly, Dina Napoli, Landra Booker, Jacqui Allen, Sloane Brown

GÊNERO: Horror

SINOPSE: Jeff é um rapaz problemático que, vivendo nas proximidades da floresta onde ocorreu o caso da Bruxa de Blair, explora o sucesso do filme vendendo bugigangas pela internet. Para aumentar seus lucros, ele organiza uma excursão à floresta, levando um grupo de quatro pessoas. Eles passam a noite no local onde foram encontradas as fitas dos estudantes de cinema desaparecidos e, no dia seguinte, despertam sem nenhuma lembrança da noite anterior, embora seu acampamento esteja quase destruído. Porém, a descoberta de um novo lote de fitas pode esclarecer finalmente –

ou não – o mistério da bruxa.

COMENTÁRIOS: Esta continuação do grande sucesso "A bruxa de Blair" procura se afastar ao máximo do estilo de seu antecessor, tirando a ação da floresta e concentrando tudo em uma velha fábrica abandonada que serve de residência para Jeff. Com isso, o filme se torna bastante convencional, perdendo justamente a espontaneidade do original. Outro ponto bastante prejudicial é a montagem "nervosa", que costuma servir para encobrir os defeitos de uma produção.

AVALIAÇÃO: ***

BOWERY AT MIDNIGHT

BOWERY À MEIA-NOITE

DIRETOR: Wallace Fox

PAÍS: Estados Unidos

COMPANHIA PRODUTORA: Banner Productions / Monogram Pictures Corporation

ANO DE PRODUÇÃO: 1942

DURAÇÃO: 63'

IDIOMA ORIGINAL: Inglês

PRODUÇÃO: Sam Katzman, Jack Dietz

ARGUMENTO: Gerald Schnitzer

ROTEIRO: Gerald Schnitzer

FOTOGRAFIA: Mack Stengler [p&b]

MONTAGEM: Carl Pierson

MÚSICA: Edward Kay

ELENCO: Bela Lugosi, John Archer, Wanda McKay, Tom Neal, Vince Barnett, Anna Hope, John Berkes, J. Farrell McDonald, Dave O'Brien, Lucille Vance, Lew Kelly, Wheeler Oakman, Ray Miller

GÊNERO: Drama criminal com elementos horroríficos

SINOPSE: O dr. Frederick é um respeitado psicanalista que dá aulas em uma conceituada universidade. Porém, o médico tem uma vida dupla (ou tripla), fazendo-se passar também pelo bondoso Karl, administrador de um abrigo para mendigos pobres de baixa renda. Mas o tal abrigo é apenas uma fachada para Frederick/Karl, que usa o local para recrutar novos membros para a sua quadrilha de ladrões e assassinos (já que seu salário de professor está muito defasado).

COMENTÁRIOS: Filme que mistura o problema da dupla (ou tripla) personalidade com zumbis, num resultado abominável. Uma história insensata, confusa e equivocada, como quase todos os filmes da dupla Lugosi/Katzman.

AVALIAÇÃO: **

BRAIN DAMAGE

O SORO DO MAL

DIRETOR: Frank Henenlotter

PAÍS: Estados Unidos

COMPANHIA PRODUTORA: Palisades Partners

ANO DE PRODUÇÃO: 1987

DURAÇÃO: 86'

IDIOMA ORIGINAL: Inglês

PRODUÇÃO: Edgar Ievins

ARGUMENTO: Frank Henenlotter

ROTEIRO: Frank Henenlotter

FOTOGRAFIA: Bruce Torbet [cor]

MONTAGEM: James W. Kwei, Frank Henenlotter

MÚSICA: Gus Russo, Clutch Reiser

ELENCO: Rick Herbst, Gordon MacDonald, Jennifer Lowry, Theo Barnes, Lucille Saint-Peter, Vicki Darnell, Joe Gonzales, Bradlee Rhodes, Michael Bishop, Beverly Bonner, Ari Roussimoff, Michael Rubenstien, Angel Figueroa, John

Reichert, Don Henenlotter, Kenneth Packard, Artemis Pizarro, Slam Wedgehouse, Kevin Vanhentenryck

GÊNERO: Comédia de horror escatológico

SINOPSE: Brian, um jovem feliz e despreocupado, encontra um estranho ser de origem desconhecida, que lhe promete maravilhas em troca da sua proteção. A criatura passa, então, a alojar-se no corpo de Brian, injetando na medula do rapaz um líquido que o torna capaz de sensações prodigiosas. Porém, Brian logo se torna viciado na substância, além de descobrir que seu hóspede é um assassino, devorando os cérebros de diversas pessoas. Cada vez mais dependente, Brian afasta-se de seu irmão Mike e de sua namorada Barbara, enquanto tenta conseguir novas vítimas para o monstro.

COMENTÁRIOS: A história não tem muito sentido, mas a narrativa é interessante e tem alguns momentos criativos.

AVALIAÇÃO: ***

THE BRAIN EATERS

OS DEVORADORES DE CÉREBROS

DIRETOR: Bruno VeSota

PAÍS: Estados Unidos

COMPANHIA PRODUTORA: Corinthian Productions / American International Pictures

ANO DE PRODUÇÃO: 1958

DURAÇÃO: 61'

IDIOMA ORIGINAL: Inglês

PRODUÇÃO: Edwin Nelson [Ed Nelson]

ROTEIRO: Gordon Urquhart

FOTOGRAFIA: Larry Raimond [p&b]

MONTAGEM: Carlo Lodato

MÚSICA: Tom Jonson

ELENCO: Edwin Nelson [Ed Nelson], Alan Frost, Jack Hill, Joanna Lee, Jody Fair, David Hughes, Robert Ball, Greigh Phillips, Orville Sherman, Leonard Nemoy [Leonard Nimoy], Doug Banks, Henry Randolph, Saul Bronson

GÊNERO: Horror e ficção científica

SINOPSE: Uma nave espacial de origem desconhecida pousa na pequena e pouquíssimo povoada cidadezinha de Riverdale, nos remotos cafundós estadunidenses. Como, obviamente, o fato não tem nenhuma importância, apenas dois cientistas vão examinar o OVNI, sem chegarem a nenhuma conclusão. Como os militares, obviamente, não se interessam pelo caso, já que uma espaçonave ultrasofisticada e quase indestrutível é inútil para a Guerra Fria, o governo envia para o local o senador Walter K. Powers, um caipira grosseiro que entende tudo de ciência espacial, já que acompanhou todos os capítulos de *Flash Gordon no planeta Mongo*. Logo, Walter e o dr. Kettering – um cientista galã – descobrem que a tal nave é habitada por pequenas criaturas parasitas, que se alojam na nuca dos seres humanos para drenar seus cérebros e controlá-los como zumbis. Como as comunicações estão cortadas e todos têm preguiça de dirigir até a cidadoca mais próxima, a fim de pedir ajuda ao governo, Powers, Kettering e alguns gatos pingados se dispõem a combater sozinhos a ameaça do espaço exterior (que também pode ser do espaço interior).

COMENTÁRIOS: Produção de baixíssimo orçamento dos primeiros tempos da distribuidora American International, que investia em filmes pequenos para programas duplos de *drive-ins*. Como sempre, um elenco diminuto e aceitável em um roteiro simplório, quase sem efeitos especiais. A trama recicla essencialmente o enredo de "Vampiros de almas" – porém, sem nenhuma das virtudes de seu modelo.

AVALIAÇÃO: **

THE BRAIN FROM PLANET AROUS

DIRETOR: Nathan Hertz [Nathan Juran]

PAÍS: Estados Unidos

COMPANHIA PRODUTORA: Marquette Productions / Howco Productions

ANO DE PRODUÇÃO: 1957

DURAÇÃO: 71'

IDIOMA ORIGINAL: Inglês

PRODUÇÃO: Jacques Marquette

ROTEIRO: Ray Buffum

FOTOGRAFIA: Jacques Marquette [p&b]

MONTAGEM: Irving Schoenberg

MÚSICA: Walter Greene

ELENCO: John Agar, Joyce Meadows, Robert Fuller, Thomas B. Henry, Kenneth Terrell, Henry Travis, E. Leslie Thomas, Tim Graham, Bill Giorgio

GÊNERO: Ficção científica

SINOPSE: Steve, um cientista nuclear meio canastrão, percebe uma anômala presença de radioatividade no deserto que fica nas proximidades de sua casa. Ao investigar o fato, seu corpo é possuído por Gor, um cérebro alienígena renegado que não tem substância e que deseja se tornar o senhor supremo do nosso planeta. Porém, Sally, a namorada de Steve, encontra outro cérebro do mesmo planeta, que lhe conta o que houve e pede a sua ajuda para liquidar com o pérfido Gor.

COMENTÁRIOS: Mais um ridículo exemplar do cinema paranoico dos tempos da Guerra Fria. Este filme poderia ser resumido como: "Cérebros sem gente para gente sem cérebro".

AVALIAÇÃO: **

O CÉREBRO QUE NÃO QUERIA MORRER

DIRETOR: Joseph Green

PAÍS: Estados Unidos

COMPANHIA PRODUTORA: Rex Carlton Productions

ANO DE PRODUÇÃO: 1960

DURAÇÃO: 82'

IDIOMA ORIGINAL: Inglês

PRODUÇÃO: Rex Carlton

ARGUMENTO: Rex Carlton, Joseph Green

ROTEIRO: Joseph Green

FOTOGRAFIA: Stephen Hajnal [p&b]

MONTAGEM: Marc Anderson (supervisão: Leonard Anderson)

MÚSICA: Abe Baker, Tony Restaino

ELENCO: Herb Evers, Virginia Leith, Leslie Daniel, Adele Lamont, Bonnie Sharie, Paula Maurice, Marlyn Hanold, Bruce Brighton, Arny Freeman, Fred Martin, Lola Mason, Doris Brent, Bruce Kerr, Audrey Devereau, Eddie Carmel

GÊNERO: Horror e ficção científica

SINOPSE: Cirurgião louco com vocação para benfeitor da humanidade faz experiências para tentar acabar com a rejeição nos transplantes e, como se já não bastasse, para ressuscitar pessoas. Quando sua noiva morre em um acidente automobilístico, provocado por ele mesmo, o médico consegue resgatar a cabeça da moça e mantê-la viva e consciente, enquanto tenta obter para ela um novo – e bonito – corpo. Porém, muito mais racional e sensata que seu amado (talvez por ser uma pura cabeça), a garota não fica nada satisfeita com a situação e acaba perdendo a cabeça.

COMENTÁRIOS: Mais uma trama envolvendo um heróico e abnegado cientista louco, com alguns momentos de humor e alguma dose de erotismo.

AVALIAÇÃO: **

Drácula de Bram Stoker

DIRETOR: Francis Ford Coppola

PAÍS: Estados Unidos

COMPANHIA PRODUTORA: American Zoetrope / Osiris Films

ANO DE PRODUÇÃO: 1992

DURAÇÃO: 128'

IDIOMA ORIGINAL: Inglês

PRODUÇÃO: Francis Ford Coppola, Fred Fuchs, Charles Mulvehill (coprodução: James V. Hart, John Veitch)

ARGUMENTO: Bram Stoker

ROTEIRO: James V. Hart

FOTOGRAFIA: Michael Ballhaus [cor]

MONTAGEM: Nicholas C. Smith, Glen Scantlebury, Anne Goursaud

MÚSICA: Wojciech Kilar

ELENCO: Gary Oldman, Winona Ryder, Anthony Hopkins, Keanu Reeves, Richard E. Grant, Cary Elwes, Bill Campbell, Sadie Frost, Tom Waits, Monica Bellucci, Michaela Bercu, Florina Kendrick, Jay Robinson, I. M. Hobson,

Laurie Franks, Maud Winchester, Octavian Cadia, Robert Getz, Dagmar Stanec, Eniko Oss, Nancy Linehan Charles, Tatiana von Furstenberg, Jules Sylvester, Hubert Wells, Daniel Newman, Honey Lauren, Judi Diamond, Robert Buckingham, Cully Fredricksen

GÊNERO: Drama de horror

SINOPSE: Romênia, fins do século 15: Após vencer os invasores turcos, usando de uma terrível crueldade, o príncipe Vlad Dracula descobre que sua esposa Elisabeta se suicidou, após ter a falsa notícia de sua morte. Quando os padres se recusam a enterrá-la em solo sagrado, Drácula é tomado por um acesso de fúria e jura tornar-se imortal para servir ao demônio, convertendo-se no rei dos vampiros. Londres, 1897: Com o enlouquecimento do agente imobiliário Reinfield, após uma visita ao castelo do conde Drácula, no interior da Romênia, o jovem Jonathan Harker é enviado para continuar a negociar com o conde, que deseja adquirir diversas propriedades na Inglaterra. Jonathan hesita em fazer a viagem, já que está de casamento marcado com Mina Murray. Porém, como o resultado da viagem será determinante para o seu futuro profissional, ele parte. Casualmente, observando uma foto de Mina, Drácula percebe que ela é uma perfeita sósia de Elisabeta. Obcecado, ele aprisiona Jonathan em seu castelo e parte para a Inglaterra, a fim de reencontrar sua amada.

COMENTÁRIOS: Uma das mais respeitosas e, certamente, a mais sofisticada das versões do romance de Bram Stoker, que inseriu a velha lenda de Drácula no imaginário universal. Ao contrário do vampiro patético de Murnau ou do todo-poderoso Drácula dos filmes da Hammer, Coppola opta por humanizar o personagem, fazendo dele uma vítima do destino – como, no fundo, somos todos nós. O destaque do filme vai, sem dúvida, para a concepção visual, que é de uma riqueza poucas vezes vista no cinema. Utilizando com rara mestria os efeitos especiais, Coppola evita transformar sua obra em mais um exercício de virtuosismo tecnológico, mantendo sempre o elemento humano em primeiro lugar.

AVALIAÇÃO: ****

BREAK

VIAGEM MACABRA

DIRETOR: Matthias Olof Eich [Matthew Oaks]

PAÍS: Alemanha

COMPANHIA PRODUTORA: I-Catcher Media / Praetoria Productions

ANO DE PRODUÇÃO: 2009

DURAÇÃO: 88'

IDIOMA ORIGINAL: Inglês

PRODUÇÃO: Bernd Reichert

ARGUMENTO: Matthias Olof Eich [Matthew Oaks]

ROTEIRO: Matthias Olof Eich [Matthew Oaks]

FOTOGRAFIA: Robert von Muenchhofen [cor]

MONTAGEM: Matthew Oaks

MÚSICA: Thorsten Engel

ELENCO: Lili Schackert, Esther Maass, Ralph Willmann, Sebastian Badenberg, Thelma Buabeng, Patrick Jahns, Marina Anna Eich, Christian Jungwirth, Annette Kreft, Meelah Adams

GÊNERO: Horror *slasher*

SINOPSE: Quatro jovens amigas vão acampar sozinhas em uma remota região florestal, a fim de entrarem em contato com uma natureza bem mais virgem do que elas. Porém, a verdadeira natureza que elas vão conhecer é a natureza humana, quando se tornarem alvos do sadismo de dois caipiras psicopatas que gostam de caçar mulheres.

COMENTÁRIOS: Um dia talvez possamos entender porque um produtor de cinema da Alemanha resolve rodar um filme em inglês, ambientado nos Estados Unidos e copiando fielmente os mais banais e batidos clichês do cinema B norte-americano. Eis aí um verdadeiro mistério que desafia a nossa capacidade cognitiva.

AVALIAÇÃO: **

CÃES ASSASSINOS

DIRETOR: Nick Mastandrea

PAÍS: Alemanha / África do Sul

COMPANHIA PRODUTORA: ApolloProMovie Filmproduktion / The Industrial Development Corporation of
South Africa Limited

ANO DE PRODUÇÃO: 2005

DURAÇÃO: 87'

IDIOMA ORIGINAL: Inglês & Alemão

PRODUÇÃO: David Wicht, David Lancaster, Marianne
Maddalena (coprodutores: Julie Plec, Peter Wortmann, Robert Conte)

ARGUMENTO: Peter Wortmann, Robert Conte

ROTEIRO: Peter Wortmann, Robert Conte

FOTOGRAFIA: Giulio Biccari [cor]

MONTAGEM: Nate Easterling

MÚSICA: Marcus Trumpp

ELENCO: Michelle Rodriguez, Oliver Hudson, Taryn Manning, Eric Lively, Hill Harper, Nick Boraine, Lisa-Marie Schneider

GÊNERO: Horror

SINOPSE: Um casal de irmãos resolve levar três amigos para passar o fim de semana em uma ilha remota, que pertencera ao tio deles e que está deserta desde a morte do proprietário. Porém, eles ignoram que os cães que serviam de cobaias para um laboratório do governo que ficava na ilha, e que fechou as portas há alguns anos, estão soltos e infectados por uma nova forma de raiva: raiva dos seres humanos.

COMENTÁRIOS: A produção executiva é de Wes Craven, embora isso não consiga melhorar em nada a pobreza generalizada de mais um filme de animais em fúria.

AVALIAÇÃO: **

BRIDE OF CHUCKY

A NOIVA DE CHUCKY

DIRETOR: Ronny Yu

PAÍS: Estados Unidos

COMPANHIA PRODUTORA: Universal

ANO DE PRODUÇÃO: 1998

DURAÇÃO: 89'

IDIOMA ORIGINAL: Inglês

PRODUÇÃO: David Kirschner, Grace Gilroy (coprodução: Laura Moskowitz)

ARGUMENTO: Don Mancini

ROTEIRO: Don Mancini

FOTOGRAFIA: Peter Pau [cor]

MONTAGEM: David Wu, Randolph K. Bricker

MÚSICA: Graeme Revell (supervisão: Mary Ramos, Michelle Kuznetsky)

ELENCO: Jennifer Tilly, Katherine Heigl, Nick Stabile, John Ritter, Alexis Arquette, Gordon Michael Woolvett, Brad Dourif (voz), Lawrence Dane, Michael Johnson, James Gallanders, Janet Kidder, Vincent Corazza, Kathy Najimy, Park Bench, Emily Weedon, Ben Bass, Roger McKeen, Sandi Stahlbrand

GÊNERO: Horror em tom de comédia

SINOPSE: Tiffany, antiga amante do assassino Chucky, recupera os restos do boneco no qual a alma de seu amado incorporou-se — por intermédio do vudu — após ser morto por um policial. Invocando as forças malignas, Tiffany consegue devolver a vida a Chucky, mas este se mostra pouco romântico e acaba preso pela moça. Porém, Chucky consegue escapar e vinga-se, matando Tiffany e transformando-a numa boneca. Com tantas demonstrações de carinho, os dois se reconciliam e, para voltarem a ocupar corpos humanos, necessitam de um amuleto, que se encontra no cadáver do assassino, enterrado numa cidade distante. Para recuperá-lo, Tiffany tem a ideia de telefonar para um jovem vizinho, Jesse, oferecendo-lhe dinheiro para levar os dois bonecos até o local desejado. Sem desconfiar de nada, Jesse aceita a tarefa e resolve aproveitar para fugir com sua namorada Jade, que é oprimida por seu tio xerife. Mas o tio tenta impedir a fuga e Chucky logo descobre em Tiffany a parceira ideal para os seus crimes bárbaros. Os dois começam a eliminar todos os que atravessam o seu caminho, deixando um rastro de vítimas atribuídas a Jesse e Jade.

COMENTÁRIOS: Quarto exemplar da série "Child's play". Misturando altas doses de violência com muito humor negro, o filme consegue um equilíbrio perfeito, satirizando seus modelos pretensamente sérios. O destaque vai para o trabalho com os bonecos e para a performance de Jennifer Tilly (perfeita em seus dois papéis). Um filme extremamente simpático, dentro de um gênero tão afeito à mediocridade.

AVALIAÇÃO: ***

BRIDE OF RE-ANIMATOR

A NOIVA DO RE-ANIMATOR

DIRETOR: Brian Yuzna

PAÍS: Estados Unidos

COMPANHIA PRODUTORA: Wildstreet Pictures

ANO DE PRODUÇÃO: 1989

DURAÇÃO: 99'

IDIOMA ORIGINAL: Inglês

PRODUÇÃO: Brian Yuzna, Michael Muscal

ARGUMENTO: Woody Keith, Rick Fry, Brian Yuzna (or: H. P. Lovecraft)

ROTEIRO: Woody Keith, Rick Fry

FOTOGRAFIA: Rick Fichter [cor]

MONTAGEM: Peter Terschner

MÚSICA: Richard Band

ELENCO: Bruce Abbott, Claude Earl Jones, Fabiana Udenio, David Gale, Kathleen Kinmont, Mel Stewart, Jeffrey Combs, Michael Strasser, Irene Forrest, Mary Sheldon, cão Friday, Marge Turner, Johnny Legend, David Bynum, Noble Craig, Kim Parker, Charles Schneider, Rebeca Recio, Jay Evans

SINOPSE: Após a chacina promovida pelos seus zumbis no hospital de Miskatonic, o cientista louco Herbert West vai espairecer na América Central, junto com seu amigo e assistente Dan Cain. Os dois trabalham como médicos voluntários em meio a uma guerra civil, na qual West consegue farto material para continuar suas pesquisas sobre revivificação de cadáveres. Quando a coisa começa a ficar perigosa, Herbert e Dan voltam para seu emprego no hospital, indo morar junto ao cemitério de Miskatonic. Os dois continuam a trabalhar, mas passam a ser investigados pelo policial Chapham, cuja mulher virou um zumbi. Sem desconfiar do que está havendo, Chapham chega aos dois amigos devido a uma série de roubos de cadáveres no hospital. Os roubos são realmente obra de West, que se prepara para dar vida a um ser que ele próprio está construindo. Apesar de não partilhar da megalomania de West, Dan continua a ajudá-lo na esperança de ressuscitar sua noiva Meg – também morta na chacina – cujo cérebro deverá ser implantado na criação do biruta.

COMENTÁRIOS: Continuação de "Re-Animator" (Stuart Gordon, 1985), baseada em uma novela de H. P. Lovecraft. Como sempre, para lástima dos fãs e admiradores de Lovecraft, uma das obras mais imaginativas da literatura universal se transforma em um filmezinho B sem maiores ambições.

AVALIAÇÃO: ***

BRIDE OF THE MONSTER

A NOIVA DO MONSTRO

DIRETOR: Edward D. Wood Jr.

PAÍS: Estados Unidos

COMPANHIA PRODUTORA: Rolling M Productions

ANO DE PRODUÇÃO: 1955

DURAÇÃO: 69'

IDIOMA ORIGINAL: Inglês

PRODUÇÃO: Edward D. Wood Jr.

ARGUMENTO: Edward D. Wood Jr., Alex Gordon

ROTEIRO: Edward D. Wood Jr., Alex Gordon

FOTOGRAFIA: William C. Thompson, Ted Allan [p&b]

MONTAGEM: Mike Adams

MÚSICA: Frank Worth

ELENCO: Bela Lugosi, Tor Johnson, Tony McCoy, Loretta King, Harvey B. Dunn, George Becwar, Don Nagle, Bud

Osborne, John Warren, Ann Wilner, Dolores Fuller, William Benedict, Ben Frommer, Paul Marco

GÊNERO: Horror

SINOPSE: Simpático cientista louco pretende produzir uma super-raça de humanos atômicos, sabe-se lá com que objetivo. Porém, tudo o que ele consegue – sabe-se lá como – é criar um polvo monstruoso comedor de gente e matar todos os coitados que caem nas mãos de seu gigantesco assistente Lobo. No entanto, o aparecimento de uma repórter abelhuda vai atrapalhar os planos do biruta, se é que ele tem algum.

COMENTÁRIOS: Um exemplo do mais puro estilo Ed Wood, com uma história absurda e muitos defeitos especiais. Apesar da presença do genial Bela Lugosi, o filme peca pela sua total falta de ousadia e imaginação.

AVALIAÇÃO: **

THE BRIDES OF DRACULA

As noivas de Drácula

DIRETOR: Terence Fisher

PAÍS: Inglaterra

COMPANHIA PRODUTORA: Hammer Films / Hotspur

Films

ANO DE PRODUÇÃO: 1960

DURAÇÃO: 85'

IDIOMA ORIGINAL: Inglês

PRODUÇÃO: Anthony Hinds

ROTEIRO: Jimmy Sangster, Peter Bryan, Edward Percy

FOTOGRAFIA: Jack Asher [cor]

MONTAGEM: James Needs

MÚSICA: Malcolm Williamson (supervisão: John Hollingsworth)

ELENCO: Peter Cushing, Freda Jackson, Martita Hunt, Yvonne Monlaur, Miles Malleson, Henry Oscar, David Peel, Victor Brooks, Mona Washbourne, Michael Ripper, Andree Melly, Fred Johnson, Norman Pierce, Vera Cook, Marie Deveruex

GÊNERO: Horror

SINOPSE: Marianne é uma jovem francesa que está indo ocupar seu lugar como professora num renomado colégio para moças, na aprazível Transilvânia. No caminho, abandonada pelo cocheiro da diligência em que viajava, ela é socorrida pela baronesa Meinster, que a leva para seu castelo. Marianne descobre que a baronesa tem um filho, que vive isolado numa das alas do castelo por causa de uma grave doença. Por curiosidade, Marianne vai procurar o rapaz, que a convence de que é um prisioneiro e lhe pede que consiga a chave para abrir suas correntes, a fim de que ambos possam fugir juntos. A moça lhe entrega a chave sem saber que o jovem barão é, na verdade, um vampiro, que sobrevive alimentado pelas jovens trazidas por sua mãe.

COMENTÁRIOS: Tudo o que é preciso dizer, para (des)qualificar este filme, é que Christopher Lee não está nele.

AVALIAÇÃO: ***

BROCÉLIANDE

BROCELIANDE

DIRETOR: Doug Headline

PAÍS: França

COMPANHIA PRODUTORA: La Chauve Souris / Pathé Renn Production / TF1 Films Production / Gimages Developpement

ANO DE PRODUÇÃO: 2002

DURAÇÃO: 90'

IDIOMA ORIGINAL: Francês

PRODUÇÃO: Éric Névé

ROTEIRO: Doug Headline, Benoît Lestang

FOTOGRAFIA: Guillaume Schiffman [cor]

MONTAGEM: Sébastien Prangère

MÚSICA: Sarry Long

ELENCO: Elsa Kikoïne, Cylia Malki, Alice Taglioni, Mathieu Simonet, Cédric Chevalme, André Wilms, Vernon Dobtcheff, Alexis Loret, Catherine Camp, Virginie Darmon, Stéphane Cabel, Pierre Porquet, Nicky Marbot, Ludovoc Schoendoerffer, Fabien Thomann, Cédric Delsaux, Stana Roumillac, Éric Névé, Enrico Fornaroli

GÊNERO: Suspense e horror

SINOPSE: Bela aprendiz de arqueólogo vai estudar na Bretanha e realiza algumas pesquisas na legendária floresta de Broceliande, tão presente nos mitos arturianos. Por casualidade, ela acaba sendo envolvida em uma estranha (e ridícula) conspiração para recriar o poderio mágico dos antigos druidas.

COMENTÁRIOS: Um excelente começo, um desenvolvimento morno e um final medíocre. O diretor consegue o mais difícil – criar um bom clima – mas acaba nos deixando a impressão de que quis realizar um filme sério, mas cedeu à tentação de imitar as fantasias de seus congêneres norte-americanos.

AVALIAÇÃO: **

A BUCKET OF BLOOD

Um balde de sangue

DIRETOR: Roger Corman

PAÍS: Estados Unidos

COMPANHIA PRODUTORA: Alta Vista Productions

ANO DE PRODUÇÃO: 1959

DURAÇÃO: 66'

IDIOMA ORIGINAL: Inglês

PRODUÇÃO: Roger Corman

ARGUMENTO: Charles B. Griffith

ROTEIRO: Charles B. Griffith

FOTOGRAFIA: Jack Marquette [p&b]

MONTAGEM: Anthony Carras

MÚSICA: Fred Katz

ELENCO: Dick Miller, Barboura Morris, Antony Carbone, Julian Burton, Ed Nelson, John Brinkley, John Shaner, Judy Bamber, Myrtle Demerel, Jhean Burton, Lynne Storey, Burt Convy, Bruno Ve Sota

GÊNERO: Horror em tom de sátira

SINOPSE: Walter é um doente mental que trabalha como garçom em um boteco só frequentado por artistas de vanguarda. Cheio de vontade de também se tornar um artista e poder parar de dar duro, ele enfrenta o obstáculo de sua total falta de talento (obstáculo este que muitos ignoram com o mais absoluto sucesso). Porém, um dia, ao matar acidentalmente o gato de estimação de sua senhoria, Walter se desespera e, para esconder o seu crime, cobre o bichano com a argila que havia comprado para tentar virar escultor. Levando o gato para o bar, Walter faz um grande sucesso entre os clientes e, ao ser ameaçado por um policial – que pensa que ele é um traficante de drogas – resolve dar mais um passo para o sucesso em sua "carreira" artística.

COMENTÁRIOS: Bom exemplo da reconhecida capacidade do diretor/produtor Corman para fazer filmes com um orçamento ínfimo e um prazo ridículo (ou um orçamento ridículo e um prazo ínfimo). Tendo por base a história de um débil mental que pretende virar artista cobrindo cadáveres com argila, o filme se apresenta como uma sátira ao mundo da arte de vanguarda, onde a bizarrice acaba ocupando o lugar do talento. Apesar da sua pouca duração, a história é interessante e o elenco dá conta do recado (especialmente a linda Barboura Morris).

AVALIAÇÃO: ***

EL BUQUE MALDITO / HORROR OF THE ZOMBIES

O GALEÃO FANTASMA

DIRETOR: Amando de Ossorio

PAÍS: Espanha

COMPANHIA PRODUTORA: Ancla Century Films

ANO DE PRODUÇÃO: 1973

DURAÇÃO: 89'

IDIOMA ORIGINAL: Espanhol

ARGUMENTO: Amando de Ossorio

ROTEIRO: Amando de Ossorio

FOTOGRAFIA: Raul Artigot [cor]

MONTAGEM: Petra de Nieva

MÚSICA: Anton Garcia Abril

ELENCO: Maria Perschy, Jack Taylor, Barbara Rey, Carlos Lemos, Manuel de Blas, Blanca Estrada

GÊNERO: Horror

SINOPSE: Duas modelos que participavam de um golpe publicitário, fingindo estarem perdidas em alto mar para promoverem um novo modelo de lancha, sofrem um acidente ao se chocarem com um velho navio, que parece estar à deriva e completamente abandonado. Como a lancha ficou avariada, elas decidem se abrigar no navio, apesar das advertências de Tucker, o industrial que idealizou o golpe e que se comunica com as moças por meio de um rádio. Como o caso deve ser mantido em sigilo, a fim de não prejudicar a reputação de Tucker, ele e a dona da agência em que as moças trabalhavam organizam uma expedição secreta de resgate. Porém, eles vão parar no misterioso navio – na verdade, um autêntico galeão espanhol – sem saberem que ele é habitado por um grupo de templários zumbis cegos adoradores do Diabo.

COMENTÁRIOS: Terceiro exemplar da tediosa série dos templários cegos, que ainda teria outra continuação.

AVALIAÇÃO: **

THE BURNING

A vingança de Cropsy / Chamas da morte

DIRETOR: Tony Maylam

PAÍS: Estados Unidos

COMPANHIA PRODUTORA: Miramax

ANO DE PRODUÇÃO: 1980

DURAÇÃO: 91'

IDIOMA ORIGINAL: Inglês

PRODUÇÃO: Harvey Weinstein

ARGUMENTO: Harvey Weinstein, Tony Maylam, Brad Grey (or: Harvey Weinstein)

ROTEIRO: Peter Lawrence, Bob Weinstein

FOTOGRAFIA: Harvey Harrison [cor]

MONTAGEM: Jack Sholder

MÚSICA: Rick Wakeman (direção: Alan Brawer)

ELENCO: Brian Matthews, Leah Ayres, Brian Backer, Larry Joshua, Jason Alexander, Ned Eisenberg, Carrick Glenn, Carolyn Houlihan, Fisher Stevens, Lou David, Shelley Bruce, Sarah Chodoff, Bonnie Deroski, Holly Hunter, Kevi Kendall, J. R. McKechnie, George Parry, Ame Segull, Jeff De Hart, Bruce Kluger, Keith Mandell, Jerry McGee, Mansoor Najee-Ullah, Willie Reale, John Roach, Reid Rondell, K. C. Townsend, John Tripp, James Van Verth

GÊNERO: Horror

SINOPSE: Em um acampamento de verão, um bando de adolescentes resolvem se vingar de Cropsy, um zelador violento e abusivo. Porém, a brincadeira planejada não dá muito certo e Cropsy sofre gravíssimas queimaduras. Cinco anos depois, totalmente louco e atrozmente deformado,

Cropsy recebe alta do hospital e volta ao mundo exterior com uma única ideia: vingar-se! Em outro acampamento, perto do local da tragédia, um bando de jovens fresquinhos espera pela sua tesoura sanguinária.

COMENTÁRIOS: Anêmica e descarada imitação do filme "Sexta-feita 13", que assinala o primeiro trabalho do mega-produtor Harvey Weinstein. Com uma história óbvia e efeitos especiais praticamente nulos, este produto é destinado aos fãs do subgênero *slasher*, que costumam se contentar com muito pouco.

AVALIAÇÃO: **

BURNT OFFERINGS

A MANSÃO MACABRA

DIRETOR: Dan Curtis

PAÍS: Estados Unidos

COMPANHIA PRODUTORA: P. E. A. Films / Dan Curtis Productions

ANO DE PRODUÇÃO: 1976

DURAÇÃO: 116'

IDIOMA ORIGINAL: Inglês

PRODUÇÃO: Dan Curtis

ARGUMENTO: Robert Marasco

ROTEIRO: William F. Nolan, Dan Curtis

FOTOGRAFIA: Jacques Marquette [cor]

MONTAGEM: Dennis Virkler

MÚSICA: Robert Cobert

ELENCO: Karen Black, Oliver Reed, Burgess Meredith, Eileen Heckart, Lee H. Montgomery, Dub Taylor, Bette Davis, Joseph Riley, Todd Turquand, Orin Cannon, Jim Myers, Anthony James

GÊNERO: Horror

SINOPSE: Ben e sua esposa Marian desejam passar férias no campo e recebem uma oferta irresistível: um magnífico solar com aluguel irrisório, desde que eles concordem em cuidar de sua velha proprietária (que vive isolada no andar superior da casa). No começo, as coisas correm da melhor maneira possível, até que estranhos acontecimentos ligados ao velho casarão começam a perturbar a tranquilidade do casal.

COMENTÁRIOS: Exercício de horror do especialista Curtis, um legítimo continuador do cinema B dos anos 60. A história não é das mais criativas e nem das mais assustadoras, mas o elenco de peso garante o interesse.

AVALIAÇÃO: ***

LA CABEZA VIVIENTE

DIRETOR: Chano Urueta

PAÍS: México

COMPANHIA PRODUTORA: Cinematografica ABSA

ANO DE PRODUÇÃO: 1963

DURAÇÃO: 75'

IDIOMA ORIGINAL: Espanhol

PRODUÇÃO: Abel Salazar

ARGUMENTO: Federico Curiel, A. Lopez Portillo

ROTEIRO: Federico Curiel, A. Lopez Portillo

FOTOGRAFIA: Jose Ortiz Ramos [p&b]

MONTAGEM: Alfredo Rosas Priego

MÚSICA: Gustavo Cesar Carrión

ELENCO: Ana Luisa Peluffo, Abel Salazar, Mauricio Garcés, Germán Robles, Guillermo Cramer, Antonio Raxel, Eric del Castillo, Salvador Lozano, Alvaro Matute

GÊNERO: Drama de horror

SINOPSE: No México do século 15, o sacerdote asteca Xiu

jura seguir o seu senhor, um nobre guerreiro, para toda a eternidade, deixando-se enterrar vivo em sua tumba e forçando uma jovem sacerdotisa a fazer o mesmo. 500 anos depois, três arqueólogos abrem a tumba e descobrem as três múmias, embora só reste a cabeça do cavaleiro e a múmia da sacerdotisa vire pó em contato com o ar. Porém, o trio de cientistas encontra um documento contendo uma terrível maldição para quem ousar violar a tumba. Por alguma causa totalmente ignorada, o chefe da expedição, prof. Muller, leva os preciosos despojos da tumba para a sua própria casa – acreditando, talvez, que os museus são lugares muito inseguros. Logo, a cabeça do cavaleiro recobra a vida e exige a sua vingança, que será executada por Xiu e pela sacerdotisa – agora encarnada em Marta, a filha de Muller.

COMENTÁRIOS: Mais uma grande bobagem saída dos velhos estúdios mexicanos – que podem ser acusados de tudo, menos de falta de ousadia. Infelizmente, a pobreza dos efeitos especiais e a simploriedade do roteiro compromete todo o resultado, criando situações absurdas para um filme que não se propõe a ser uma comédia.

AVALIAÇÃO: **

A CABANA NO LAGO

DIRETOR: Po Chih Leong

PAÍS: Estados Unidos

COMPANHIA PRODUTORA: Great Falls Productions / USA Pictures

ANO DE PRODUÇÃO: 2000

DURAÇÃO: 92'

IDIOMA ORIGINAL: Inglês

PRODUÇÃO: John V. Stuckmeyer

ARGUMENTO: C. David Stephens

ROTEIRO: C. David Stephens

FOTOGRAFIA: Philip Linzey [cor]

MONTAGEM: Darren Kloomok

MÚSICA: Frankie Blue, Daniel Licht

ELENCO: Judd Nelson, Hedy Burress, Michael Weatherly, Susan Gibney, Bernie Coulson, Colleen Wheeler, Cam Cronin, Bob Dawson, G. Patrick Currie, John Destry, Guy Jellis, Rebecca Reichert, Marnie Alton, Jennifer Carmichael, Barbara Pollard, Mar Andersons, Daniella Evangelista, Katrina Mathews, Gerry McAteer, Russell Ferrier, Rob

Farrell, Colin Foo, Rondel Reynoldson, Santino Barile, Angelika Baran, Moraine Ruddick, Danielle McFadyen, Disa Fladmark

GÊNERO: Horror em tom satírico

SINOPSE: Stanley é um roteirista de cinema que resolveu unir o útil ao agradável. Enquanto pesquisa para seu próximo roteiro, sobre um psicopata que rapta garotas e as afoga, amarrando-as no fundo de um lago para construir um bizarro "jardim de mulheres", ele vai fazendo exatamente a mesma coisa, aproveitando-se do fato de viver numa cabana isolada, às margens de um grande lago. Após raptar as garotas, Stanley as leva para sua cabana, onde as mantém em cativeiro – num compartimento secreto – até a hora de executá-las. Uma de suas vítimas é Mallory, vendedora da bombonnière de um cinema da cidade próxima. Porém, Mallory é bem mais corajosa que as outras garotas e desperta o interesse de Stanley, que mesmo assim resolve juntá-la à sua coleção. Porém, justamente quando ele está afogando a garota, o assistente do xerife local está fazendo um mergulho, juntamente com um casal de amigos de Stanley – que têm uma pequena empresa de efeitos especiais. Assim, Mallory é salva e o jardim de Stanley é descoberto, embora ninguém consiga identificá-lo como o criminoso. Sabendo que o maníaco tem o costume de cuidar diariamente do seu jardim, o delegado resolve montar uma armadilha, sem saber que

Stanley – como um bom roteirista – tem muita inteligência
e imaginação.

COMENTÁRIOS: Apesar dos óbvios exageros do roteiro,
muito mais focado na sátira do que no horror, este telefilme
é bem realizado e pode servir como uma boa diversão.

AVALIAÇÃO: ***

CANNIBAL APOCALYPSE

(Cf. Apocalypse domani)

CARAVANA DO DELÍRIO

(Cf. Areias escaldantes)

COUNTESS DRACULA

A CONDESSA DRÁCULA

DIRETOR: Peter Sasdy

PAÍS: Inglaterra

COMPANHIA PRODUTORA: Hammer Film Productions

ANO DE PRODUÇÃO: 1970

DURAÇÃO: 93'

IDIOMA ORIGINAL: Inglês

PRODUÇÃO: Alexander Paal

ARGUMENTO: Alexander Paal, Peter Sasdy (or: Gabriel Ronay)

ROTEIRO: Jeremy Paul

FOTOGRAFIA: Ken Talbot [cor]

MONTAGEM: Henry Richardson

MÚSICA: Harry Robinson (supervisão: Philip Martell)

ELENCO: Ingrid Pitt, Nigel Green, Sandor Elès, Maurice Denham, Lesley-Anne Down, Patience Collier, Peter Jeffrey, Leon Lissek, Jessie Evans, Andrea Lawrence, Susan Brodrick, Ian Trigger, Nike Arrighi, Peter May, John Moore, Joan Haythorne, Marianne Stone, Charles Farrell, Sally Adcock, Anne Stallybrass, Paddy Ryan, Michael Cadman, Hulya Babus, Lesley Anderson, Biddy Hearne, Diana Sawday, Andrew Burleigh, Gary Rich, Albert Wilkinson, Ismed Hassan

GÊNERO: Drama de horror

SINOPSE: Na Europa da Renascença, a condessa húngara Elisabeth fica viúva, mas nem um pouco inconsolável, já que logo se interessa por um dos herdeiros de seu marido, o jovem tenente Imre. Inconformada com a velhice, que impossibilita o seu romance, ela descobre casualmente que o sangue das donzelas tem o poder de devolver-lhe a juventude, passando a assassinar mocinhas para seus rejuvenescimentos periódicos. Fazendo-se passar por sua própria filha Ilona, que ela manda sequestrar, Elisabeth consegue seduzir Imre e ficar noiva do rapaz.

COMENTÁRIOS: Inspirada na vida da célebre Elisabeth Bathory, esta produção tem a marca de qualidade da Hammer, apesar de não funcionar muito bem como uma história de horror.

AVALIAÇÃO: ***

CRACK IN THE WORLD

UMA FENDA NO MUNDO

DIRETOR: Andrew Marton

PAÍS: Estados Unidos

COMPANHIA PRODUTORA: Security Pictures

ANO DE PRODUÇÃO: 1964

DURAÇÃO: 96'

IDIOMA ORIGINAL: Inglês

PRODUÇÃO: Philip Yordan, Bernard Glasser, Lester A. Sansom

ARGUMENTO: Jon Manchip White

ROTEIRO: Jon Manchip White, Julian Halevy

FOTOGRAFIA: Manuel Berenguer [cor]

MONTAGEM: Derek Parsons

MÚSICA: John Douglas

ELENCO: Dana Andrews, Janette Scott, Kieron Moore, Alexander Knox, Peter Damon, Gary Lasdun, Mike Steen, Sydna Scott, Todd Martin, Jim Gillen, Alfred Brown, Emilio Carrere, John Karlsen, Ben Tatar

GÊNERO: Ficção científica

SINOPSE: O dr. Sorensen, um renomado cientista, tem um plano mirabolante para fornecer energia abundante e permanente para todo o planeta, através da exploração do magma vulcânico que se encontra no centro da Terra. Dirigindo um moderno laboratório, ele tem dificuldades para atingir a camada de magma e tem a brilhante ideia de utilizar uma ogiva nuclear para acelerar a perfuração. Seu principal assistente, no entanto, acredita que os testes nucleares da Guerra Fria podem ter abalado a estrutura do planeta, e que uma nova explosão poderia acarretar terríveis consequências. Porém, Sorensen está com os seus dias contados, devido à contaminação radioativa, e decide executar seu plano de qualquer maneira, conseguindo o apoio das autoridades britânicas. Assim, o míssil é lançado e a perfuração é um grande sucesso. No entanto, a alegria do êxito logo é substituída pelo horror, já que diversos terremotos começam a sacudir o planeta, causando milhares de vítimas. Para complicar a situação, o assistente de Sorensen chega à conclusão de que a explosão afetou uma gigantesca falha geológica no fundo do oceano, o que está causando uma brecha que pode destruir o nosso mundo.

COMENTÁRIOS: O filme fala de dois temas bastante frequentes no gênero: a onipotência dos cientistas bem-intencionados e os perigos do mau uso da energia nuclear. Apesar da presença do abominável Kieron Moore, a narrativa é bastante ágil e movimentada, com uma história menos estúpida que a média.

AVALIAÇÃO: ***

THE CRAWLING HAND

DIRETOR: Herbert L. Strock

PAÍS: Estados Unidos

COMPANHIA PRODUTORA: Joseph F. Robertson Productions

ANO DE PRODUÇÃO: 1963

DURAÇÃO: 88'

IDIOMA ORIGINAL: Inglês

PRODUÇÃO: Joseph F. Robertson

ARGUMENTO: Joseph Cranston, Malcolm Young, Wm. Idelson

ROTEIRO: Wm. Idelson, Herbert L. Strock

FOTOGRAFIA: Willard van der Veer [p&b]

MONTAGEM: Herbert L. Strock

MÚSICA: Marlin Skiles (?)

ELENCO: Peter Breck, Kent Taylor, Rod Lauren, Alan Hale, Allison Hayes, Sirry Steffen, Arline Judge, Richard Arlen, Tristam Coffin, Ross Elliott, G. Stanley Jones, Jock Putnam, Andy Andrews, Syd Saylor, Ed Wermer, Beverly Lunsford, Les Hoyle

GÊNERO: Horror e ficção científica

SINOPSE: Um dos astronautas do programa espacial americano tem sérios problemas durante um voo pelo espaço, e – a seu pedido – sua nave é explodida. O caso é mantido em sigilo, já que as autoridades pretendem mandar outra nave para a Lua. Porém, a explosão não foi suficiente para emilinar o problema, já que um dos braços do astronauta resistiu ao impacto e caiu na Terra. Dominado por uma força cósmica, o braço não só é capaz de se mover sozinho, mas também tem capacidade de raciocínio. Ele é encontrado por um jovem estudante de medicina, em uma pequena cidade litorânea dos Estados Unidos, que decide recolher o braço sem dizer nada às autoridades. No entanto, o braço vivo assassina a senhoria do rapaz e, para completar a desgraça, assume o controle do corpo dele, transformando-o em um violento zumbi, enquanto dois cientistas do programa espacial investigam o caso sem fazer alarde.

COMENTÁRIOS: Tido como um dos piores filmes da história do cinema, "The crawling hand" até que faz jus ao título, com um enredo descerebrado e efeitos especiais capazes de envergonhar qualquer técnico. O enredo se sustenta em uma série de absurdos (porque o estudante recolhe o braço? porque não conta nada à polícia ou aos cientistas do governo? porque não esclarece tudo quando é suspeito do crime?), culminando com um final de incrível estupidez.

AVALIAÇÃO: **

CREATURE FROM THE HAUNTED SEA

CRIATURAS DO FUNDO DO MAR

DIRETOR: Roger Corman

PAÍS: Estados Unidos

COMPANHIA PRODUTORA: Roger Corman Productions

ANO DE PRODUÇÃO: 1961

DURAÇÃO: 63'/75'

IDIOMA ORIGINAL: Inglês

PRODUÇÃO: Roger Corman

ARGUMENTO: Charles B. Griffith

ROTEIRO: Charles B. Griffith

FOTOGRAFIA: Jack Marquette [cor]

MONTAGEM: Angela Scellars

MÚSICA: Fred Katz

ELENCO: Antony Carbone, Betsy Jones-Moreland, Edward Wain [Robert Towne], Beech Dickerson, Robert Bean, Esther Sandoval, Sonia Noemí González, Edmundo Rivera Álvarez, Terry Nevin, Elisio Lopez, Tanner Hunt, Blanquita Romero, Armando Rowra

GÊNERO: Comédia satírica de horror

SINOPSE: Logo após a revolução cubana, alguns membros do grupo alijado do poder resolvem fugir do país levando uma grande parcela da riqueza nacional, a fim de financiar a contrarrevolução. Para poderem escapar com segurança, eles contratam os serviços do gangster Renzo Capetto, que administrava um cassino na ilha e que está se preparando para ir embora em seu iate. Capetto embarca levando o cofre com o ouro, juntamente com os membros de sua gangue e um grupo de militares cubanos (além de um agente secreto pró-castrista infiltrado na tripulação). Porém, o gangster pretende se apossar de toda a riqueza e, para isso, tem que se livrar dos incômodos cucarachas. Para justificar a morte gradual dos cubanos, Renzo cria um falso monstro marinho para atacar seu próprio barco. Porém, o que ele ignora é que o tal monstro, de fato, existe.

COMENTÁRIOS: Curiosa brincadeira dos primeiros anos de carreira de Roger Corman, quando ele se notabilizou por realizar filmes com orçamentos ínfimos e prazos extremamente reduzidos. Apesar da óbvia pobreza da produção, a história tem momentos bastante divertidos, além de contar com a beleza impressionante de Betsy Jones-Moreland. A versão de 75 minutos corresponde à uma ampliação posterior, feita para a TV.

AVALIAÇÃO: ***

CREATURE OF DESTRUCTION

CRIADA PARA DESTRUIR

DIRETOR: Larry Buchanan

PAÍS: Estados Unidos

COMPANHIA PRODUTORA: Azalea Pictures

ANO DE PRODUÇÃO: 1967

DURAÇÃO: 80'

IDIOMA ORIGINAL: Inglês

PRODUÇÃO: Larry Buchanan

ROTEIRO: Enrique Touceda [Tony Huston]

FOTOGRAFIA: Robert C. Jessup [cor]

MÚSICA: Ronald Stein (?)

ELENCO: Les Tremayne, Pat Delany, Aron Kincaid, Neil Fletcher, Ann McAdams, Roger Ready, Ron Scott, Suzanne Ray, Byron Lord, Barnett Shaw, Scotty McKay

GÊNERO: Horror

SINOPSE: Hipnotizador maluco, ambicioso e cheio de ódio pela humanidade usa uma mulher com a mente ultrassensível para evocar o espírito de uma criatura pré-histórica, que ressurge para espalhar mortes por um luxuoso balneário.

COMENTÁRIOS: Um autêntico prodígio de incompetência e tédio, com uma história sem nexo e efeitos especiais incrivelmente ridículos.

AVALIAÇÃO: *

CURSE OF THE FLY

A MALDIÇÃO DA MOSCA

DIRETOR: Don Sharp

PAÍS: Inglaterra

COMPANHIA PRODUTORA: Lippert Films

ANO DE PRODUÇÃO: 1965

DURAÇÃO: 86'

IDIOMA ORIGINAL: Inglês

PRODUÇÃO: Robert L. Lippert, Jack Parsons

ROTEIRO: Harry Spalding

FOTOGRAFIA: Basil Emmott [p&b]

MONTAGEM: Robert Winter

MÚSICA: Bert Shefter

ELENCO: Brian Donlevy, George Baker, Carole Gray, Yvette Rees, Burt Kwouk, Michael Graham, Jeremy Wilkins, Charles Carson, Mary Manson, Rachel Kempson, Warren Stanhope, Mia Anderson, Arnold Bell

GÊNERO: Horror

SINOPSE: Martin, neto do célebre André Delambre – cientista responsável pela invenção de um teletransportador, que acabou por transformá-lo numa mosca gigante – continua a ajudar seu pai nas mesmas pesquisas. Um dia, ele é tomado de uma paixão imediata pela desconhecida Patricia e casa-se com a moça, sem saber que ela é fugitiva de um sanatório (onde se recuperava de um choque traumático). Porém, Patrícia é que está em perigo, já que seu sogro é um louco e suas pesquisas com seres humanos geraram diversas monstruosidades (inclusive a primeira esposa de Martin, que agora está trancada no fundo do quintal da casa). Patrícia começa a estranhar sua nova família, enquanto Martin se revolta cada vez mais com as experiências de seu pai, embora também seja vítima de uma doença genética e precise tomar regularmente um antídoto para não morrer de velhice instantânea.

COMENTÁRIOS: Segunda – e mais lastimável – continuação do clássico "The fly", com uma história exagerada e um roteiro cheio de furos.

AVALIAÇÃO: **

THE CURSE OF THE KOMODO

CRIATURAS

DIRETOR: Jay Andrews [Jim Wynorski]

PAÍS: Estados Unidos

COMPANHIA PRODUTORA: Buaja Productions

ANO DE PRODUÇÃO: 2002

DURAÇÃO: 92'

IDIOMA ORIGINAL: Inglês

PRODUÇÃO: Sam A. Hasass, Alison Semenza

ARGUMENTO: Steve Latshaw

ROTEIRO: Steve Latshaw

FOTOGRAFIA: Andrea Rossotto [cor]

MONTAGEM: Michael Kuge

MÚSICA: Neal Acree

ELENCO: Tim Abell, William Langlois, Melissa Brasselle, Gail Harris, Paul Logan, Ted Monte, Glori-Anne Gilbert, Cam Newlin, J. P. Davis, Jay Richardson, Richard Gabai, Arthur Roberts, Daryl Haney, Scott Fresina, Buck Flower [George 'Buck' Flower], Robert Donavan, Rob Sanchez, Benjamin Sacks

GÊNERO: Horror e ficção científica

SINOPSE: Em uma pequena ilha do arquipélago havaiano, cientistas cheios de princípios éticos participam de um projeto militar secreto que visa o desenvolvimento de novas armas de guerra, através de modificações genéticas nos dragões-de-komodo — lagartos célebres por sua força, tamanho e pelo veneno de sua mordida. Porém, a experiência sai do controle e os lagartos se transformam em gigantes furiosos e famintos. Por isso, os militares ordenam o cancelamento do projeto e enviam alguns cientistas para a ilha, a fim de exterminar os lagartos e apagar todos os vestígios de suas atividades. No entanto, uma violenta tempestade e a chegada de uma quadrilha de ladrões – que realizou um assalto a um cassino e fugia em um avião – vão complicar bastante a situação.

COMENTÁRIOS: Um filme absolutamente abominável, com um orçamento tão baixo quanto a competência dos profissionais que o realizaram.

AVALIAÇÃO: *

THE CURSE OF THE LIVING CORPSE

A MALDIÇÃO

DIRETOR: Del Tenney

PAÍS: Estados Unidos

COMPANHIA PRODUTORA: Iselin-Tenney Productions / Deal Films

ANO DE PRODUÇÃO: 1963

DURAÇÃO: 84'

IDIOMA ORIGINAL: Inglês

PRODUÇÃO: Del Tenney, Alan V. Iselin

ARGUMENTO: Del Tenney

ROTEIRO: Del Tenney

FOTOGRAFIA: Richard L. Hilliard [p&b]

MONTAGEM: Gary Youngman, Jack Hirschfeld

MÚSICA: Bill Holcomb, George Burt

ELENCO: Roy R. Scheider [Roy Scheider], Helen Waren, Robert Milli, Margot Hartman, Hugh Franklin, Linda Donovan, Dino Narizzano, Candace Hilligoss, J. Frank Lucas, George Cotton, Jane Bruce, Paul Haney, William B. Blood

GÊNERO: Drama de horror

SINOPSE: Homem cruel e dominador morre, deixando uma fortuna e diversas vontades póstumas para serem obedecidas pelos seus familiares. Porém, como todos os parentes o odiavam, eles não cumprem as suas instruções e logo começam a ser vítimas de mortes bizarras, aparentemente provocadas pelo cadáver que ressuscitou para se vingar.

COMENTÁRIOS: Seria um grande filme, se pretensão fosse sinônimo de talento.

AVALIAÇÃO: **

A MALDIÇÃO DA MÚMIA

DIRETOR: Michael Carreras

PAÍS: Inglaterra

COMPANHIA PRODUTORA: Hammer Film / Swallow Productions

ANO DE PRODUÇÃO: 1964

DURAÇÃO: 80'

IDIOMA ORIGINAL: Inglês

PRODUÇÃO: Michael Carreras

ROTEIRO: Henry Younger [Michael Carreras]

FOTOGRAFIA: Otto Heller [cor]

MONTAGEM: Eric Boyd Perkins (supervisão: James Needs)

MÚSICA: Carlo Martelli (supervisão: Philip Martell)

ELENCO: Terence Morgan, Ronald Howard, Fred Clark, Jeanne Roland, George Pastell, Jack Gwillim, John Paul, Dickie Owen, Jill Mai Meredith, Michael Ripper, Harold Goodwin, Jimmy Gardner, Vernon Smythe, Marianne Stone

GÊNERO: Drama de horror

SINOPSE: Egito, 1900; Uma expedição de arqueólogos britânicos descobre a tumba intacta do príncipe Ra-Antef, um dos filhos do faraó Ramsés. Após o assassinato de um dos líderes da expedição, os arqueólogos resolvem partir. A ideia é entregar todas as relíquias para o governo egípcio, mas o patrocinador da expedição, o aventureiro norte-americano King, decide ficar com tudo para promover uma exposição itinerante pelo seu país. Quando todos voltam para a Inglaterra, King começa a preparar seu espetáculo, mas logo todos os envolvidos com a expedição terão de se defrontar com a maldição da múmia, que deverá castigar todos os que profanaram a sua tumba.

COMENTÁRIOS: Esta produção tem a honorável pretensão de escapar dos clichês mais rasos desse subgênero. Porém, o que se faz é substituir a banalidade pelo absurdo, criando uma história sem nenhum nexo.

AVALIAÇÃO: ***

CURSE OF THE TALISMAN

A MALDIÇÃO DO TALISMÃ

DIRETOR: Colin Budds

PAÍS: Austrália

COMPANHIA PRODUTORA: Coote – Hayes Productions

ANO DE PRODUÇÃO: 2000

DURAÇÃO: 92'

IDIOMA ORIGINAL: Inglês

PRODUÇÃO: Darryl Sheen (coprodução: Duncan Kennedy)

ARGUMENTO: Duncan Kennedy

ROTEIRO: Duncan Kennedy

FOTOGRAFIA: Ben Nott [cor]

MONTAGEM: Suzanne Angel

MÚSICA: Garry McDonald, Lawrence Stone

ELENCO: Jesse Spencer, Sara Gleeson, Max Garner Gore, Rod Mullinar, Dragitsa Debert, Nicholas Hammond, Tempany Deckert, Peter Knapman, Gus Mercurio, Robert Coleby, David Whitney, Alex Petersons, Laura Donaldson, Johathan Atherton, Andrew Booth, Brendan Glanville, Peter Kent, Craig Marriott, Catherine Miller, Zelie Thompson

GÊNERO: Horror para adolescentes

SINOPSE: O museu de uma pequena cidade norte-americana está organizando uma exposição sobre monstros medievais, recebendo da Inglaterra um carregamento de velhas gárgulas de pedra. Porém, uma das estátuas é desviada pelo entregador e vai para o dono de uma livraria exotérica, que pretende vender a peça a algum colecionador. Para não ficar com a mercadoria roubada em sua loja, o livreiro entrega a estátua e uma caixa – contendo diversas quinquilharias medievais – para seu jovem funcionário Jeremy, que leva tudo para sua casa. Mas o rapaz é curioso e resolve examinar um estranho talismã em forma de gárgula, com o qual ele se fere. Com o sangue que banha o talismã, a estátua se rompe e dela sai uma gárgula verdadeira, que o rapaz passa a criar como se fosse um morcego. Ao mesmo tempo, um padre inglês chega à cidade atrás do talismã, já que este tem o poder de despertar as gárgulas transformadas em estátuas, a fim de castigar os pecados da humanidade.

COMENTÁRIOS: Desastroso telefilme de horror para adolescentes, utilizando a velha mitologia das gárgulas (estátuas de demônios alados que, na Idade Média, decoravam muitas catedrais). O filme tenta embarcar na linha contemporânea de exploração da magia medieval (no melhor estilo RPG), mas é medíocre em todos os sentidos, com uma história debiloide, um elenco fraquíssimo e efeitos especiais de filmagem de festinha infantil.

AVALIAÇÃO: *

Dagon

DIRETOR: Stuart Gordon

PAÍS: Espanha

COMPANHIA PRODUTORA: Castelao Productions / Fantastic Factory

ANO DE PRODUÇÃO: 2001

DURAÇÃO: 98'

IDIOMA ORIGINAL: Inglês

PRODUÇÃO: Julio Fernández, Brian Yuzna

ARGUMENTO: H. P. Lovecraft

ROTEIRO: Dennis Paoli

FOTOGRAFIA: Carlos Suarez [cor]

MONTAGEM: Jaume Vilalta

MÚSICA: Carles Cases

ELENCO: Ezra Godden, Francisco Rabal, Raquel Meroño, Macarena Gomez, Brendan Price, Birgit Bofarull, Ferran Lahoz, Alfredo Villa, José Lifante, Uxia Blanco, Joan Minguell, Javier Sandoval, Victor Barreira, Fernando Gil, Jorge Luis Pérez, Ignacio Carreño, Diego Herberg, Oscar García,

José Manuel Torres, Lydia González, Lydia Bosse, Joan Manel Vadell

GÊNERO: Horror

SINOPSE: Quando seu iate está prestes a naufragar em um ponto remoto da costa espanhola, um casal entra no bote salva-vidas e vai pedir ajuda em uma aldeia das proximidades. Porém, eles se deparam com uma comunidade de monstruosas criaturas anfíbias, que adoram o sanguinário deus marinho Dagon e não gostam de receber visitas de humanos enxeridos.

COMENTÁRIOS: Medíocre adaptação de um belíssimo conto de H. P. Lovecraft, um dos escritores mais "cinematográficos" e, ao mesmo tempo, mais maltratados da história do cinema.

AVALIAÇÃO: *

DAIKAIJU GAMERA

GAMERA, O MONSTRO GIGANTE

DIRETOR: Noriaki Yuasa

PAÍS: Japão

COMPANHIA PRODUTORA: Daiei

ANO DE PRODUÇÃO: 1965

DURAÇÃO: 79'

IDIOMA ORIGINAL: Japonês & Inglês

PRODUÇÃO: Hidemasa Nagata, Yonejiro Saito

ROTEIRO: Fumi Takahashi

FOTOGRAFIA: Nobuo Munekawa [p&b]

MONTAGEM: Tatsuji Nakashizu

MÚSICA: Tadashi Yamauchi

ELENCO: Eiji Funakoshi, Harumi Kiritachi, Junichiro Yamashiko, Yoshiro Uchida, Michiko Sugata, Yoshiro Kitahara, Jun Hamamura, Kenji Oyama, Munehiko Takada, Yoshio Yoshida, Jun Osanai, Daihachi Kita, Kazuo Mori, Koji Fujiyama, Osamu Okawa, Ikuji Oka, Bokuzen Hidari, Fumiko Murata, Shigeru Kato, Jutarô Hojo, Daigo Inoue, Takehiko Goto, Chiduru Ko, Ryoko Oki, Kenichi Tani, Akira Shimizu, Yasuo Araki, Kenji Ohba, Ichigen Ohashi, Fujii Tatsushi, Yuji Moriya, Kenichiro Yamane, Tsutomu Nakata, Wakayo Matsumura, Misato Kawashima, Saburo Kurihara, Tetsuro Takeuchi, Shin Minatsu, Rin Sugimori, Shinichi Matsuyama, Toichiro Kagawa, Kyosuke Shiho, Shunji Sayama, Ken Nakahara, Shigeo Hagiwara, Tetsu Furuya, Osamu Maruyama, Toshio Maki, Kazuo Sumida, Ichiro Ise, Shinji Sayama, Hajime Munechika, Tsukako Fujino, M. Anabai, Richardson, Streihan, Ranson, Brown, Hartman, Gunter Braun

GÊNERO: Horror e ficção científica

SINOPSE: No Ártico, a queda de um avião provoca uma explosão nuclear que libera do gelo o terrível monstro Gamera: uma tartaruga pré-histórica com 60 metros e uma imensa força. Gamera logo começa a causar danos, afundando um navio de pesquisas japonês e atacando diversas localidades litorâneas. As autoridades tentam deter o monstro, mas este se alimenta de fogo e se nutre com as forças que o atacam. Enquanto os cientistas japoneses e estrangeiros tentam descobrir um meio de eliminar a ameaça, um moleque meio esquizoide tenta provar a todos que Gamera é uma criatura bondosa, que está causando destruição apenas por se sentir solitária e faminta.

COMENTÁRIOS: Primeira aparição de Gamera, mais um monstro gigante despertado pela radioatividade e doido de vontade de destruir Tóquio. Um dos maiores problemas desse filme é justamente esse: a indefinição do caráter do personagem. Enquanto um garotinho um tanto débil mental passa boa parte da narrativa afirmando que Gamera é um boa-praça problemático e incompreendido, o próprio monstro não se preocupa tanto em preservar sua reputação, causando muitas mortes e destruição.

AVALIAÇÃO: ***

A DANÇA DOS VAMPIROS

DIRETOR: Roman Polanski

PAÍS: Inglaterra / Estados Unidos

COMPANHIA PRODUTORA: Cadre Films / Filmways

ANO DE PRODUÇÃO: 1966

DURAÇÃO: 107'

IDIOMA ORIGINAL: Inglês

PRODUÇÃO: Gene Gutowski

ARGUMENTO: Gérard Brach, Roman Polanski

ROTEIRO: Gérard Brach, Roman Polanski

FOTOGRAFIA: Douglas Slocombe [cor]

MONTAGEM: Alastair McIntyre

MÚSICA: Christopher Komeda

ELENCO: Jack MacGowran, Sharon Tate, Alfie Bass, Ferdy Mayne, Terry Downes, Fiona Lewis, Iain Quarrier, Jessie Robins, Roman Polanski, Ronald Lacey, Sydney Bromley, Andreas Malandrinos, Otto Diamant, Matthew Walters

GÊNERO: Comédia de horror

SINOPSE: Em uma viagem de pesquisas científicas, o professor Abronsius e seu assistente Alfred chegam a uma pequena aldeia dos Cárpatos, que parece estar sob o domínio de um poderoso vampiro. Hospedados em uma estalagem, os dois ficam conhecendo o vampiro e acabam prisioneiros em seu castelo.

COMENTÁRIOS: Esta sátira ao vampirismo é uma pequena obra-prima, com uma história inteligente, um visual refinadíssimo e a presença encantadora de Sharon Tate.

AVALIAÇÃO: ****

DARAH / MACABRE

DIRETOR: "The Mo Brothers" [Kimo Stamboel, Timo Tjahjanto]

PAÍS: Singapura / Indonésia

COMPANHIA PRODUTORA: Gorylah Pictures / Merah Production / Guerilla Visuals / Nation Pictures / Mediacorp Raintree Pictures

ANO DE PRODUÇÃO: 2009

DURAÇÃO: 95'

IDIOMA ORIGINAL: Indonésio

PRODUÇÃO: "The Mo Brothers" [Kimo Stamboel, Timo

Tjahjanto], James Toh, Freddie Yeo, Gary Goh, Greg Chew, Delon Tio (coprodutor: Askarina Daniswari)

ARGUMENTO: "The Mo Brothers" [Kimo Stamboel, Timo Tjahjanto]

ROTEIRO: "The Mo Brothers" [Kimo Stamboel, Timo Tjahjanto]

FOTOGRAFIA: Roni Arnold [cor]

MONTAGEM: Herman Kumala Panca

MÚSICA: Zeke Khaseli, Yudhi Afani

ELENCO: Shareefa Daanish, Julie Estelle, Ario Bayu, Sigi Wimala, Arifin Putra, Daniel Mananta, Dendy Subangil, Imelda Therinne, Mike Lucock, Ruly Lubis, Felicia A. Sumarauw, Risdo Alaro, Martondang, Ikhsan Samiadji, Cansirano, Roni Kribs, Amink, Putrama Tuta, Arion Suryoprajitno, Joko Anwar, Delon Tio, Stanlee, Dara, Trisa, Cindy Shirley, Adjat Sudrajat

GÊNERO: Horror

SINOPSE: Adjie e sua esposa Astrid, que está grávida, estão se preparando para deixar a Indonésia e ir viver na Austrália. Antes de partir, os dois juntam seus melhores amigos em Bandung para uma despedida e aproveitam a ocasião para tentar reconciliar Adjie com sua irmã Ladya, que culpa o rapaz pela morte de seus pais, em um acidente. Comovida, Ladya aceita se juntar ao grupo até a tarde seguinte, quando seu irmão deve embarcar. Antes de partirem para Jacarta, os amigos decidem dar carona a uma jovem, Maya, que diz ter sido roubada. Eles levam Maya até sua casa e, apesar da pressa, aceitam o convite da mãe da moça, Darah, para um jantar de agradecimento. Porém, os jovens acabam sendo narcotizados e capturados pela família de Maya, um grupo de satanistas sádicos e canibais.

COMENTÁRIOS: Pouco imaginativa mistura de "O massacre da serra elétrica" com "Sexta-feira 13", com um evidente excesso de repetição dos mesmos clichês (principalmente o da vítima que é salva no momento crucial por um de seus amigos e o da vítima que encontra uma arma providencial quando está sendo atacada). No entanto, não é possível dizer que não exista alguma modificação, já que, nessa versão oriental, as vítimas também parecem ser quase indestrutíveis.

AVALIAÇÃO: ***

DARIO ARGENTO: AN EYE FOR TERROR

DIRETOR: Leon Ferguson

PAÍS: Inglaterra

COMPANHIA PRODUTORA: CreaTVty

ANO DE PRODUÇÃO: 2000

DURAÇÃO: 57'

IDIOMA ORIGINAL: Inglês

PRODUÇÃO: Janne Schack

ROTEIRO: Charles Preece

FOTOGRAFIA: Robin Barrett, Michael Fardy, John Halliday, Ken Preston [cor]

MONTAGEM: Leon Ferguson

MÚSICA: "Retro Produce", Scott Donaldson, Stephen Reid

NARRAÇÃO: Mark Kermode

DEPOIMENTOS: Dario Argento, John Carpenter, Michael Brandon, Claudio Argento, Daria Nicolodi, Fiore Argento, Asia Argento, Alan Jones, Jessica Harper, Alice Cooper, Maitland McDonagh, Claudio Simonetti, Keith Emerson, William Lustig, George A. Romero, Tom Savini, Piper Laurie

GÊNERO: Documentário

SINOPSE: Panorâmica da carreira do cineasta italiano Dario Argento (1940), com depoimentos dele e de seus colaboradores e admiradores, além de trechos de muitos dos seus filmes.

COMENTÁRIOS: Interessante visão desse que foi um dos

grandes mestres do cinema de horror das últimas décadas do século 20.

AVALIAÇÃO: ***

DARK ASYLUM

HOSPÍCIO MALDITO

DIRETOR: Gregory Gieras

PAÍS: Estados Unidos / Romênia

COMPANHIA PRODUTORA: Shoreline Entertainment / Mediapro Pictures

ANO DE PRODUÇÃO: 2001

DURAÇÃO: 93'

IDIOMA ORIGINAL: Inglês

PRODUÇÃO: Patrick Ewald, Vicky Pike, Morris Ruskin (coprodutor: Robert Bernacchi)

ROTEIRO: Gregory Gieras, D. B. Smith

FOTOGRAFIA: Viorel Sergovici Jr. [cor]

MONTAGEM: Razvan Marculescu, Jennifer Jean Cacavas

MÚSICA: Peter Bernstein

ELENCO: Paulina Porizkova, Judd Nelson, Larry Drake,

Jürgen Prochnow, Jake Eberle, Todd Sandler, Earl Carroll, Maria Rotaru, Bogdana Mirea, Florin Busuioc, Shelly Gant, Corina Danila, Radu Binzaru, Andrew Klein, Claudia Trandafir, Catalin Neagu, Mircea Caraman, Jules-Cesar Botokoli, Andy Bartholomew, Thomas Wesson

GÊNERO: Horror

SINOPSE: Por algum milagre totalmente alheio às leis naturais, a polícia consegue capturar um psicopata genial, superpoderoso e indestrutível, que matou dezenas de pessoas e que tem muito mais cara de louco que o Jason, o Freddy e o Michael Myers juntos. Enquanto espera-se a chegada do FBI, o maluco é trancafiado em um hospício que está sendo desativado. Porém, ele logo consegue escapar e dizimar policiais e enfermeiros, em busca de uma saída do prédio – que está totalmente lacrado. Ao mesmo tempo, os dois únicos sobreviventes – uma psiquiatra e o zelador do prédio – lutam para escapar do maluco até a chegada das autoridades incompetentes.

COMENTÁRIOS: Nenhuma novidade nesta coprodução com locações na Romênia, embora Larry Drake seja imbatível no papel de louco perigoso.

AVALIAÇÃO: **

Alma diabólica

DIRETOR: Pete Riski

PAÍS: Finlândia / Islândia

COMPANHIA PRODUTORA: Solar Films / The Icelandic Film Company

ANO DE PRODUÇÃO: 2008

DURAÇÃO: 82'

IDIOMA ORIGINAL: Inglês

PRODUÇÃO: Markus Selin (coprodutores: Ingvar Thordarson, Julius Kemp)

ARGUMENTO: Mr. Lordi, Pete Riski

ROTEIRO: Pekka Lehtosaari

FOTOGRAFIA: Jean-Noël Mustonen [cor]

MONTAGEM: Stefan Sundlöf (coeditores: Joona Louhivuori, Antti Kulmala)

MÚSICA: Ville Riippa

ELENCO: Skye Bennett, Noah Huntley, Dominique McElligott, Ronald Pickup, William Hope, Leon Herbert, Philip Bretherton

GÊNERO: Drama de horror

SINOPSE: Após alguns exames de rotina, Ben está levando embora do hospital sua filha autista adolescente Sarah. Porém, depois que o elevador sofre uma estranha pane, os dois e mais algumas pessoas percebem que o prédio do hospital está completamente deserto. Aos poucos, eles descobrem que foram parar em uma outra dimensão, onde muitas coisas estranhas – e perigosas – podem acontecer.

COMENTÁRIOS: Rara coprodução nórdica com elenco e estilo hollywoodianos. A história é interessante e tem um bom clima, além de encontrar uma boa explicação para os seus mistérios (o que é algo muito raro).

AVALIAÇÃO: ***

THE DARK HOURS

HORAS DE HORROR

DIRETOR: Paul Fox

PAÍS: Canadá

COMPANHIA PRODUTORA: Calder Road Films

ANO DE PRODUÇÃO: 2004

DURAÇÃO: 80'

IDIOMA ORIGINAL: Inglês

PRODUÇÃO: Brent Barclay

ARGUMENTO: Wil Zmak

ROTEIRO: Wil Zmak

FOTOGRAFIA: Steve Cosens [cor]

MONTAGEM: Marlo Miazga

MÚSICA: E. C. Woodley

ELENCO: Kate Greenhouse, Aidan Devine, Gordon Currie, Iris Graham, Dov Tiefenbach, Bruce McFee, Jeff Seymour, David Calderisi, Trevor Hayes, Kathryn Haggis

GÊNERO: Drama de suspense e horror

SINOPSE: Uma psiquiatra, que está com os seus dias contados por causa de um câncer, resolve reunir-se com o marido e a irmã, em uma remota casa de campo, para revelar-lhes o fato. Porém, o aparecimento de um psicopata homicida – que foi seu paciente – faz com que a médica e sua família passem a ser vítimas de um jogo sádico e insano.

COMENTÁRIOS: Com alguma inteligência, esta história poderia render um filme realmente notável.

AVALIAÇÃO: **

DARK HOUSE

DIRETOR: Darin Scott

PAÍS: Estados Unidos

COMPANHIA PRODUTORA: Fatal Frame Pictures / Red Shotgun Pictures

ANO DE PRODUÇÃO: 2009

DURAÇÃO: 85'

IDIOMA ORIGINAL: Inglês

PRODUÇÃO: Mark Sonoda, Nick Allan

ARGUMENTO: Kerry Douglas Dye, Darin Scott

ROTEIRO: Darin Scott

FOTOGRAFIA: Phil Lee [cor]

MONTAGEM: Charles Bornstein

MÚSICA: Vincent Gillioz

ELENCO: Jeffrey Combs, Meghan Ory, Diane Louise Salinger, Bevin Prince, Matt Cohen, Shelly Cole, Danso Gordon, Ryan Melander, Ian Reed Kesler, Scott Whyte, Erin Cummings, Meghan Maureen McDonough, Angela Gots, Michael Copon, Michael Albala, Time Winters, Terrell Tilford, Don Stark, Tim Snay, Tara McNamara, James Ryen, Tom Gulager, Kayla Morrisey, Felix Vicious, Steve Walter,

R. A. Mihailoff, Austin Grehan, Natalie Marie, Amirali Raissnia, Tom Druilhet, Kyle Williams, Gillian Foreman, Brandon Keane, Jeremy Thorsen, Ryan Turek, Veronica Bennett, Mary Morales, Nina Zuo, Ameona Almund, Andrea VanEpps, Jade Brandais, Ariauna Albright, Jane Dillis, Lauren Carter, Natalie Sutherland, Scott Silbor, Johnny Giacalone, Andy White, Mike Gaglio, Kathryn Weisbeck, Cruz Chung, Kami Norton, Mike Mori, Carey A. Campbell, Kenneth Schwenker, Charles Melander, David Masters, Haley Pullos, Annalise Basso, Natalie Combs, Courtney Robinson, Quinton Lopez, Mia Pollini, Brenda Luna, Jordan Boggess, Garrett Ryan, Matt Melander, Scotty Noyd Jr., Richard Chaves

GÊNERO: Horror

SINOPSE: Claire é uma jovem estudante de teatro que teve a sua vida destruída quando ainda era menina, ao entrar casualmente em uma casa onde acabara de ocorrer o massacre de sete crianças. Seriamente traumatizada pela experiência, da qual não se recorda plenamente, ela vive sob o efeito de remédios e seu estado parece ter como única cura – ao menos na opinião de seu analista – a volta à casa onde tudo aconteceu. Obviamente, Claire não tem coragem para fazer isso, até o dia em que surge uma oportunidade quase miraculosa: um grande empresário do ramo do entretenimento pretende transformar o cenário da chacina em um local de visitação pública e oferece aos estudantes de teatro a chance de participarem de uma encenação para promover o empreendimento. Vendo aí a oportunidade para visitar a casa na companhia dos seus amigos – que nada sabem sobre a sua história – Claire convence todos a aceitarem a oferta, sem saber que o seu reencontro com o passado pode trazer muito mais do que lembranças desagradáveis.

COMENTÁRIOS: Nenhuma novidade, embora esta produção esteja acima da média das suas congêneres.

AVALIAÇÃO: ***

THE DEADLY MANTIS

O LOUVA-A-DEUS MORTAL

DIRETOR: Nathan Juran

PAÍS: Estados Unidos

COMPANHIA PRODUTORA: Universal-International

ANO DE PRODUÇÃO: 1957

DURAÇÃO: 79'

IDIOMA ORIGINAL: Inglês

PRODUÇÃO: William Alland

ARGUMENTO: William Alland

ROTEIRO: Martin Berkeley

FOTOGRAFIA: Ellis W. Carter [p&b]

MONTAGEM: Chester Schaeffer

MÚSICA: Joseph Gershenson

ELENCO: Craig Stevens, William Hopper, Alix Talton, Donald Randolph, Pat Conway, Florenz Ames, Paul Smith, Phil Harvey, Floyd Simmons, Paul Campbell, Helen Jay

GÊNERO: Horror entomológico

SINOPSE: Uma erupção vulcânica provoca o descongelamento e a volta à vida de um imenso louva-a-deus pré-histórico, que estava nas profundezas do gelo ártico. Faminto, já que não come ninguém há alguns milhões de anos, o inseto passa a atacar as instalações militares norte-americanas na região, enquanto as autoridades míopes não conseguem identificar seu terrível inimigo.

COMENTÁRIOS: Mais um filme sobre gigantismo, um dos temas preferidos do horror e da ficção científica nos anos 50. Trata-se de uma produção bem cuidada e com muitos efeitos (provavelmente para compensar a precariedade do elenco).

AVALIAÇÃO: ***

VESPAS ASSASSINAS

DIRETOR: Paul Andresen

PAÍS: Estados Unidos / Alemanha

COMPANHIA PRODUTORA: CineTel Films / Media Entertainment / CO.1. Filmproduktions

ANO DE PRODUÇÃO: 2002

DURAÇÃO: 90'

IDIOMA ORIGINAL: Inglês

PRODUÇÃO: Samantha Manson (coprodução: Neil Elman, Jefferson Richard, Ricardo del Rio)

ROTEIRO: John Dombrow, William H. Stewart

FOTOGRAFIA: George Mooradian [cor]

MONTAGEM: Natasha Gjurokovic

MÚSICA: Neal Acree

ELENCO: Shane Brolly, Kaarina Aufranc, John Patrick McCormack, Pepe Serna, Roger Nevares, Murphy Dunne, Granville Ames, Freddy Soto [Alfredo Soto], Honorato Magaloni, Alejandro Velis, Osvaldo Plascencia, Evangelina Sosa, Hugo Esquinca, Marco Uriel, Antonio Monroi, Roman Echanove, Raul Mendez, Alejandro Usigli, Erik Heyser, Pedro Mira, Andrés Weiss

GÊNERO: Horror de animais em fúria

SINOPSE: Nos remotos rincões da Guatemala, um perigosíssimo enxame de vespas assassinas é capturado por um cientista louco norte-americano, que pretende usar o veneno mortal dos insetos para desenvolver uma cura para o câncer – e ganhar muitíssimo dinheiro. Porém, o caminhão que transportava os bichos para os Estados Unidos sofre um acidente numa estrada mexicana e as vespas se instalam por lá, onde as vítimas logo começam a aparecer. Por sorte, um entomólogo americano está no local e começa a investigar o caso, contando com a ajuda de uma bela jornalista e com a má-vonrade do prefeito local, que não quer sair da sua pasmaceira terceiro-mundista herdada do colonialismo.

COMENTÁRIOS: Um tema extremamente gasto, tratado sem a mais remota originalidade. Até uma picada de vespa pode ser mais divertida que este filme. Rodado no México.

AVALIAÇÃO: *

DEATH AT LOVE HOUSE

O SANTUÁRIO DE LORNA LOVE

DIRETOR: E. W. Swackhamer

PAÍS: Estados Unidos

COMPANHIA PRODUTORA: Spelling-Goldberg Productions

ANO DE PRODUÇÃO: 1975

DURAÇÃO: 74'

IDIOMA ORIGINAL: Inglês

PRODUÇÃO: Hal Sitowitz

ARGUMENTO: Jim Barnett

ROTEIRO: Jim Barnett

FOTOGRAFIA: Dennis Dalzell [cor]

MONTAGEM: John Woodcock

MÚSICA: Laurence Rosenthal

ELENCO: Robert Wagner, Kate Jackson, Sylvia Sidney, Mariana Hill, Joan Blondell, John Carradine, Dorothy Lamour, Bill Macy, Joseph Bernard, John A. Zee, Robert Gibbons, Al Hansen, Crofton Hardester

GÊNERO: Suspense e horror

SINOPSE: Joel e Donna Gregory são um casal de escritores encarregados de fazer um roteiro sobre a vida glamurosa da estrela de cinema Lorna Love, falecida em 1935. A escolha de Joel para o trabalho deveu-se ao fato de seu pai – um famoso pintor – ter sido o grande amor da vida de Lorna. Para entrar no clima, Joel e Donna vão viver na própria mansão da estrela, hoje entregue aos cuidados de uma governanta. Porém, coisas estranhas começam a ocorrer: enquanto Donna passa a ser vítima de misteriosos acidentes, Joel é dominado por alucinações, nas quais se vê na figura de seu pai e em companhia de Lorna.

COMENTÁRIOS: Ressaltando o apuro técnico e a criatividade de alguns telefilmes norte-americanos dos anos 70, este exemplar nos traz um elenco de primeira e uma história bastante interessante.

AVALIAÇÃO: ***

DEATH BECOMES HER

A MORTE LHE CAI BEM

DIRETOR: Robert Zemeckis

PAÍS: Estados Unidos

COMPANHIA PRODUTORA: Universal Pictures

ANO DE PRODUÇÃO: 1992

DURAÇÃO: 104'

IDIOMA ORIGINAL: Inglês

PRODUÇÃO: Robert Zemeckis, Steve Starkey, Joan

Bradshaw

ARGUMENTO: Martin Donovan, David Koepp

ROTEIRO: Martin Donovan, David Koepp

FOTOGRAFIA: Dean Cundey [cor]

MONTAGEM: Arthur Schmidt

MÚSICA: Alan Silvestri

ELENCO: Goldie Hawn, Bruce Willis, Meryl Streep, Isabella Rossellini, Ian Ogilvy, Adam Storke, Nancy Fish, Alaina Reed Hall, Michelle Johnson, Mary Ellen Trainor, William Frankfather, John Ingle, Clement von Franckenstein, Petrea Burchard, Jim Jansen, Mimi Kennedy, Paulo Tocha, Mark Davenport, Thomas Murphy, Michael Mills

GÊNERO: Comédia de humor negro e horror

SINOPSE: Amigas desde a infância, Helen e Madeleine mantêm uma rivalidade que as acompanha até a maturidade. Quando Helen leva seu noivo Ernest, um cirurgião plástico de renome, para assistir à uma apresentação de Madeleine – que é a estrela de um musical da Broadway – esta não resiste e acaba seduzindo-o e casando-se com ele. Com o choque, Helen enlouquece e acaba num sanatório, incrivelmente gorda e desesperada. Porém, o desejo de vingança a fortalece e ela consegue recuperar-se completamente, tornando-se uma escritora de sucesso. Porém, já se passaram quase 20 anos e muita coisa mudou: Madeleine está decadente e aposentada e Ernest entregou-se à bebida, tendo que trocar a cirurgia pela maquiagem de cadáveres. Convidados para uma noite de autógrafos de Helen, os dois não conseguem acreditar na sua aparência jovial e na sua beleza. Desesperada com seu envelhecimento visível, Madeleine vai consultar seu salão de beleza e recebe a sugestão de procurar uma especialista em rejuvenescimento. Madeleine não dá muita importância à ideia, até que é rejeitada por um amante jovem e corre para a tal mulher. Esta é, na verdade, uma bruxa que administra uma incrível poção rejuvenescedora, com o poder de prolongar indefinidamente a beleza e a juventude dos que a utilizam. Madeleine toma a poção, mas pode ser um pouco tarde, já que Ernest e Helen reataram o seu relacionamento e pretendem se livrar dela.

COMENTÁRIOS: Trata-se de uma boa sátira à paranóia dos astros e celebridades em torno da aparência de juventude e beleza. Totalmente elaborado em torno do trio de protagonistas (com pequenas aparições de Isabella Rossellini), o filme consegue um extraordinário resultado, valorizado pelos incríveis efeitos especiais.

AVALIAÇÃO: ***

DEEP RED

DEEP RED

(Cf. Profondo rosso)

DNA

DNA – CAÇADA AO PREDADOR

DIRETOR: William Mesa

PAÍS: Estados Unidos

COMPANHIA PRODUTORA: InterLight Pictures

ANO DE PRODUÇÃO: 1996

DURAÇÃO: 105'

IDIOMA ORIGINAL: Inglês

PRODUÇÃO: Patrick D. Choi, Nile Niami (coprodutores: William Mesa, Patrick Peach)

ARGUMENTO: Nick Davis

ROTEIRO: Nick Davis

FOTOGRAFIA: Gerry Lively [cor]

MONTAGEM: Edward R. Abroms

MÚSICA: Christopher L. Stone

ELENCO: Mark Dacascos, Jürgen Prochnow, Robin

McKee, Roger Aaron Brown, John H. Brennan, Thomas Taus Jr., Mark McCracken, Joel Torre, Susan Africa, Kris Aguilar, Aniceto 'Chito' Fulminar, Rudy Castillo, Jhun Sodela, Nash Espinosa, Rudy Vic Del, Caesar Roldan, Jerry Corpuz, Arsenio Bhoy Agpoon, Pong Pong O Campo, Lee Casey, Paul Sanz, Nile Niami, Johan von Kantzow, Curtis Monson, James Gaines Jr., Mike Sanders, Lars-Joars Halonen, Kieran Morgan, Massoud Moghadday, Archie Po

GÊNERO: Ficção científica e aventura

SINOPSE: Ash é um jovem médico de Bornéu que pesquisa substâncias extraídas da mata nativa. Um dia, ele recebe a visita do dr. Wessinger, um famoso cientista especializado em genética. Wessinger desenvolveu uma fórmula capaz de dar super-resistência aos organismos, à partir de um besouro descoberto por Ash. O rapaz concorda em levar Wessinger ao ninho dos besouros, mas o cientista está mal-intencionado e, logo que se apodera dos insetos, mata seus carregadores e fere Ash, fugindo em seguida. Anos depois, Ash continua em seu hospital, quando a região é assolada por mortes extremamente brutais. O rapaz recebe a visita de Claire, uma agente do FBI que está investigando o caso. Claire avisa Ash de que Wessinger deve estar envolvido com as mortes, já que montou um laboratório secreto em plena floresta. Tendo abandonado seu trabalho para o governo, o cientista louco está realizando experimentos militares para vender a países pouco éticos. Com a ajuda do menino nativo Matzu, que lhes serve de guia, Ash e Claire entram na selva em busca do laboratório de Wessinger.

COMENTÁRIOS: Lançado diretamente em vídeo, este filme – rodado nas Filipinas – rouba ideias de duas séries famosas: "Predator" e *Alien* (do primeiro, o monstro caçador; do segundo, o layout do monstro). Neste filme, o astro havaiano Dacascos tenta ser Schwarzenegger, mas consegue no máximo chegar a um clone de Sigourney Weaver. Como detalhes absurdos: o cientista não industrializar sua fórmula (o que lhe daria muito mais dinheiro que o ET clonado); o FBI mandar apenas uma agente para lidar com um caso de tanta importância; a agente não ter como se comunicar com seus chefes e, principalmente, levar uma criança bem para o meio de uma situação de extremo perigo.

AVALIAÇÃO: *

DO YOU WANNA KNOW A SECRET

VOCÊ QUER SABER UM SEGREDO?

DIRETOR: Thomas Bradford

PAÍS: Estados Unidos

COMPANHIA PRODUTORA: Del Mar Productions

ANO DE PRODUÇÃO: 2001

DURAÇÃO: 96'

IDIOMA ORIGINAL: Inglês

PRODUÇÃO: Edward Lopatin, Kermit Christman

ARGUMENTO: Del Tenney, Kermit Christman

ROTEIRO: Del Tenney, Kermit Christman

FOTOGRAFIA: D. Alan Newman [cor]

MONTAGEM: Russell Harnden III, Paul Petschek

MÚSICA: Starr Parodi, Jeff Eden Fair

ELENCO: Joseph Lawrence, Chad Allen, Dorie Barton, Jack McGee, Elsie Escobar, Tom Jay Jones, Leonora Scelfo, Jeff Conaway, Michael Sarysz, Sara Premisler, James Mapes, Greg Cipes, Sterling Rice, Angela Taylor, Britton Purvis, Robert Crooks, Del Tenney, Margot Hartman Tenney, Victoria Bass

GÊNERO: Horror para adolescentes

SINOPSE: Um ano depois do misterioso e brutal assassinato de seu namorado, uma universitária vai com um grupo de colegas passar suas férias numa luxuosa mansão praiana. Porém, os jovens começam a ser dizimados por um psicopata assassino, que se propõe a lhes contar um segredo.

COMENTÁRIOS: Mais um filme *slasher* com um grupo de

adolescentes debiloides e um *serial killer* vingativo, sem nada
que revele alguma originalidade ou alguma imaginação.

AVALIAÇÃO: **

DOCTOR BLOOD'S COFFIN

O ESQUIFE DO MORTO-VIVO

DIRETOR: Sidney J. Furie

PAÍS: Inglaterra

COMPANHIA PRODUTORA: Caralan Productions

ANO DE PRODUÇÃO: 1960

DURAÇÃO: 92'

IDIOMA ORIGINAL: Inglês

PRODUÇÃO: George Fowler

ARGUMENTO: James Kelly, Peter Miller (or: Jerry Juran
[Nathan Juran])

ROTEIRO: Jerry Juran [Nathan Juran]

FOTOGRAFIA: Stephen Dade [cor]

MONTAGEM: Antony Gibbs

MÚSICA: Buxton Orr (direção: Philip Martell)

ELENCO: Kieron Moore, Hazel Court, Ian Hunter, Kenneth J. Warren, Gerald C. Lawson, Fred Johnson, Paul Hardtmuth, Paul Stockman, Andy Alston

GÊNERO: Horror

SINOPSE: Peter Blood é um jovem cientista louco que volta para sua aldeia natal com um propósito para lá de sinistro: prosseguir suas pesquisas sobre ressuscitação de cadáveres, já que o nosso planeta está um pouco vazio e precisa de mais habitantes. Enquanto finge auxiliar seu pai – o médico da localidade – Peter sequestra indivíduos que ele considera inferiores (políticos, pagodeiros, ex-BBBs, jogadores de futebol...) para utilizá-los como cobaias.

COMENTÁRIOS: Apesar da incrível canastrice de Moore e dos inúmeros furos do roteiro, o filme não deixa de ter um bom clima.

AVALIAÇÃO: ***

DR. CYCLOPS

O delírio de um sábio

DIRETOR: Ernest B. Schoedsack

PAÍS: Estados Unidos

COMPANHIA PRODUTORA: Paramount Pictures

ANO DE PRODUÇÃO: 1939

DURAÇÃO: 75'

IDIOMA ORIGINAL: Inglês

PRODUÇÃO: Dale Van Every

ARGUMENTO: Tom Kilpatrick

ROTEIRO: Tom Kilpatrick

FOTOGRAFIA: Henry Sharp [cor]

MONTAGEM: Ellsworth Hoagland

MÚSICA: Ernst Toch, Gerard Carbonara, Albert Hay Malotte

ELENCO: Albert Dekker, Thomas Coley, Janice Logan, Charles Halton, Victor Kilian, Frank Yaconelli, Paul Fix, Frank Reicher

GÊNERO: Ficção científica

SINOPSE: O dr. Bulfinch, veterano biólogo, recebe um chamado urgente do dr. Thorkel, cientista brilhante que há anos trabalha solitário nos cafundós da Amazônia. Apressando-se a atender à convocação de seu colega, Bulfinch reúne a dra. Mary Robinson e o geólogo Bill Stockton, partindo com eles para a selva. Ao chegar lá, Thorkel esclarece que a ajuda necessária é simplesmente o exame de algumas lâminas de microscópio, já que ele está com a visão bastante debilitada pelo excesso de trabalho. Feito o exame e satisfeita sua necessidade, Thorkel dispensa seus visitantes imediatamente e sem qualquer satisfação. Furiosos, Bulfinch e Mary resolvem ficar, apesar da contrariedade de Thorkel. Bill e o condutor da tropa de mulas também ficam, desconfiando de que Thorkel esconde algum segredo valioso. Porém, o que eles jamais poderiam desconfiar é que o segredo do cientista é algo muito além do alcance da sua imaginação.

COMENTÁRIOS: Os aspectos mais notáveis deste filme, uma típica história de cientista louco, são o fato de ele ser colorido (algo raríssimo para o gênero, nos anos 30) e de colocar um urso em plena Floresta Amazônica. De resto, resultados bastante decepcionantes para uma obra realizada por um dos responsáveis pelo clássico *King Kong*.

AVALIAÇÃO: ***

DR. GIGGLES

DR. GIGGLES – ESPECIALISTA EM ÓBITOS

DIRETOR: Manny Coto

PAÍS: Estados Unidos / Japão

COMPANHIA PRODUTORA: Dark Horse / Largo Entertainment / JVC Entertainment

ANO DE PRODUÇÃO: 1992

DURAÇÃO: 95'

IDIOMA ORIGINAL: Inglês

PRODUÇÃO: Stuart M. Besser, Mike Richardson

ARGUMENTO: Manny Coto, Graeme Whifler

ROTEIRO: Manny Coto, Graeme Whifler

FOTOGRAFIA: Robert Draper [cor]

MONTAGEM: Debra Neil

MÚSICA: Brian May

ELENCO: Larry Drake, Holly Marie Combs, Glenn Quinn, Cliff DeYoung, Richard Bradford, Nancy Fish, Michelle Johnson, Keith Diamond, John Vickery, Doug E. Doug, Denise Barnes, Sara Nelson, Zoe Trilling, Darin Heames, Deborah Tucker, Patrick Cronin, Joshua Nielsen, William Dennis Hunt, Nicholas Mastrandrea, William Earl Ray, Danny Perkin, Pieter Dawson, Todd Tolces, Mario Depriest, Jerry Counsil, Mark C. Vincent, Britt Magnuson, Annie Wanberg, Russ Fast, Troy Barron, Marianne Doherty

GÊNERO: Horror para adolescentes

SINOPSE: Nos anos 50, a modorrenta cidadezinha norte-americana de Moorehigh é surpreendida pela horripilante notícia de que seu mais conhecido médico – o dr. Evan Rendell – enlouqueceu, chacinando alguns de seus pacientes. Na verdade, Rendell ficara perturbado com sua impotência diante da doença cardíaca da esposa e decidira arranjar-lhe um novo coração, arrancando os órgãos de alguns incautos. Indignados, os cidadãos lincham o médico, mas seu filho consegue escapar com sérios traumas, sendo internado como desconhecido em um manicômio. 35 anos depois, Evan Rendell Jr. consegue fugir e volta secretamente para Moorehigh, escondendo-se nas ruínas do antigo consultório do pai. Totalmente louco, Rendell acredita ser um médico e se propõe a "curar" a cidade, vingando-se pelo que aconteceu.

COMENTÁRIOS: Reciclagem da figura do cientista louco, transformado em um falso médico que assassina suas vítimas com seus instrumentos de trabalho (inclusive as engenhocas muito loucas que ele próprio inventou). Trata-se de mais um filme de terror para adolescentes, com elementos de humor, muitos litros de sangue cenográfico e um maníaco que tem bastante dificuldade para morrer.

AVALIAÇÃO: ***

DR. JEKYLL AND MR. HYDE

O MÉDICO E O MONSTRO

DIRETOR: Lucius Henderson

PAÍS: Estados Unidos

COMPANHIA PRODUTORA: Thanhouser Film Corporation

ANO DE PRODUÇÃO: 1912

DURAÇÃO: 12'

IDIOMA ORIGINAL: Mudo

PRODUÇÃO: Edwin W. Thanhouser

ARGUMENTO: Robert Louis Stevenson

ROTEIRO: Thomas Russell Sullivan

FOTOGRAFIA: [p&b]

ELENCO: James Cruze, Florence La Badie, Marie Eline

GÊNERO: Horror

SINOPSE: Convencido de que o bem e o mal podem ser materialmente isolados na personalidade humana, o dr. Jekyll realiza experimentos tendo a si mesmo como cobaia. Ele consegue sucesso, inventando uma substância que faz com que aflore com plena liberdade o seu lado perverso, transformando-se em um ser grotesco chamado mr. Hyde. Porém, com o passar do tempo, o abuso da droga faz com que Jekyll perca o controle sobre as transformações, permitindo que Hyde assuma o comando e cometa diversos crimes atrozes.

COMENTÁRIOS: Versão bastante resumida do clássico de Robert Louis Stevenson, que já havia sido filmado em pelo menos três ocasiões.

AVALIAÇÃO: ***

DR. JEKYLL AND MR. HYDE

O MÉDICO E O MONSTRO

DIRETOR: Herbert Brenon

PAÍS: Estados Unidos

COMPANHIA PRODUTORA: IMP – Independent Movie Pictures

ANO DE PRODUÇÃO: 1913

DURAÇÃO: 26'

IDIOMA ORIGINAL: Mudo

PRODUÇÃO: Carl Laemmle

ARGUMENTO: Robert Louis Stevenson

ROTEIRO: Herbert Brenon

FOTOGRAFIA: [p&b]

ELENCO: King Baggot, Howard Crampton, William Sorrel, Jane Gail, Matt Snyder

GÊNERO: Drama de horror

SINOPSE: O dr. Jekyll é um médico muito abnegado, que

chega a negligenciar sua bela noiva para tratar gratuitamente dos doentes pobres. Porém, na calada da noite, Jekyll realiza bizarras experiências químicas, com o objetivo de isolar a parte boa e a parte má do seu ser. Quando suas experiências dão resultado, a personalidade de Jekyll passa a se dividir: sob o efeito da droga que ele inventou, o médico se transforma em um ser repugnante, que adota o nome de Hyde, passando a fazer uma série de maldades.

COMENTÁRIOS: Mais uma versão da célebre história de Stevenson, reduzida, mas bastante completa.

AVALIAÇÃO: ***

DOCTOR MORDRID

Doutor Mordrid – O mestre do desconhecido

DIRETOR: Albert Band, Charles Band

PAÍS: Estados Unidos

COMPANHIA PRODUTORA: Full Moon Entertainment

ANO DE PRODUÇÃO: 1992

DURAÇÃO: 75'

IDIOMA ORIGINAL: Inglês

PRODUÇÃO: Charles Band

ARGUMENTO: Charles Band

ROTEIRO: C. Courtney Joyner

FOTOGRAFIA: Adolfo Bartoli [cor]

MONTAGEM: Lauren Schaffer

MÚSICA: Richard Band

ELENCO: Jeffrey Combs, Yvette Nipar, Jay Acovone, Keith Coulouris, Ritch Brinkley, Brian Thompson, Pearl Shear, Murray Rubin, Jeff Austin, John Apicella, Julie Michaels, Mark Phelan, Kenn Scott, Scott Roberts, Steven Marca, Jonathan Kruger

GÊNERO: Aventura fantástica

SINOPSE: Sob o disfarce de um antropólogo criminologista, o dr. Mordrid é um enviado de outra dimensão, com a missão de proteger a Terra da ameaça de invasão de um feiticeiro, que pretende dominar o nosso planeta com seu exército de perversos demônios do mal. Quando o feiticeiro consegue chegar à Terra, Mordrid tem que lutar contra ele para impedir que os demônios consigam fazer a mesma coisa.

COMENTÁRIOS: De tão idiota e canhestro, o filme mais parece ter sido feito para crianças, com o acréscimo negativo da caricata presença de Combs, que se celebrizou como o personagem Herbert West da série *Reanimator*.

AVALIAÇÃO: *

A CÂMARA DE HORRORES DO DIABÓLICO DR. PHIBES

DIRETOR: Robert Fuest

PAÍS: Inglaterra

COMPANHIA PRODUTORA: American International Productions

ANO DE PRODUÇÃO: 1972

DURAÇÃO: 90'

IDIOMA ORIGINAL: Inglês

PRODUÇÃO: Louis M. Heyward

ARGUMENTO: James Whiton, William Goldstein

ROTEIRO: Robert Fuest, Robert Blees

FOTOGRAFIA: Alex Thomson [cor]

MONTAGEM: Tristam Cones

MÚSICA: John Gale

ELENCO: Vincent Price, Robert Quarry, Peter Jeffrey, Fiona Lewis, Hugh Griffith, John Cater, Gerald Sim, Lewis Fiander, John Thaw, Peter Cushing, Beryl Reid, Terry-Thomas, Valli Kemp, Keith Buckley, Milton Reid

GÊNERO: Comédia de horror

SINOPSE: Após alguns anos desaparecido, o dr. Anton Phibes ressuscita e descobre que seu inestimável papiro egípcio – contendo a localização de um rio subterrâneo cujas águas conferem o dom da imortalidade – desapareceu das ruínas da sua mansão. Phibes fica sabendo que o papiro está de posse do milionário Biederbeck, arqueólogo amador que está organizando uma expedição ao Egito. Recuperando o papiro, Phibes segue Biederbeck e vai pouco a pouco eliminando todos os membros da sua expedição com seus métodos bastante heterodoxos.

COMENTÁRIOS: Única (lamentavelmente) continuação do clássico "The abominable Dr. Phibes" (realizado pelo mesmo diretor, no ano anterior). Sem a mesma sutileza de seu antecessor, este filme não deixa, no entanto, de ser uma bela demonstração do imenso talento de Vincent Price.

AVALIAÇÃO: ****

DR. STRANGE

DOUTOR ESTRANHO

DIRETOR: Philip DeGuere

PAÍS: Estados Unidos

COMPANHIA PRODUTORA: Universal

ANO DE PRODUÇÃO: 1978

DURAÇÃO: 100'

IDIOMA ORIGINAL: Inglês

PRODUÇÃO: Alex Beaton

ROTEIRO: Philip DeGuere

FOTOGRAFIA: Enzo A. Martinelli [cor]

MONTAGEM: Christopher Nelson

MÚSICA: Paul Chihara

ELENCO: Peter Hooten, Clyde Kusatsu, Jessica Walter, Eddie Benton, Philip Sterling, John Mills, June Barrett, Sarah Rush, Diana Webster, Bob Delegall, Larry Anderson, Blake Marion, Lady Rowlands, Inez Pedroza, Michael Clark, Frank Catalano, Michael Ansara (voz)

GÊNERO: Aventura fantástica

SINOPSE: Há muitos séculos, o mago Merlin venceu o combate contra a feiticeira Morgana, representante das forças do mal. Com isso, o mal foi exilado nos infernos, mas o demônio só aguarda uma oportunidade para retormar à Terra, já que aqui as coisas são muito mais divertidas. Surge a ocasião quando Merlin, vivendo nos Estados Unidos, prepara-se para se aposentar e escolher seu sucessor. Este deverá ser o psiquiatra Stephen Strange, que nada sabe acerca do mágico ou da missão que o aguarda. O capeta torna a enviar

Morgana à Terra, com a missão de destruir Merlin e evitar que Strange assuma seu lugar.

COMENTÁRIOS: Piloto de uma frustrada série de TV, baseada num dos mais inexpressivos personagens da Marvel Comics.

AVALIAÇÃO: **

AS PROFECIAS DO DR. TERROR

DIRETOR: Freddy Francis [Freddie Francis]

PAÍS: Inglaterra

COMPANHIA PRODUTORA: Amicus Productions

ANO DE PRODUÇÃO: 1965

DURAÇÃO: 98'

IDIOMA ORIGINAL: Inglês

PRODUÇÃO: Milton Subotsky, Max J. Rosenberg

ROTEIRO: Milton Subotsky

FOTOGRAFIA: Alan Hume [cor]

MONTAGEM: Thelma Connell

MÚSICA: Elizabeth Lutyens

ELENCO: Christopher Lee, Max Adrian, Michael Gough, Neil McCallum, Ann Bell, Jennifer Jayne, Bernard Lee, Roy Castle, Peter Cushing, Alan Freeman, Kenny Lynch, Donald Sutherland, Ursula Howells, Katy Wild, Peter Madden, Jeremy Kemp, Harold Lang, Christopher Carlos, Edward Underdown, Sarah Nicholls, Al Mulock, Hedger Wallace, Brian Hawkins, Faith Kent, Frank Forsyth, Frank Barry, Thomas Baptiste, Isla Blair, Judy Cornwell, Laurie Leigh, John Martin, Kenneth Kove, Walter Sparrow, Irene Richmond, Valerie St. Clair, "Russ Henderson Steel Band", "The Tubby Hayes Quintet"

GÊNERO: Horror

SINOPSE: Em cinco episódios. Em um trem, o dr. Schreck encontra cinco homens e se oferece para ler os seus destinos nas cartas do tarô: [1] WEREWOLF – Jimmy é um engenheiro chamado pela proprietária de uma velha casa, situada nas remotas ilhas Hébridas, para realizar algumas reformas na propriedade – que pertencera à família dele por muitas gerações. Durante a inspeção da estrutura da casa, Jimmy encontra um velho sarcófago, no qual está encerrado um homem que tinha fama de lobisomem e que jurou se vingar de sua família; [2] CREEPING VINE – Ao voltar para casa, depois de passar férias com a família, Bill encontra uma estranha trepadeira em seu jardim. Porém, ele logo vai descobrir que a trepadeira é muito mais estranha do que parece, já que tem inteligência e faz de tudo para se proteger; [3] VOODOO – Um músico britânico é contratado para se apresentar nas Antilhas, juntamente com a sua banda. Lá, ele se deixa fascinar pelo ritmo de uma cerimônia de vuduísmo e resolve transformar tudo em um número musical. Porém, nosso herói logo compreenderá que não se deve mexer com as forças incultas; [4] DISEMBODIED HAND – Marsh é um rigoroso crítico de arte que não aprecia nem um pouco a arte "livre" da modernidade. Ao debochar das pinturas de um artista consagrado, Eric Landor, Marsh acaba sendo ridicularizado por ele. O trauma é tão grande que Marsh perde o controle e atropela Landor propositadamente, fazendo com que ele perca a sua mão direita. Deprimido, Landor de suicida, mas a mão perdida resolve vingar o seu antigo dono; [5] VAMPIRE – Bob é um médico que se casa por impulso com uma jovem francesa e a leva para morar com ele em uma pequena cidade do interior norte-americano. Porém, a vida de Bob se torna complicada quando ele passa a desconfiar que sua nova esposa é, na verdade, uma vampira.

COMENTÁRIOS: Nenhuma das histórias é particularmente interessante, mas o bom elenco garante a diversão.

AVALIAÇÃO: ***

DOG SOLDIERS — CÃES DE CAÇA

DIRETOR: Neil Marshall

PAÍS: Inglaterra / Luxemburgo

COMPANHIA PRODUTORA: Carousel Picture Company / Luxembourg Film Fund

ANO DE PRODUÇÃO: 2001

DURAÇÃO: 105'

IDIOMA ORIGINAL: Inglês

PRODUÇÃO: Christopher Figg, Tom Reeve, David E. Allen (coprodutores: Keith Bell, Brian O'Toole)

ARGUMENTO: Neil Marshall

ROTEIRO: Neil Marshall

FOTOGRAFIA: Sam McCurdy [cor]

MONTAGEM: Neil Marshall

MÚSICA: Mark Thomas

ELENCO: Sean Pertwee, Kevin McKidd, Emma Cleasby, Liam Cunningham, Thomas Lockyer, Darren Morfitt, Chris Robson, Leslie Simpson, Tina Landini, Craig Conway, cão Villrikke's Acer, Bryn Walters, Ben Wright, Brian Claxton Payne

GÊNERO: Horror

SINOPSE: Soldados ingleses realizam treinamento militar em uma floresta quando são atacados por uma misteriosa criatura, dotada de uma força sobre-humana. Eles conseguem escapar e se refugiam numa casa isolada, descobrindo que se tornaram alvo de um bando de famintos lobisomens.

COMENTÁRIOS: Apesar de ser um dos personagens mais tediosos do cinema de horror, já que está condenado a oscilar entre um ser humano banal e um monstro irracional, o lobisomem nunca fica muito tempo longe das telas, atestando a falta de imaginação dos cineastas atuais.

AVALIAÇÃO: ***

DON'T GO IN THE WOODS

PERIGO NA FLORESTA

DIRETOR: James Bryan

PAÍS: Estados Unidos

COMPANHIA PRODUTORA: JBF

ANO DE PRODUÇÃO: 1981

DURAÇÃO: 82'

IDIOMA ORIGINAL: Inglês

PRODUÇÃO: Roberto Gomez, Suzette Gomez

ARGUMENTO: Garth Eliassen

ROTEIRO: Garth Eliassen

FOTOGRAFIA: Hank Zinman [cor]

MONTAGEM: B. F. Matt Muller

MÚSICA: H. Kingsley Thurber

ELENCO: Jack McClelland [Nick Cleland], Mary Gail Artz, James P. Hayden, Ken Carter, Larry Roupe, Angie Brown, David Barth, Tom Drury, Laura Trefts, Amy Martell, Cecelia Fannon, Hank Zinman, Linda Brown, Bonnie Harris, Valetta Saunders, McCormick Dalten, Ruth Grose, Carolyn Braza, Alma Ramos, Dale Angell, Eric Jenkins, Gerry Klein, Frank Muller [Frank Clitus Muller], Leon Brown Jr., Tom Ruff, Randy Kleffer, John Williams, Jeff Wood, Jarne Harbrecht, Ann St. Michael, Matt Noone, Matt Muller, Garth Eliassen, Susan Farris, T. Ruff, Bill Stockdale, Ebin Whiting, Brad Carter, Jeffery Wood, Mark Prager, Eben Whitney, Randy Prager, David Wiggins, Randy Iverson, John Warren, Michael Smith, Paul Thorpe, Joan Forester, Pam Srubaugh-Littig, Tawnya Crespin, Pat J. Winn, Franky Crespin, Amy Oliphant, Patrick Satterthwaite, Anne Marie Nagenga, Suzy Folsom

GÊNERO: Horror slasher

SINOPSE: Uma penca de imbecis vaga por uma floresta,

enquanto um caipira selvagem canibal vai matando todo mundo.

COMENTÁRIOS: Um prodígio de incompetência generalizada, explorando desastradamente os mais simplórios clichês do subgênero "caipira assassino da floresta". Além de não ter nenhuma história para contar – já que a narrativa é uma sucessão de assassinatos e correrias – o filme faz isso com um elenco atrozmente amadorístico. É difícil fazer algo pior do que isso, embora muitos tentem.

AVALIAÇÃO: *

DRACULA'S DOG / ZOLTAN... HOUND OF DRACULA

ZOLTAN, O CÃO VAMPIRO DE DRÁCULA

DIRETOR: Albert Band

PAÍS: Estados Unidos

COMPANHIA PRODUTORA: Vic Cinema Productions

ANO DE PRODUÇÃO: 1977

DURAÇÃO: 87'

IDIOMA ORIGINAL: Inglês

PRODUÇÃO: Albert Band, Frank Ray Perilli

ARGUMENTO: Frank Ray Perilli

ROTEIRO: Frank Ray Perilli

FOTOGRAFIA: Bruce Logan [cor]

MONTAGEM: Harry Keramidas

MÚSICA: Andrew Belling (supervisão: Don Perry)

ELENCO: Michael Pataki, Reggie Nalder, Jan Shutan, Libbie Chase, John Levin, Jose Ferrer, Cleo Harrington, Tom Gerrard, Bob Miller, Gordon McGill, Al Ferrara, Roger Pancake, Sally Marr, Merryl Jay, Jackie Drake, John Kirby, Darlene Craviotta, Lou Schumacher, Carl Morrison, Dimitri Logothetis, Chris George, Dwight Krizman, Roger Schumacher, Dominic Ferlan, Katherine Fitzpatrick, Joan Leone, Arlene Martell, Simmy Bow, Jojo D'Amore

GÊNERO: Horror de vampiros

SINOPSE: Na velha Hungria, o conde Drácula está se preparando para atacar uma mulher quando é interrompido por um cão escandaloso. Como vingança, ele transforma o cachorro, Zoltan, em vampiro e o seu dono, Veidt, em um dos seus servos zumbis. Séculos depois, manobras militares põem à luz a tumba da família Drácula, trazendo de volta à vida o cachorro e o seu dono, que precisam urgentemente encontrar um descendente dos Drácula a quem possam servir. O problema é que só resta um Drácula, Michael, que agora vive nos Estados Unidos e que nada sabe acerca do passado tenebroso de sua família. Veidt vai com Zoltan para a América, com o objetivo de transformar Michael em um vampiro, mas terá de enfrentar o inspetor Branco, um policial húngaro especializado em destruir vampiros.

COMENTÁRIOS: Com um roteiro fraquíssimo e cheio de furos, este filme desperdiça uma boa ideia – a de um animal vampiro – com uma historinha para lá de vagabunda (para se ter uma ideia da precariedade, basta dizer que quase ninguém duvida da história dos vampiros contada por Blanco, que é absolutamente insana). Para completar a desgraça, diversas cenas de violência contra animais, sem que seja realmente possível saber – por conta da pobreza da produção – o que é real ou encenação.

AVALIAÇÃO: **

DRAGONWASPS

TERROR TROPICAL

DIRETOR: Joe Knee

PAÍS: Estados Unidos

COMPANHIA PRODUTORA: American World Pictures

ANO DE PRODUÇÃO: 2012

DURAÇÃO: 81'

IDIOMA ORIGINAL: Inglês

PRODUÇÃO: Anthony Fankhauser, J. J. Kim (coprodução: Corin Nemec)

ROTEIRO: Mark Atkins, Rafael Jordan

FOTOGRAFIA: Mikey Jechort [cor]

MONTAGEM: Orson Toifer Delaps

MÚSICA: Chris Cano

ELENCO: Corin Nemec, Dominika Juillet, Nikolette Noel, Benjamin Easterday, Gildon Roland, David Stasko, Stevie Hack, Michael Webb, Adrian Clissold, David Tasker, Cossondra Sjostrom, Berne Velasquez, Joe Knee, Arron Erskine, Merrick Simmons, Clinton 'Pulu' Lightburn, Victoria Jeffries, Ronald Usher, Norman Brakeman, Carlton Young, Germain Harris, Shemar Ramos, Elroy Perdomo, Michael Alvarado, Kofi Saunders, Edward Usher, Jeffery Craig, Gregory Tillet, Augustine Ramos, Dennis Garbutt, Leonard Tillet, Ernie Pipersbugh, Bruce Tillet, Roy Reniott

GÊNERO: Ação e ficção científica

SINOPSE: Gina é uma bióloga que está em busca de seu pai desaparecido, que era cientista e que sumiu nas impenetráveis selvas de Belize. Seguindo uma pista encontrada ao acaso, ela descobre que seu pai estava envolvido com a TransgenTech, uma empresa de fundo de quintal que realiza pesquisas genéticas um tanto clandestinas nos cafundós da floresta. Como o lugar é extremamente perigoso, Gina resolve ignorar as autoridades locais e as do seu próprio país e seguir para lá apenas com sua melhor amiga Rhonda. Para sorte das duas, elas logo encontram um pelotão de bravos soldados ianques, que não estão fazendo nada e se dispõem a ajudá-las. A ajuda logo vai se revelar muito necessária, já que as moçoilas terão que enfrentar um grupo de guerrilheiros fanáticos e uma horda de vespas carnívoras gigantes, criadas pelas experiências da TransgenTech.

COMENTÁRIOS: Telefilme de baixíssimo orçamento, com todos os defeitos típicos desse tipo de produção. O enredo é puro clichê, o roteiro é fraquíssimo, o elenco não tem a menor inspiração e os efeitos especiais são simplesmente ridículos.

AVALIAÇÃO: *

DREAM HOUSE

A CASA ASSASSINA

DIRETOR: Graeme Campbell

PAÍS: Canadá / Estados Unidos

COMPANHIA PRODUTORA: Singer-White / Paramount

ANO DE PRODUÇÃO: 1998

DURAÇÃO: 90'

IDIOMA ORIGINAL: Inglês

PRODUÇÃO: Michael Scott

ROTEIRO: Jim Makichuk

FOTOGRAFIA: Malcolm Cross [cor]

MONTAGEM: Brett Sullivan

MÚSICA: Fred Mollin

ELENCO: Timothy Busfield, Lisa Jakub, Brennan Elliott, Dan Petronijevic, Cameron Graham, Pam Hyatt, Jennifer Dale, Harry Nelken, Curtis Moore, Steven McIntyre, Garfield Williams

GÊNERO: Horror

SINOPSE: Executivo gênio da informática e entusiasta da tecnologia joga todo o seu futuro num empreendimento milionário, visando construir casas totalmente gerenciadas por computador. Para testar seu negócio, ele leva sua esposa e o filho adolescente para morar em uma das tais casas, num condomínio em construção. Subitamente, surge a outra filha do executivo, que havia abandonado a família por sentir-se negligenciada pelo pai. Porém, a visita da moça não tem nada de familiar, já que seu objetivo é obter dinheiro para ajudar seu namorado picareta – que também aparece para uma visitinha, fazendo-se passar por bom moço. No entanto, sem avisar nada à família, o executivo – cuja empresa está em uma série crise financeira – programou o computador com a capacidade de efetuar deduções lógicas e lhe impôs a diretriz de proteger o empreendimento à qualquer preço. Para cumprir sua tarefa, a máquina não hesitará até mesmo em eliminar os ocupantes da casa.

COMENTÁRIOS: Telefilme com uma história pouco criativa e soluções bastante medíocres.

AVALIAÇÃO: ***

DRESSED TO KILL

VESTIDA PARA MATAR

DIRETOR: Brian De Palma

PAÍS: Estados Unidos

COMPANHIA PRODUTORA: Cinema 77 / Filmways Pictures

ANO DE PRODUÇÃO: 1980

DURAÇÃO: 105'

IDIOMA ORIGINAL: Inglês

PRODUÇÃO: George Litto

ARGUMENTO: Brian De Palma

ROTEIRO: Brian De Palma

FOTOGRAFIA: Ralf Bode [cor]

MONTAGEM: Jerry Greenberg

MÚSICA: Pino Donaggio

ELENCO: Michael Caine, Angie Dickinson, Nancy Allen, Keith Gordon, Dennis Franz, David Margulies, Susanna Clemm, Ken Baker, Brandon Maggart, Amalie Collier, Mary Davenport, Anneka De Lorenzo, Norman Evans, Robbie L. McDermott, Bill Randolph, Sean O'Rinn, Fred Weber, Samm-Art Williams, Robert Lee Rush, Anthony Boyd Scriven, Robert McDuffie, Frederick Sanders

GÊNERO: Drama de suspense e horror

SINOPSE: Kate é uma mulher de meia-idade, insatisfeita com o casamento e sexualmente frustrada. Um dia, enquanto dava um passeio cultural, ela envolve-se sexualmente com um estranho e passa a tarde em seu apartamento. Ao sair, Kate é atacada por uma mulher misteriosa, que a assassina a navalhadas dentro de um elevador. A polícia começa a investigar e a maior suspeita é a garota de programa Liz, que encontrou o cadáver e é a única pessoa a ter vislumbrado a assassina. Porém Peter, o filho de Kate, desconfia que o crime deve ter sido cometido por um dos pacientes do dr. Elliott, psicanalista de sua mãe. O rapaz começa a investigar por conta própria, enquanto Liz passa a ser perseguida pela assassina, que deseja eliminar a testemunha. Quando Liz é atacada, acaba sendo salva por Peter – que seguia a assassina desde o consultório de Elliott. Já que a polícia parece desinteressada pelo caso, os dois resolvem unir suas forças e prosseguir na investigação.

COMENTÁRIOS: Um dos mais bem-sucedidos exercícios hitchcockianos do diretor De Palma, este filme utiliza, como base, a história de "Psycho". De fato, repete-se aqui a crise de identidade sexual do protagonista, que adota uma dupla personalidade para sublimar este conflito. Apesar de não ser um simples plagiador, De Palma está de tal forma integrado ao espírito de Hitchcock que segue até mesmo o estilo narrativo de seu modelo (tal como em "Psycho", a história parece dividir-se em duas metades: a primeira correspondendo à crise conjugal de Kate e a segunda tratando do aspecto criminal).

AVALIAÇÃO: ***

DRIVE THRU

DRIVE THRU – FAST-FOOD DA MORTE

DIRETOR: Shane Kuhn, Brendan Cowles

PAÍS: Estados Unidos

COMPANHIA PRODUTORA: D. H. Blair Pictures / Prospect Pictures / Lions Gate Films / Armada Pictures

ANO DE PRODUÇÃO: 2007

DURAÇÃO: 84'

IDIOMA ORIGINAL: Inglês

PRODUÇÃO: Chris Sievernich, Matthew Weaver, Matt Milich, Martin Wiley

ARGUMENTO: Shane Kuhn, Brendan Cowles

ROTEIRO: Shane Kuhn, Brendan Cowles

FOTOGRAFIA: Vincent Toto [cor]

MONTAGEM: Daniel Padgett

MÚSICA: Ralph Rieckermann

ELENCO: Leighton Meester, Nicholas D'Agosto, Melora Hardin, Larry Joe Campbell, Lola Glaudini, Penn Badgley, Rachel Bella, Shedrack Anderson, Sean Whalen, Robert Curtis Brown, John Gilbert, Maliabeth Johnson, Clyde Kusatsu, Edward DeRuiter, Van De La Plante, Sita Young, Haven Lamoureux, Morgan Spurlock, Paul Ganus, Tyler King, Chad Cunningham, Sarah Buehler, Jessica Landon, Nicole Cavazos, Karis Campbell, Cade Courtley, Dirk Etchison, Caia Coley, Gordon Clapp (voz)

GÊNERO: Horror para adolescentes

SINOPSE: Com a mente afetada pelo excesso de sal, de colesterol e de gorduras trans, o palhaço mascote de uma grande rede de *fast food* enlouquece e passa a assassinar adolescentes, a fim de vingar-se de algo ridículo que aconteceu há muitos anos.

COMENTÁRIOS: A ideia até que é boa, mas a realização é péssima.

AVALIAÇÃO: *

THE EARTH DIES SCREAMING

A Terra morre gritando

DIRETOR: Terence Fisher

PAÍS: Inglaterra

COMPANHIA PRODUTORA: Lippert Films

ANO DE PRODUÇÃO: 1964

DURAÇÃO: 62'

IDIOMA ORIGINAL: Inglês

PRODUÇÃO: Robert L. Lippert, Jack Parsons

ROTEIRO: Henry Cross

FOTOGRAFIA: Arthur Lavis [p&b]

MONTAGEM: Robert Winter

MÚSICA: Elisabeth Lutyens

ELENCO: Willard Parker, Virginia Field, Dennis Price, Thorley Walters, Vanda Godsell, David Spenser, Anna Palk

GÊNERO: Horror e ficção científica

SINOPSE: Um súbito ataque de gás venenoso, de origem alienígena, provoca a morte de quase toda a população do planeta. Como as desgraças andam sempre juntas, os poucos sobreviventes são obrigados a enfrentar robôs e zumbis criados pelos invasores do espaço.

COMENTÁRIOS: Produção paupérrima dirigida pelo mestre Terence Fisher, em um dos piores momentos de sua carreira.

AVALIAÇÃO: **

EARTH II

TERRA II

DIRETOR: Tom Gries

PAÍS: Estados Unidos

COMPANHIA PRODUTORA: Wabe / MGM – TV

ANO DE PRODUÇÃO: 1971

DURAÇÃO: 100'

IDIOMA ORIGINAL: Inglês

PRODUÇÃO: William Read Woodfield, Allan Balter

ROTEIRO: William Read Woodfield, Allan Balter

FOTOGRAFIA: Michel Hugo [cor]

MONTAGEM: Henry Berman (supervisão: Budd Small)

MÚSICA: Lalo Schifrin

ELENCO: Gary Lockwood, Scott Hylands, Hari Rhodes, Tony Franciosa, Mariette Hartley, Gary Merrill, Inga Swenson, Edward Bell, Lew Ayres, Brian Dewey, Diana Webster, Bart Burns, John Carter, Herbert Nelson, Serge Tschernisch, Vince Cannon, David Sachs, Bob Hoy

GÊNERO: Ficção científica

SINOPSE: Por iniciativa do governo norte-americano, é posta em órbita a estação espacial Terra II, com a finalidade de funcionar como um país independente e completamente voltado para a paz e o progresso científico da humanidade. Apesar de ser um dos responsáveis pelo êxito do projeto, o cientista Frank se opõe à iniciativa pacifista, considerando que um país precisa de força militar para poder impor-se diante dos outros. Passam-se alguns anos e Frank muda-se com a família para Terra II, justamente quando surge uma séria crise: com o acirramento dos problemas políticos na Terra, os comunistas chineses puseram um artefato nuclear em órbita, próximo à estação. Usando de seu poder de convencimento, Frank consegue fazer com que os administradores da estação desativem a bomba, numa operação cheia de riscos. Quando o artefato é recolhido, Frank expressa seu desejo de vê-lo ser incorporado ao patrimônio de Terra II, que se tornaria assim uma potência atômica. Apavorada com a mania belicista do marido, a esposa de Frank decide antecipar-se à decisão oficial e lança a bomba em direção ao Sol. Porém – como toda mulher – ela não entende nada de direção e o artefato acaba tomando o rumo do nosso planeta, onde causará uma enorme devastação.

COMENTÁRIOS: Telefilme bastante pobre e sem nada de original, com uma estética que lembra o cinema de ficção científica dos anos 50.

AVALIAÇÃO: **

EARTH VS. THE FLYING SAUCERS

A invasão dos discos voadores

DIRETOR: Fred F. Sears

PAÍS: Estados Unidos

COMPANHIA PRODUTORA: Columbia Pictures Corporation

ANO DE PRODUÇÃO: 1956

DURAÇÃO: 83'

IDIOMA ORIGINAL: Inglês

PRODUÇÃO: Charles H. Schneer (executivo: Sam Katzman)

ARGUMENTO: Curt Siodmak (or: Donald E. Keyhoe)

ROTEIRO: Bernard Gordon, George Worthing Yates

FOTOGRAFIA: Fred Jackman Jr. [p&b]

MONTAGEM: Danny D. Landres

MÚSICA: Mischa Bakaleinikoff

ELENCO: Hugh Marlowe, Joan Taylor, Donald Curtis, Morris Ankrum, John Zaremba, Tom Browne Henry, Grandon Rhodes, Larry Blake

GÊNERO: Ficção científica

SINOPSE: Russell Marvin é um cientista do governo norte-americano que coordena um projeto que pretende montar uma série de postos de pesquisa na órbita da Terra. Enquanto viaja para a sede do projeto, junto com sua esposa, Russell avista um disco voador e, pouco depois, as instalações do seu projeto atacadas e destruídas. Porém, Russell descobre que gravou acidentalmente uma mensagem dos alienígenas, que desejam comunicar-se com ele. O governo não leva a história muito a sério, mas logo depois o cientista é convocado para um encontro, no qual os alienígenas avisam que, como pertencem a um povo que perdeu seu planeta, pretendem apoderar-se do nosso. Os alienígenas esperam a rendição dos terráqueos e marcam um prazo para isso. Dispostos a tudo para resistir, os militares aceitam um plano de Russell, que pretende construir uma super arma para combater os aparentemente indestrutíveis invasores.

COMENTÁRIOS: Inspirado no livro *Flying saucers from outer space*, escrito por um major da força aérea norte-americana, estamos diante de um perfeito exemplar da ficção científica dos tempos da Guerra Fria, quando a Terra era frequentemente ameaçada por maléficos invasores espaciais, vencidos pela livre iniciativa dos patrióticos ianques. Com uma trama que evoca o clássico "Guerra dos mundos" e uma série de outras produções do período, este filme não é especialmente emocionante, valendo principalmente pelos efeitos especiais do legendário Ray Harryhausen (especialmente nas cenas da destruição de Washington).

AVALIAÇÃO: ***

EARTH vs THE SPIDER

A MALDIÇÃO DA ARANHA

DIRETOR: Bert I. Gordon

PAÍS: Estados Unidos

COMPANHIA PRODUTORA: Santa Rosa Productions

ANO DE PRODUÇÃO: 1958

DURAÇÃO: 73'

IDIOMA ORIGINAL: Inglês

PRODUÇÃO: Bert I. Gordon

ARGUMENTO: Bert I. Gordon

ROTEIRO: Laszlo Gorog, George Worthing Yates

FOTOGRAFIA: Jack Marta [p&b]

MONTAGEM: Ronald Sinclair (supervisão)

MÚSICA: Albert Glasser

ELENCO: Ed Kemmer, June Kenney, Gene Persson, Gene Roth, Hal Torey, June Jocelyn, Mickey Finn, Sally Fraser, Troy Patterson, Skip Young, Howard Wright, Bill Giorgio, Hank Patterson, Jack Kosslyn, Bob Garnet, Shirley Falls, Bob Tetrick, Nancy Kilgas, George Stanley, David Tomack, Merritt Stone

GÊNERO: Horror de animais mutantes

SINOPSE: Aranha monstruosa surge nas proximidades de uma pequena cidade, sendo morta com uma dose igualmente monstruosa do maravilhoso DDT. Como as autoridades locais têm um extremo mau gosto, o corpo da aranha é colocado em exposição na escola da cidade, mas ela ressuscita e promove uma grande destruição.

COMENTÁRIOS: Apesar da sua evidente nulidade, o filme tem a assinatura do diretor Bert Gordon, um cineasta que se especializou em produções sobre gigantismo, nas quais apenas o orçamento e o público pagante eram minúsculos.

AVALIAÇÃO: *

L'ÉCLIPSE DU SOLEIL EN PLEINE LUNE

DIRETOR: Georges Méliès

PAÍS: França

COMPANHIA PRODUTORA: Star Film

ANO DE PRODUÇÃO: 1907

DURAÇÃO: 9'

IDIOMA ORIGINAL: Mudo

PRODUÇÃO: Georges Méliès

FOTOGRAFIA: [p&b]

ELENCO: Georges Méliès

GÊNERO: Comédia de ficção científica

SINOPSE: Velho professor de astronomia observa um

eclipse e também as confusões armadas pelos astros antro-
pomórficos. O espetáculo fascina tanto o grande sábio que
ele acaba despencando e caindo dentro de um barril cheio de
água.

COMENTÁRIOS: Esquete cômico.

AVALIAÇÃO: ****

ED GEIN – O SERIAL KILLER

DIRETOR: Chuck Parello

PAÍS: Estados Unidos

COMPANHIA PRODUTORA: Tartan Films

ANO DE PRODUÇÃO: 2000

DURAÇÃO: 89'

IDIOMA ORIGINAL: Inglês

PRODUÇÃO: Michael Muscal, Hamish McAlpine

ARGUMENTO: "fatos reais"

ROTEIRO: Stephen Johnston

FOTOGRAFIA: Vanja Cernjul [cor]

MONTAGEM: Elena Maganini

MÚSICA: Robert McNaughton

ELENCO: Steve Railsback, Carrie Snodgress, Carol Mansell, Sally Champlin, Steve Blackwood, Nancy Linehan Charles, Bill Cross, Travis McKenna, Jan Hoag, Brian Evers, Pat Skipper, Craig Zimmerman, Nicholas Stojanovich, Dylan Kasch, Tish Hicks, Lee McLaughlin, Bill Pirman, Tom Rainone, Dan Striepeke, Heather Gunn, Ryan Thomas Brockington, Austin James Peck, Luke Rowland, Chad Halyard, Devin Alexander, Rick Simpson, Ben Caswell, Heather Gettings, Melissa Engle, Gladell Adelman, Danny Keogh, Jim Kundig, Douglas Hunter

GÊNERO: Horror biográfico

SINOPSE: Cafundós dos Estados Unidos, meados da década de 1950: Depois da morte de sua mãe — uma fanática religiosa de quem era afetivamente dependente — Ed Gein, um homem de meia-idade, solitário e com problemas mentais, começa a dar vazão aos seus impulsos mórbidos. Primeiro, ele rouba o cadáver da mãe do cemitério e depois apanha outros cadáveres de mulheres, utilizando-os para descarregar suas pulsões sexuais altamente reprimidas. Logo, atormentado por visões de sua mãe, Ed volta o seu interesse para mulheres vivas, que ele sequestra, tortura e assassina.

COMENTÁRIOS: Reconstituição da vida e da carreira criminal de um dos mais célebres serial killers norte-americanos. Porém, a pobreza da produção e a precariedade do roteiro fazem com que esse filme não tenha o menor impacto, não diferindo da linguagem recatada e medíocre dos telefilmes ianques.

AVALIAÇÃO: **

EEGAH

DIRETOR: Nicholas Merriwether [Arch Hall Sr.]

PAÍS: Estados Unidos

COMPANHIA PRODUTORA: Fairway-International

ANO DE PRODUÇÃO: 1962

DURAÇÃO: 91'

IDIOMA ORIGINAL: Inglês

PRODUÇÃO: Nicholas Merriwether [Arch Hall Sr.]

ARGUMENTO: Nicholas Merriwether [Arch Hall Sr.]

ROTEIRO: Bob Wehling

FOTOGRAFIA: Vilis Lapeneicks [Vilis Lapenieks] [cor]

MONTAGEM: Don Schneider

MÚSICA: Henry Price [André Brummer]

ELENCO: Arch Hall Jr., Marilyn Manning, Richard Kiel,

William Watters [Arch Hall Sr.], Clay Stearns, Addalyn Pol-
litt, Bob Davis, William Lloyd, Deke Lussier, Ray Steckler
[Ray Dennis Steckler], Ron Shane, Bill Rice

GÊNERO: Drama romântico paleontológico

SINOPSE: Enquanto dirigia sozinha por uma estrada à
beira do deserto, a jovem Roxy dá de cara com um homem
gigantesco, que parece ser um troglodita. Ninguém dá atenção à história da garota, até que seu pai, mr. Miller, e seu namorado Tom decidem investigar. Ao avistarem uma enorme
pegada, na beira da estrada, o pai de Roxy resolve realizar
uma expedição solitária pelo deserto, a fim de fotografar a
bizarra criatura. Porém, ao encontrar o monstro, ele se fere
e acaba aprisionado em sua caverna. Preocupados com Miller, Roxy e Tom vão de carro para o deserto, mas a garota
também acaba prisioneira do gigante, que parece estar apaixonado por ela.

COMENTÁRIOS: Considerado um dos piores filmes de todos os tempos, esta produção ridícula defende bem a sua má
reputação, com uma história pífia e um galã que não convence nem a si próprio (e que, não por coincidência, é filho
do produtor e diretor).

AVALIAÇÃO: **

O décimo oitavo anjo

DIRETOR: William Bindley

PAÍS: Estados Unidos

COMPANHIA PRODUTORA: Rysher Entertainment

ANO DE PRODUÇÃO: 1997

DURAÇÃO: 95'

IDIOMA ORIGINAL: Inglês

PRODUÇÃO: William Hart, Douglas Curtis

ARGUMENTO: David Seltzer

ROTEIRO: David Seltzer

FOTOGRAFIA: Thomas E. Ackerman [cor]

MONTAGEM: William Hoy

MÚSICA: Starr Parodi, Jeff Eden Fair

ELENCO: Christopher McDonald, Rachael Leigh Cook, Stanley Tucci, Wendy Crewson, Maximiliam Schell, Cosimo Fusco, Venantino Venantini, Ted Rusoff, Federico Pacifici, John Crowther, Vanessa Crane, Linda Cerabolini, Orso Maria Guerrini, Linda Gucciardo, Fabrizio Vitale, Rossano Rubicondi, Barbara Berardi, Francesca de Sapio, Branislav Tesanovic, Enrica Maria Modugno, Ennio Coltorti, Stefano Viali, Urbano Barberini, Leonardo Treviglio, Jim McMullan, Chris Myers, Marino Mase, Francesca Fanti

GÊNERO: Horror satânico

SINOPSE: Após ter sido mandado para o Inferno, criado especialmente para ele, Satanás jura voltar para dominar a Terra, usando para isso demônios com ares angelicais (dentre os quais escolherá seu sucessor). Com base nesta profecia, alguns religiosos descontentes com a incompetência de Deus resolvem mudar de lado e fundam uma ordem para colaborar com os desígnios satânicos. Séculos depois, aproxima-se a hora marcada para o retorno do Diabo e – a fim de cumprir a profecia – o líder da ordem, o padre Simeon, financia as pesquisas genéticas do dr. Florian, um cientista louco que pretende criar seres humanos perfeitos. Com a finalidade de disfarçar seus 18 demônios em anjos, Simeon e seus seguidores matam crianças e jovens de beleza excepcional, retirando seus rostos para transplantá-los nos capetas. A jornalista Todd Stanton interessa-se pelas pesquisas e vai entrevistar Simeon, sem saber que sua filha Lucy é uma das beldades escolhidas pelo padre.

COMENTÁRIOS: Interessante filme de horror que consegue dar alguma vitalidade ao velho e surrado clichê do "herdeiro de Satã" (presença constante no cinema, pelo menos desde "Rosemary's baby"). Apesar da louvável intenção crítica, a mistura entre genética moderna e satanismo não é nada convincente (ficando bastante obscura a natureza do trabalho de Florian) e a narrativa carece de ritmo. Apesar destes senões – e do previsível final "aberto" – trata-se de uma produção bem cuidada, contando com belas locações na Itália e com a presença sempre marcante do veterano Maximilian Schell.

AVALIAÇÃO: ***

ELVIRA'S HAUNTED HILLS

As loucas aventuras de Elvira

DIRETOR: Sam Irvin

PAÍS: Estados Unidos

COMPANHIA PRODUTORA: The Elvira Movie Company

ANO DE PRODUÇÃO: 2002

DURAÇÃO: 90'

IDIOMA ORIGINAL: Inglês

PRODUÇÃO: Mark Pierson

ROTEIRO: Cassandra Peterson, John Paragon

FOTOGRAFIA: Viorel Sergovici [cor]

MONTAGEM: Stephen Myers

MÚSICA: Eric Allaman

ELENCO: Elvira [Cassandra Peterson], Richard O'Brien, Mary Scheer, Scott Atkinson, Mary Jo Smith, Heather Hopper, Gabriel Andronache, Jerry Jackson, Theodor Danetti, Lucia Maier, Constantin Cotimanis, Remus Cernat, Mark Pierson

GÊNERO: Comédia de horror

SINOPSE: Cárpatos, 1851: Elvira – uma cantora e dançarina burlesca – e sua criada Zou Zou estão percorrendo a região com destino a Paris. Em dificuldades financeiras, ela é expulsa de uma pensão e acaba aceitando carona na carruagem do dr. Bradley, um psiquiatra que está indo para o remoto castelo da família Hellsubus. Pernoitando no castelo, Elvira fica sabendo que o lugar é assombrado e que toda a família é vítima de uma velha maldição, que faz com que eles sejam forçados a viver como prisioneiros. Enquanto espera que Bradley a leve para outra cidade, Elvira fica conhecendo lorde Hellsubus, o dono do castelo, e descobre que ela é uma sósia perfeita da primeira esposa dele, Elura, que se suicidou há exatamente 10 anos.

COMENTÁRIOS: Claramente inspirado na série de Roger Corman com temas de Edgar Allan Poe, este filme não chega a ser engraçado, apoiando-se sobretudo na simpatia da personagem, quase desconhecida do público brasileiro (Elvira foi apresentadora de um programa de filmes de terror na TV norte-americana). Locações na Romênia.

AVALIAÇÃO: ***

EMBRYO

EMBRIÃO

DIRETOR: Ralph Nelson

PAÍS: Estados Unidos

COMPANHIA PRODUTORA: Sandy Howard Productions

ANO DE PRODUÇÃO: 1976

DURAÇÃO: 104'

IDIOMA ORIGINAL: Inglês

PRODUÇÃO: Arnold H. Orgolini, Anita Doohan

ARGUMENTO: Jack W. Thomas

ROTEIRO: Anita Doohan, Jack W. Thomas

FOTOGRAFIA: Fred J. Koenekamp [cor]

MONTAGEM: John A. Martinelli

MÚSICA: Gil Mellé

ELENCO: Rock Hudson, Diane Ladd, Anne Schedeen, John Elerick, Vincent Baggetta, Jack Colvin, Roddy McDowall, Barbara Carrera, Joyce Brothers, Dick Winslow, Ken Washington, Lina Raymond, Sharri Zak, Joyce Spitz, George Sawaya, Hank Robinson, Chuck Comisky

GÊNERO: Horror e ficção científica

SINOPSE: Paul é um bondoso cientista obcecado pela ideia de acelerar o crescimento de embriões, a fim de salvar bebês prematuros. Ao fazer experiências com uma cadela grávida, que ele atropelou acidentalmente, Paul consegue manter um de seus fetos vivo e, para seu pasmo, o cachorro cresce com espantosa rapidez. Percebendo o valor de sua descoberta, Paul decide realizar uma experiência com fetos humanos, utilizando uma mulher grávida que se suicidou. Sua experiência, que visava apenas avaliar as possibilidades da nova fórmula, obtém outro espantoso sucesso, já que o feto torna-se rapidamente uma mulher adulta, que ganha o nome de Victoria. Percebendo que pode ser condenado por suas experiências e temendo que Victoria torne-se uma cobaia para outros pesquisadores, Paul decide manter o caso em segredo, educando pessoalmente a moça – que é dotada de uma inteligência sobre-humana – e apresentando-a como sua nova assistente.

COMENTÁRIOS: Em seu período de decadência, o grande

astro Rock Hudson encara o papel de um cientista louco, em um filme que tem um fundamento interessante, mas uma história bastante mal desenvolvida.

AVALIAÇÃO: ***

THE FEARLESS VAMPIRE KILLERS

(Cf. Dance of the vampires)

FROZEN

(Cf. Sometimes they come back... for more)

GODZILLA RAIDS AGAIN

(Cf. Gojira no gyakushu)

GODZILLA VS. HEDORAH

(Cf. Gojira tai Hedora)

GODZILLA VS. MOTHRA

(Cf. Mosura tai Gojira)

GOJIRA

GODZILLA

DIRETOR: Ishiro Honda

PAÍS: Japão

COMPANHIA PRODUTORA: Toho

ANO DE PRODUÇÃO: 1954

DURAÇÃO: 96'

IDIOMA ORIGINAL: Japonês

PRODUÇÃO: Tomoyuki Tanaka

ARGUMENTO: Shigeru Kayama

ROTEIRO: Takeo Murata, Ishiro Honda

FOTOGRAFIA: Masao Tamai [p&b]

MONTAGEM: Taichin Taira

MÚSICA: Akira Ifukube

ELENCO: Akira Takarada, Momoko Kochi, Akihiko Hirata, Takashi Shimura, Fuyuki Murakami, Sachio Sakai,

Toranosuke Ogawa, Ren Yamamoto, Hiroshi Hayashi, Seijiro Onda, Tsuruko Mano, Takeo Oikawa, Toyoaki Suzuki, Kokuten Kodo, Tadashi Okabe, Kin Sugai, Ren Imaizumi, Junpei Natsuki, Katsumi Tezuka, Haruo Nakajima, Yasuhisa Tsutsumi, Jiro Suzuki, Saburo Iketani, Shizuko Azuma, Shizuko Higashi, Kiyoshi Kamata, Kenji Sahara, Keiji Sakakida, Tamae Sengo, Ryosaku Takasugi, Ishiro Honda

GÊNERO: Drama de horror e ficção científica

SINOPSE: Um misterioso acidente em alto mar provoca o desaparecimento de um grande pesqueiro e de todos os navios que partem para socorrê-lo. O pânico e a perplexidade tomam conta dos parentes das vítimas e das autoridades, até que se descobre que o causador dos desastres foi Gojira, um gigantesco monstro pré-histórico despertado pelos constantes testes nucleares no Pacífico. Para complicar a situação, Gojira ataca Tóquio, destruindo boa parte da cidade. Como todas as armas parecem insuficientes para combater o monstrengo, a única solução parece ser o novo invento secreto do dr. Serizawa. Porém, Serizawa hesita em ceder sua descoberta às autoridades, já que se trata de uma arma tão poderosa que pode até destruir o mundo.

COMENTÁRIOS: Filme de estreia de Godzilla, o mais célebre de todos os monstros gigantes que nunca existiram neste mundo. Ao contrário das versões norte-americanas e das inúmeras sequências – tanto japonesas quanto hollywoodianas – o primeiro "Godzilla" é um filme sério, realizado com o capricho típico do cinema japonês mais clássico (sendo, ainda hoje, o melhor de todos os exemplares da série).

AVALIAÇÃO: ***

GOJIRA NO GYAKUSHU / GODZILLA RAIDS AGAIN

DIRETOR: Motoyoshi Oda

PAÍS: Japão

COMPANHIA PRODUTORA: Toho

ANO DE PRODUÇÃO: 1955

DURAÇÃO: 82'

IDIOMA ORIGINAL: Japonês / inglês (dub)

PRODUÇÃO: Tomoyuki Tanaka

ARGUMENTO: Shigeru Kayama

ROTEIRO: Takeo Murata

FOTOGRAFIA: Seiichi Endo [p&b]

MONTAGEM: Kasuji Taira

MÚSICA: Masaru Sato

ELENCO: Hiroshi Koizumi, Setsuko Wakayama, Minoru

Chiaki, Takashi Shimura, Masao Shimizu, Seijiro Onda, So-
nosuke Sawamura, Yoshio Tsuchiya, Mayuri Mokusho, Minosuke Yamada, Yukio Kasama, Senkichi Omura, Ren Yamamoto, Shin Otomo, Takeo Oikawa, Shoichi Hirose, Junpei Natsuki, Katsumi Tezuka, Haruo Nakajima, Toku
Ihara, Jirô Kumagai, Hoshino Miyoko, Tadao Nakamaru,
Hideo Shibuya, Shigemi Sunagawa, Masaaki Tachibana,
Shin Yoshida

GÊNERO: Ficção científica e horror

SINOPSE: Em seu segundo filme, Godzilla volta a atacar e
destroi mais uma cidade japonesa, enquanto luta contra outro monstro pré-histórico ressuscitado pelas bombas nucleares.

COMENTÁRIOS: Sem o seu diretor original, Ishiro Honda,
Godzilla se torna um tanto enfadonho, em uma trama bastante parecida com a do filme anterior (e com a dos posteri-
ores também).

AVALIAÇÃO: **

GOJIRA TAI HEDORA / GODZILLA VS. HEDORAH

DIRETOR: Yoshimitsu Banno

PAÍS: Japão

COMPANHIA PRODUTORA: Toho

ANO DE PRODUÇÃO: 1971

DURAÇÃO: 86'

IDIOMA ORIGINAL: Inglês (dub)

ROTEIRO: Kaoru Mabuchi, Yoshimitsu Banno

FOTOGRAFIA: Yoichi Manoda [cor]

MONTAGEM: Yoshitami Kuroiwa

MÚSICA: Riichiro Manabe

ELENCO: Akira Yamauchi, Hiroyuki Kawase, Toshie Kimura, Keiko Mari, Toshio Shibamoto, Yoshio Yoshida, Kengo Nakayama, Haruo Nakajima, Haruo Suzuki, Yoshio Katsube, Tadashi Okabe, Yasuzo Ogawa, Wataru Omae

GÊNERO: Ficção científica ecológica

SINOPSE: A poluição descontrolada da baía de Tóquio gera um terrível monstro mutante, que expele enxofre e se alimenta dos resíduos que as fábricas despejam nas águas. O mundo parece estar entregue à fúria do monstro, até que Godzilla surge para defender o planeta e seus vizinhos humanos – que só ele tem o direito de destruir.

COMENTÁRIOS: Simpática tentativa de adaptar os tradicionais filmes de monstros às novas concepções da ecologia, bem mais amplas que a crítica ao uso da energia nuclear.

AVALIAÇÃO: ***

GORATH

(Cf. Yosei Gorasu)

GORILLA

(Cf. The ape)

GORILLA AT LARGE

A BESTA NEGRA

DIRETOR: Harmon Jones

PAÍS: Estados Unidos

COMPANHIA PRODUTORA: Panoramic Productions

ANO DE PRODUÇÃO: 1954

DURAÇÃO: 84'

IDIOMA ORIGINAL: Inglês

PRODUÇÃO: Robert L. Jacks

ROTEIRO: Leonard Praskins, Barney Slater

FOTOGRAFIA: Lloyd Ahern [cor]

MONTAGEM: George A. Gittens (supervisão: Paul Weatherwax)

MÚSICA: Lionel Newman

ELENCO: Cameron Mitchell, Anne Bancroft, Lee J. Cobb, Raymond Burr, Charlotte Austin, Peter Whitney, Lee Marvin, Warren Stevens, John G. Kellogg

GÊNERO: Drama de horror

SINOPSE: Joey é um estudante pobre e um tanto velhusco que trabalha em um parque de diversões, a fim de economizar dinheiro para o seu casamento. Sem fazer muito esforço, o rapaz cái nas graças da sensual Laverne, uma trapezista que é casada com Mitchell, o dono do mafuá. Laverne – que se apresenta voando sobre a jaula de um enorme gorila – quer que Joey faça parte do seu número, disfarçando-se como o animal. Porém, começam a ocorrer mortes no parque, atribuídas ao gorila, e Joey torna-se o principal suspeito.

COMENTÁRIOS: Reciclagem medíocre de "Os crimes da rua Morgue", com um ator vestindo uma ridícula fantasia de gorila.

AVALIAÇÃO: **

GOTHIC

GÓTICO

DIRETOR: Ken Russell

PAÍS: Inglaterra

COMPANHIA PRODUTORA: Virgin Vision

ANO DE PRODUÇÃO: 1986

DURAÇÃO: 87'

IDIOMA ORIGINAL: Inglês

PRODUÇÃO: Penny Corke

ROTEIRO: Stephen Volk

FOTOGRAFIA: Mike Southon [cor]

MONTAGEM: Michael Bradsell

MÚSICA: Thomas Dolby

ELENCO: Gabriel Byrne, Julian Sands, Natasha Richardson, Myriam Cyr, Timothy Spall, Alec Mango, Andreas Wisniewski, Dexter Fletcher, Pascal King, Tom Hickey, Linda Coggin, Kristine Landon-Smith, Chris Chappell, Mark Pickard, Kiran Shah, Christine Newby, Kim Tillesley

GÊNERO: Drama com elementos horroríficos

SINOPSE: O poeta Percy Shelley vai visitar seu amigo e mentor Lord Byron, que está em um refúgio campestre na companhia do escritor e médico italiano Polidori. Junto com ele vai sua mulher Mary e sua cunhada Claire, que está apaixonada por Byron. Durante uma noite tempestuosa, este bizarro quinteto se envolverá numa aterrorizante aventura metafísica, que terá profundas consequências para o futuro de suas vidas.

COMENTÁRIOS: Reconstituição ficcional do turbulento relacionamento entre os poetas Byron e Shelley, com o estilo bizarro típico do cinema de Ken Russell. Apesar do bom elenco e do refinamento estético do diretor, o filme não consegue estabelecer o clima adequado para as ações, o que afeta bastante o seu efeito sobre o espectador (já que tudo se passa em um plano metafísico, com poucas ações concretas).

AVALIAÇÃO: ***

GRAVE ENCOUNTERS

FENÔMENOS PARANORMAIS

DIRETOR: "The Vicious Brothers" [Colin Minihan, Stuart Ortiz]

PAÍS: Canadá

COMPANHIA PRODUTORA: Digital Interference / Twin Engine Films

ANO DE PRODUÇÃO: 2010

DURAÇÃO: 92'

IDIOMA ORIGINAL: Inglês

PRODUÇÃO: Shawn Angelski

ARGUMENTO: "The Vicious Brothers" [Colin Minihan, Stuart Ortiz]

ROTEIRO: "The Vicious Brothers" [Colin Minihan, Stuart Ortiz]

FOTOGRAFIA: Tony Mirza [p&b]

MONTAGEM: "The Vicious Brothers" [Colin Minihan, Stuart Ortiz]

MÚSICA: Quynne Craddock

ELENCO: Sean Rogerson, Ashleigh Gryzko, Merwin Mondesir, Mackenzie Gray, Juan Riedinger, Ben Wilkinson, Shawn MacDonald, Arthur Corber, Bob Rathie, Fred Keating, Max Train, Marita Eason, Luis Javier, Eva Gifford, Michele Cummins, Alex Timmer, Josh Holmes, Ryan Da Silva, Cliff Rogers, Matt Diamond, Jon Malmberg, Warren Cwele, Blair Brownlee, Greg Stubbard, Robert Wellman, Gisli Johanneson, Brenda Anderson, Kate Roumieu, Jaquelin Wood, Kristina Brown, Dana Keller, John Sampson, Michael Mahoney

GÊNERO: Horror

SINOPSE: Os produtores de uma série sobre fenômenos paranormais vão realizar seu mais novo episódio em um asilo para alienados, que está abandonado há várias décadas e que tem fama de ser assombrado. Com muitas câmeras e equipamentos sofisticados, a equipe de pesquisadores – formada por cinco pessoas – se dispõe a ficar trancada no prédio durante 8 horas, a fim de realizar testes e gravações. O trabalho tem início e tudo parece estar tranquilo até demais, quando subitamente ocorrem alguns fenômenos inexplicáveis. Apavorados – já que o programa é a mais pura charlatanice, a equipe resolve recolher seus equipamentos e aguardar a chegada do zelador do prédio, que virá libertá-los ao amanhecer. Porém, um dos cinegrafistas desaparece e o zelador não aparece na hora combinada. Desesperados, os pesquisadores tentam sair do prédio, mas não conseguem encontrar a porta, além de perceberem que as horas passam e o dia não amanhece.

COMENTÁRIOS: Mais um filho bastardo de "A bruxa de Blair", cujo estilo – que imita o trabalho dos cinegrafistas amadores – transformou-se em um verdadeiro subgênero do cinema de horror. Bastante pobre, esta produção não consegue fugir dos mais rasteiros clichês do *found footage*, com personagens que passam boa parte do tempo gritando e correndo a esmo.

AVALIAÇÃO: ***

THE GREEN SLIME

O LODO VERDE

DIRETOR: Kinji Fukasaku

PAÍS: Estados Unidos / Japão

COMPANHIA PRODUTORA: Ram Films / Toei Company

ANO DE PRODUÇÃO: 1968

DURAÇÃO: 90'

IDIOMA ORIGINAL: Inglês

PRODUÇÃO: Ivan Reiner, Walter Manley

ARGUMENTO: Ivan Reiner

ROTEIRO: Charles Sinclair, William Finger, Tom Rowe

FOTOGRAFIA: Yoshikazu Yamasawa [cor]

MONTAGEM: Osamu Tanaka

MÚSICA: Charles Fox, Toshiaki Tsushima

ELENCO: Robert Horton, Luciana Paluzzi, Richard Jaeckel, Bud Widom, Ted Gunther, David Yorston, Robert Dunham, Gary Randolf, Jack Morris, Eugene Vince, Don Plante, Linda Hardisty, Richard Hylland, Kathy Horan, Ann Ault, Susan Skersick, Helen Kirkpatrick, Carl Bengs, Linda Miller, Strong Ilimaiti, Enver Altenbay, Tom Scott,

Patricia Elliott

GÊNERO: Ficção científica

SINOPSE: Uma estação espacial detecta um enorme aste-roide que está prestes a colidir com a Terra. As autoridades decidem explodir o tal asteroide e, para isso, enviam o co-mandante Jack Rankin para a estação, a fim de comandar os trabalhos. A operação é um sucesso, mas os astronautas voltam para a estação trazendo um hóspede indesejado: uma espécie de lodo consciente que logo cresce e se trans-forma em um monstro devorador de energia e matador de seres humanos. Enquanto o problema vai adquirindo pro-porções catastróficas, Jack se entretém com sua velha picu-inha com o comandante da estação, Vince Elliott, que já foi seu amigo e que agora namora a mulher que ele ama.

COMENTÁRIOS: Filmada no Japão, esta produção ram-peiríssima conta com efeitos especiais nipônicos e canastrões norte-americanos (todos de baixa qualidade).

AVALIAÇÃO: **

THE GREENSKEEPER

Campo sangrento

DIRETOR: Kevin Greene, Adam Johnson, Tripp Norton

PAÍS: Estados Unidos

COMPANHIA PRODUTORA: Ghostman on 3RD

ANO DE PRODUÇÃO: 2002

DURAÇÃO: 81'

IDIOMA ORIGINAL: Inglês

PRODUÇÃO: Kevin Greene, Adam Johnson, Tripp Norton

ARGUMENTO: Kevin Greene

ROTEIRO: Kevin Greene, Alex Wier

FOTOGRAFIA: Matt MacCarthy [cor]

MONTAGEM: Tripp Norton

MÚSICA: Kip Winger

ELENCO: Allelon Ruggiero [Allelelon Ruggerio], Ron Lester, Christi Taylor, Thomas Merdis, Steve Rickman, John Rocker, Bruce Taylor, Melissa Ponzio, Jamie Renell, Allison Kulp, Michael Short, Patrick Donovan, Stephanie Bingham, John Judy, Kevin Greene, Alfea Thomas, Grace Baine, Adriana Jimenez, Larry Wachs, Carrie Ford, Adam Johnson, Elizabeth Couples, Eric Von Hessler, Tim Rhodes, Bethany Crouch, William D. Johnson, Alex Wier, Tim Frasier

GÊNERO: Comédia de terror

SINOPSE: Allen é um pé de chinelo que pretende se tornar

um roteirista de cinema, para escrever histórias como a desse filme. Como seu sonho está muito longe de tornar-se realidade, ele tem que trabalhar como um simples zelador em um clube de golfe pertencente a seu padrasto, que ele odeia. Enquanto vive a crise causada pela distância entre as suas aspirações e a sua condição, Allen passa a ser atormentado por constantes pesadelos, nos quais se vê às voltas com um misterioso assassino vestido como um zelador do clube que, segundo uma lenda, assombra o local. No dia do aniversário de Allen, sua namorada o convence a deixar que seus amigos façam uma festa no clube, entrando clandestinamente depois do final do expediente. Com a presença dos jovens, surge o zelador diabólico, que dá início a uma grande chacina.

COMENTÁRIOS: Produção paupérrima, não apenas em dinheiro, mas principalmente em criatividade e imaginação. Essa tosca tentativa de parodiar clássicos do *slasher* como "Sexta-Feira 13" derrapa feio na absoluta falta de graça, na nulidade do roteiro e na precariedade dos efeitos especiais.

AVALIAÇÃO: *

GREMLINS 2 – THE NEW BATCH

GREMLINS 2 – A NOVA GERAÇÃO

DIRETOR: Joe Dante

PAÍS: Estados Unidos

COMPANHIA PRODUTORA: Warner Bros. / Amblin Entertainment

ANO DE PRODUÇÃO: 1990

DURAÇÃO: 106'

IDIOMA ORIGINAL: Inglês

PRODUÇÃO: Michael Finnell, Rick Baker

ROTEIRO: Charlie Haas

FOTOGRAFIA: John Hora [cor]

MONTAGEM: Kent Beyda

MÚSICA: Jerry Goldsmith

ELENCO: Zach Galligan, Phoebe Cates, John Glover, Robert Prosky, Robert Picardo, Christopher Lee, Haviland Morris, Dick Miller, Jackie Joseph, Gedde Watanabe, Keye Luke, Howie Mandel (voz), Tony Randall (voz), Kathleen Freeman, Don Stanton, Dan Stanton, Shawn Nelson, Archie Hahn, Leslie Neale, Ron Fassler, Time Winters, Heather Haaser, Jason Presson, Lisa Mende, Patrika Darbo, Jerry Goldsmith, Rick Ducommun, John Capodice, Belinda Balaski, Nicky Rose, Paul Bartel, Kenneth Tobey, Heidi Kemp, Eric Shawn, Michael Salort, Frank P. Ryan, Diane Sainte-Marie, Kristi Witker, Sarah Lilly, Vladimir Bibic, Page Hannah, Liz Pryor, Raymond Cruz, Julia Sweeney,

Jeff Swanson, Charlie Haas, Dale Swann, Gray Daniels, Stephanie Menuez, Jacque Lynn Colton, May Quigley, Anthony Winters, Isiah Whitlock Jr., Dean Norris, Saachiko, John Hastin, Henry Gibson, Leonard Maltin, Hulk Hogan, Dick Butkus, Bubba Smith

GÊNERO: Fantasia com elementos de humor negro

SINOPSE: Agora adultos, Billy e Kate – os protagonistas do primeiro filme – estão morando juntos em Nova York, trabalhando nas empresas do megamagnata Daniel Clamp. Tudo vai correndo tranquilamente para eles, até que o velho chinês morre e o pequeno Gizmo é obrigado a sair para o mundo. Mas a pequena – e potencialmente perigosa – criaturinha acaba sendo capturada por um dos assistentes do dr. Cateter, cientista especializado em experiências genéticas – e que tem o seu laboratório no mesmo prédio das empresas Clamp. Por sorte, Billy descobre a presença do Gizmo e consegue libertá-lo antes que ele vire cobaia das experiências de Cateter. Porém, ele é obrigado a deixar o Gizmo no escritório e pede a Kate que vá pegá-lo no fim do expediente. Como a sorte não dura para sempre, a criaturinha é molhada e logo começa a expelir os terríveis monstrinhos do filme original, que se alimentam e se reproduzem em larga escala, tomando de assalto o prédio.

COMENTÁRIOS: Bem-sucedida continuação de um

grande sucesso da produtora de Steven Spielberg. Todo o encanto do filme assenta-se nas adoráveis figuras dos monstrinhos, com aquela "maldade simpática" que caracteriza o estilo das produções "para toda a família". Numa temática tão restrita, é impossível evitar repetições, mas o filme consegue evitar a sensação de dejà vu, através de uma grande abundância de novos efeitos especiais.

AVALIAÇÃO: ***

THE GRUDGE

O GRITO

DIRETOR: Takashi Shimizu

PAÍS: Estados Unidos

COMPANHIA PRODUTORA: Ghost House Pictures

ANO DE PRODUÇÃO: 2004

DURAÇÃO: 92'

IDIOMA ORIGINAL: Inglês

PRODUÇÃO: Sam Raimi, Rob Tapert, Taka Ichise (coprodutores: Michael Kirk, Aubrey Henderson, Shintaro Shimosawa)

ARGUMENTO: Takashi Shimizu

ROTEIRO: Stephen Susco

FOTOGRAFIA: Hideo Yamamoto [cor]

MONTAGEM: Jeff Betancourt

MÚSICA: Christopher Young

ELENCO: Sarah Michelle Gellar, Jason Behr, KaDee Strickland, Grace Zabriskie, Rosa Blasi, Ryo Ishibashi, William Mapother, Ted Raimi, Yoko Maki, Takako Fuji, Clea DuVall, Bill Pullman, Yuya Ozeki, Takashi Matsuyama, Hiroshi Matsunaga, Hajime Okayama, Yoshiyuki Morishita, Kazuyuki Tsumura, Taigi Kobayashi, Junko Koizumi, Nana Koizumi, Yoichi Okamura, Eiji Oki, Katsuhiro Oyama

GÊNERO: Horror de assombração

SINOPSE: Karen, uma jovem norte-americana que está vivendo no Japão, está sem nada para fazer e resolve prestar serviço voluntário, cuidando de doentes e idosos solitários em suas próprias casas. Porém, a boa samaritana vai parar em uma casa amaldiçoada por um crime bárbaro, passando a ser atormentada por espíritos malignos.

COMENTÁRIOS: Versão norte-americana de um filme do mesmo diretor, realizado em 2002. Ambas as versões — a japonesa e a americana — tiveram continuações também dirigidas por Shimizu. O grande destaque deste filme são os impressionantes efeitos visuais.

AVALIAÇÃO: ***

SILK — O PRIMEIRO ESPÍRITO CAPTURADO

DIRETOR: Chao-Pin Su

PAÍS: Taiwan

COMPANHIA PRODUTORA: Unit 9 Pictures

ANO DE PRODUÇÃO: 2006

DURAÇÃO: 105'

IDIOMA ORIGINAL: Mandarim

PRODUÇÃO: Ming Tu

ARGUMENTO: Chao-Pin Su

ROTEIRO: Chao-Pin Su

FOTOGRAFIA: Arthur Wong Ngok Tai [cor]

MONTAGEM: Kai-Fai Cheung

MÚSICA: Peter Kam

ELENCO: Chen Chang, Yosuke Eguchi, Karena Lam, Barbie Hsu, Chun-Ning Chang, Po-Lin Chen, Wan Fang, Kuan-Po Chen, Chih-Chin Ma, Leon Dai, Kevin S. Smith, Tsukayama Masane, Masiba Kouhei, Teddy Chan, Chiao-Ju Hsu,

Wen-Ping Juan, Tung-Lin Shih, Peng-Feng Wu, Chien-Wei Huang, Ting-Ni Ma, Yuan-Liang An, Hao-Chin Peng, Ching-Ting Hsia, Chun-Hao Tuan, Arthur Wong, Chi-Tu Wang, Ching-Ke Pan, Anko, Wen-Chieh Huang, Chun-Yuan Weng, Chien-Ting Wu, Po-Tsun Lin, Hsin-Hung Wang, Han-Ying Yu, Chun-Pin Weng, Keng-Lin Tsai, Ta-Yu Lin, Po-An Su, Yao-Ming Chen, Pen-Pang Ha, Keng-Cheng Li, Chen-Hui Chi, Cheng-Yu Yeh Hsieh

GÊNERO: Drama de horror e ficção científica

SINOPSE: Cientista japonês trabalhando em Taiwan desenvolve uma esponja capaz de barrar a gravidade. Porém, a esponja tem uma outra aplicação bem mais bizarra, já que torna os seres humanos capazes de verem fantasmas. Assim, o cientista captura o fantasma de um menino e tenta descobrir – com a ajuda de um policial problemático – o que fez com que ele chegasse a essa condição.

COMENTÁRIOS: Mais uma interessante abordagem oriental da questão dos fantasmas.

AVALIAÇÃO: ***

GURU, THE MAD MONK

DIRETOR: Andy Milligan
PAÍS: Estados Unidos

COMPANHIA PRODUTORA: Maipix

ANO DE PRODUÇÃO: 1970

DURAÇÃO: 62'/56'

IDIOMA ORIGINAL: Inglês

PRODUÇÃO: M. A. Isaacs

ARGUMENTO: M. A. Izak [M. A. Isaacs]

ROTEIRO: Andy Milligan

FOTOGRAFIA: A. Milligan [Andy Milligan] [cor]

MONTAGEM: Gerald Jackson [Andy Milligan]

MÚSICA: "diversos"

ELENCO: Neil Flanagan, Jaqueline Webb, Judith Israel, Jack Spencer, Frank Echols, Jeremy Brooks, Paul Lieber, Julia Wills, Ron Keith, Myschka, Irving Metzman, Jeffrey Isaacs, Roy Gordon, Stanley Herbert, Billy Hoffman, Tom Mullaney, Joseph Pichette

GÊNERO: Horror

SINOPSE: Em uma Idade Média altamente duvidosa, um padre sádico comanda com mão de ferro uma igreja isolada, utilizando seu poder para saquear os fiéis e para satisfazer sua sede de sangue e sofrimento (ambos alheios).

COMENTÁRIOS: O destaque desta tresloucada produção – que mais parece uma comédia feita por amadores pouco competentes – são os figurinos, que parecem sobras de algum desfile das escolas de samba norte-americanas.

AVALIAÇÃO: *

GWAI WIK

(Cf. Re-Cycle)

HEMOGLOBIN

(Cf. Bleeders)

HORROR HOUSE / HOUSE III / THE HORROR SHOW

O INFERNO DA CASA DO ESPANTO ESTÁ DE VOLTA

DIRETOR: James Isaac (+ David Blyth)

PAÍS: Estados Unidos

COMPANHIA PRODUTORA: United Artists Pictures

ANO DE PRODUÇÃO: 1989

DURAÇÃO: 95'

IDIOMA ORIGINAL: Inglês

PRODUÇÃO: Sean S. Cunningham

ROTEIRO: Alan Smithee [Allyn Warner], Leslie Bohem

FOTOGRAFIA: Mac Ahlberg [cor]

MONTAGEM: Edward Anton

MÚSICA: Harry Manfredini

ELENCO: Lance Henriksen, Brion James, Rita Taggart, Dedee Pfeiffer, Aron Eisenberg, Thom Bray, Matt Clark, David Oliver, Terry Alexander, Lewis Arquette, Armand Asselin, Robert V. Barron, Bobby Collins, Meshell Dillon, Greg Finley, Stephen A. Henry, Zane Levitt, Larry McCormick, Jack McGee, Alvy Moore, Oliver Muirhead, John Sistrunk, Lawrence Tierney, Greg Kean Williams

GÊNERO: Horror

SINOPSE: Lucas McCarthy é um policial competente e um dedicado pai de família. Porém, a perseguição e captura do sanguinário *serial killer* Max Jenke deixa seus nervos em frangalhos, obrigando-o a se licenciar. Para tranquilizar-se, Lucas assiste à execução de Jenke na cadeira elétrica, mas — antes de morrer — o criminoso jura vingar-se dele. Pela ação de alguma força sobrenatural, o fantasma de Jenke transforma-se em energia pura e vai esconder-se na casa de Lucas, disposto a destruí-lo. Este, que achava já estar recuperado, começa a presenciar as manifestações do fantasma de Jenke, que ele julga serem alucinações.

COMENTÁRIOS: Terceira parte da série *House*, iniciada em 1985, com uma completa mudança de cenário e de personagens. Trata-se de mais uma versão do surrado clichê do criminoso implacável, indestrutível e imortal, autêntica encarnação do mal em estado puro (tais filmes são sempre maniqueístas). A confusão entre realidade e fantasia transforma o roteiro num autêntico saco de gatos, sem qualquer preocupação com a lógica e com a paciência do espectador.

AVALIAÇÃO: **

HORROR OF THE ZOMBIES

(Cf. El buque maldito)

THE HORROR SHOW

(Cf. Horror house)

HOSTEL

O ALBERGUE

DIRETOR: Eli Roth

PAÍS: Estados Unidos

COMPANHIA PRODUTORA: Next Entertainment / Raw Nerve

ANO DE PRODUÇÃO: 2005

DURAÇÃO: 94'

IDIOMA ORIGINAL: Inglês

PRODUÇÃO: Mike Fleiss, Eli Roth, Chris Briggs (coprodutores: Daniel Frisch, Philip Waley)

ARGUMENTO: Eli Roth

ROTEIRO: Eli Roth

FOTOGRAFIA: Milan Chadima [cor]

MONTAGEM: George Folsey Jr.

MÚSICA: Nathan Barr

ELENCO: Jay Hernandez, Derek Richardson, Eythor Gudjonsson, Jan Vlasák, Barbara Nedeljakova, Jana Kaderabkova, Jennifer Lim, Rick Hoffman, Keiko Seiko, Lubomir Bukovy, Jana Havlickova, Petr Janis, Takashi Miike, Zigo Patrik, Milda Jedi Havlas, Martin Kubacak, Miroslav Taborsky, Paula Wild, Vladimir Silhavecky, Barbora Oboznenkova, Daniel Frisch, Radomil Uhlir, Jan Spanbauer, Mirek Navratil, Vanessa Jungova, Katerina Vomelova, Lubos Vinicky, Petr Sedlacek, Drahoslav Herzan, Daniela Bakerova, Martina Kralickova, Ota Filip, Jakub Habarta, Philip

Waley, Mark Taylor, Nick Roe, Roman Janecka, Natali To-
thova, Petra Kubesova, Lord David Baxa, Gabriel Roth,
Miroslav Hanus, Christopher Allen Nelson, Josef Bradna,
Zina Blahusova, Katerina Cervenkova, Veronika Petrova,
Kristina Kosunova, Karel Hrosek, Mugi Lhagvadorj, Jana
Semradova, Hana Dibelkova, Alena Chrastinova, Klara
Smetanova, Petra Slavikova, Katerina Henesova, Hana
Vitvarova, Mark Bakunas

GÊNERO: Comédia de terror escatológico

SINOPSE: Dois rapazes norte-americanos percorrem a Europa em busca de mulheres e diversão (ambas baratas), juntamente com um amigo finlandês. Seguindo uma dica, o trio
vai hospedar-se em um albergue numa pequena cidade da
Eslováquia, onde as garotas são tão lindas quanto fáceis. Porém, o que eles ignoram é que a cidade é uma armadilha, já
que uma quadrilha local atrai jovens turistas para oferecê-
los como diversão a tarados internacionais, que pagam for-
tunas para poder desfrutar da experiência de torturar e matar com total liberdade.

COMENTÁRIOS: Já passou longe a época em que a Europa era um continente hospitaleiro, onde turistas das mais
diversas pocilgas podiam gastar muito dinheiro para conhecer de perto as maiores criações da eternamente moribunda
cultura ocidental. Transformada em uma comunidade fechada e excludente, a Europa do século 21 mostra a sua face

inamistosa, dando aos turistas estrangeiros um tratamento nada afetuoso. Eis aí o fundamento de *Hostel*, verdadeira metáfora de uma nova era de crueldade e egoísmo. Infelizmente, o filme acaba sendo fragilizado pela mistura de estilos: os primeiros três quintos têm cara de pornochanchada para adolescentes, a quarta parte é um interessante terror na linha sádico-escatológica da série *Guinea pig* e o quinto final é uma aventura bastante cheia de exageros. Um dos produtores executivos é Quentin Tarantino.

AVALIAÇÃO: ***

HOSTILE INTENT

Intenção hostil

DIRETOR: Jonathan Heap

PAÍS: Canadá

COMPANHIA PRODUTORA: Le Monde Entertainment / Chesler-Perlmutter Productions

ANO DE PRODUÇÃO: 1997

DURAÇÃO: 90'

IDIOMA ORIGINAL: Inglês

PRODUÇÃO: Julian Grant (executivos: Lewis B. Chesler, David M. Perlmutter)

ARGUMENTO: Manny Coto

ROTEIRO: Manny Coto

FOTOGRAFIA: Gerald R. Goozee [cor]

MONTAGEM: Paul Day

MÚSICA: Christophe Beck

ELENCO: Rob Lowe, Sofia Shinas, Ronn Sarosiak, Rino Romano, Louis Del Grande, James Kidnie, Christopher Kennedy, Marlon Brand, Patrick Chilvers, Jody Racicot, Simon Reynolds, Gerry Quigley, Damir Andrei, Sean Sullivan, Chris Adams, Saul Rubinek, John Savage, Kevin Rushton, Randy Butcher, Jonathan Potts

GÊNERO: Drama de ação e horror

SINOPSE: Duas microempresas de informática, pertencentes a ex-sócios, alimentam uma rivalidade que é periodicamente extravasada em partidas de paintball (jogo de guerra com armas que disparam balas de tinta) entre os seus funcionários. Após concluir o desenvolvimento de um software de proteção à prova de hackers – o Guardian – Cleary, o dono de uma das empresas, resolve comemorar organizando um super jogo e levando todos os participantes para uma floresta verdadeira. Os dois grupos partem para uma região remota e iniciam o jogo. Porém, os jogadores logo começam a ser assassinados de verdade, sem que seja possível saber quem é o responsável pela matança.

COMENTÁRIOS: Esse filme leva ao extremo a habitual paranoia norte-americana em relação aos métodos das suas instituições governamentais (talvez, por isso mesmo, seja uma produção canadense). Porém, o que poderia ser uma interessante crítica aos princípios éticos e às prioridades dos governos se perde pelos excessos, restando apenas uma sangrenta e medíocre aventura de mercenários.

AVALIAÇÃO: *

HOUSE III

(Cf. Horror house)

HOUSE IV

HOUSE IV / A CASA DO ESPANTO IV

DIRETOR: Lewis Abernathy

PAÍS: Estados Unidos

COMPANHIA PRODUTORA: Sean S. Cunningham Films

ANO DE PRODUÇÃO: 1991

DURAÇÃO: 94'

IDIOMA ORIGINAL: Inglês

PRODUÇÃO: Sean S. Cunningham

ROTEIRO: Geof Miller, Deirdre Higgins

FOTOGRAFIA: James Mathers [cor]

MONTAGEM: Seth Gaven

MÚSICA: Harry Manfredini

ELENCO: Terri Treas, Scott Burkholder, Denny Dillon, Melissa Clayton, Dabbs Greer, Ned Romero, Ned Bellamy, John Santucci, Mark Gash, Paul Keith, William Katt, Annie O'Donnel, Judith Jordan, Kevin Goetz, Steve Vinovich, Carolyn Mignini, Rebecca Rocheford

GÊNERO: Horror

SINOPSE: Apesar das pressões de seu irmão adotivo Burke, Roger Cobb insiste em não vender a velha casa de sua família, já que seu pai se comprometera a preservar o imóvel (construído num terreno sagrado dos índios). Porém, Burke deseja a casa de qualquer modo, já que pretende utilizar o terreno – cheio de cavernas subterrâneas – para estocar o lixo tóxico das indústrias de um milionário corrupto. Vendo que não conseguirá seu intento por bem, Burke providencia um atentado, no qual Roger morre e sua filha Laurel fica paralítica. Porém, a fim de respeitar os desejos de seu marido, Kelly Cobb decide não vender a casa e ainda vai morar nela com sua filha.

COMENTÁRIOS: Terceira – e última – sequência de "House" (Steve Miner, 1986), filme de horror que fez bastante sucesso. Porém, esta quarta parte confirma a perda de rumo da série, que enveredou para uma mistura de comédia e melodrama medíocre e sem imaginação. Trata-se do velho tema da casa mal-assombrada, que raras vezes esteve tão velho quanto neste caso. Cheio de absurdos, o enredo tem mais furos que meia de mendigo, evidenciando a sua total falta de seriedade.

AVALIAÇÃO: **

A MANSÃO DE DRÁCULA

DIRETOR: Erle C. Kenton

PAÍS: Estados Unidos

COMPANHIA PRODUTORA: Universal Pictures

ANO DE PRODUÇÃO: 1945

DURAÇÃO: 67'

IDIOMA ORIGINAL: Inglês

PRODUÇÃO: Paul Malvern

ARGUMENTO: Edward T. Lowe

ROTEIRO: Edward T. Lowe

FOTOGRAFIA: George Robinson [p&b]

MONTAGEM: Russell Schoengarth

MÚSICA: Edgar Fairchild

ELENCO: Lon Chaney [Lon Chaney Jr.], John Carradine, Martha O'Driscoll, Lionel Atwill, Onslow Stevens, Jane Adams, Ludwig Stossel, Glenn Strange, Skelton Knaggs

GÊNERO: Horror

SINOPSE: Famoso médico e cientista recebe um paciente bastante inusitado: o conde Drácula, que deseja curar-se do seu vampirismo (neste caso, deveria ter ido a um dentista). Ao mesmo tempo, chega ao consultório ninguém menos que o Lobisomem, também em busca de cura alopática para a sua maldição. Com a descoberta do monstro de Frankenstein, bem no porão de seu castelo, o médico consolida a sua clientela de aberrações, que nenhum plano de saúde teria a coragem de explorar.

COMENTÁRIOS: Caça-níqueis da Universal, que mais tarde "venderia" seus personagens para a Hammer, que daria a todos eles uma "nova vida".

AVALIAÇÃO: **

HOUSE OF FRANKENSTEIN

A MANSÃO DE FRANKENSTEIN

DIRETOR: Erle C. Kenton

PAÍS: Estados Unidos

COMPANHIA PRODUTORA: Universal Pictures

ANO DE PRODUÇÃO: 1944

DURAÇÃO: 71'

IDIOMA ORIGINAL: Inglês

PRODUÇÃO: Paul Malvern

ARGUMENTO: Curt Siodmak

ROTEIRO: Edward T. Lowe

FOTOGRAFIA: George Robinson [p&b]

MONTAGEM: Philip Cahn

MÚSICA: H. J. Salter

ELENCO: Boris Karloff, Lon Chaney [Lon Chaney Jr.], John Carradine, Anne Gwynne, Peter Coe, Lionel Atwill, George Zucco, Elena Verdugo, J. Carrol Naish, Sig Ruman, William Edmunds, Charles Miller, Philip Van Zandt, Julius Tannen, Hans Herbert, Dick Dickinson, George Lynn, Michael Mark, Olaf Hytten, Frank Reicher, Brandon Hurst, Glenn Strange

GÊNERO: Horror

SINOPSE: Cientista louco – discípulo do dr. Frankenstein – foge da prisão em busca de duas coisas: vingança contra seus inimigos e um laboratório para fazer suas experiências macabras. Para ambas, ele consegue a ajuda de ninguém menos que o próprio conde Drácula, que estava com saudade de fazer algumas maldades.

COMENTÁRIOS: Mais um exemplar da época da decadência dos grandes monstros da Universal, antes de sua reabilitação pelo cinema britânico.

AVALIAÇÃO: **

THE HOUSE OF SEVEN CORPSES

A CASA DOS SETE MORTOS

DIRETOR: Paul Harrison

PAÍS: Estados Unidos

COMPANHIA PRODUTORA: Television Corporation of America

ANO DE PRODUÇÃO: 1973

DURAÇÃO: 90'

IDIOMA ORIGINAL: Inglês

PRODUÇÃO: Paul Lewis, Paul Harrison

ARGUMENTO: Paul Harrison, Thomas J. Kelly

ROTEIRO: Paul Harrison, Thomas J. Kelly

FOTOGRAFIA: Don Jones [cor]

MONTAGEM: Peter Parasheles

MÚSICA: Bob Emenegger (supervisão: "Synchrofilm Inc.")

ELENCO: John Ireland, Faith Domergue, John Carradine, Carole Wells, Jerry Strickler, Charles Macaulay, Ron Foreman, Larry Record, Marty Hornstein, Charles Bail, Lucy Doheny, Jo Anne Mower, Ron Garcia, Jeff Alexander, Wells Bond

GÊNERO: Horror com elementos metalinguísticos

SINOPSE: Eric Hartman, veterano diretor de filmes de terror, decide realizar a sua mais nova produção em uma velha casa de campo, cenário real de uma série de mortes bizarras. Tudo transcorre bem durante as filmagens, até que o gato de estimação da estrela do filme, Gayle Dorian, é barbaramente assassinado, o que pode ser obra do soturno caseiro. Gayle pensa em desistir do filme, mas Eric a força a continuar, já que ele também é o produtor e as filmagens se encerrarão no dia seguinte. Porém, durante uma cena de ritual satânico, Gayle utiliza um grimório real, que estava dando sopa por ali, e acaba invocando as forças demoníacas que assombram a propriedade.

COMENTÁRIOS: Terror B de zumbis sem maior importância, cujo único mérito é reunir em seu elenco alguns bons
veteranos. Infelizmente, o filme gasta mais tempo com pequenas intrigas do que com as cenas de horror.

AVALIAÇÃO: **

HOUSE OF THE DEAD

House of the dead – O filme

DIRETOR: Uwe Boll

PAÍS: Alemanha / Estados Unidos / Canadá

COMPANHIA PRODUTORA: Boll KG Production / Min-
dfire Entertainment / Brightlight Pictures / Herold & Besser
Studios

ANO DE PRODUÇÃO: 2003

DURAÇÃO: 86'

IDIOMA ORIGINAL: Inglês

PRODUÇÃO: Uwe Boll, Wolfgang Herold, Shawn Williamson

ARGUMENTO: Mark Altman, Dan Bates

ROTEIRO: Dave Parker, Mark Altman

FOTOGRAFIA: Mathias Neumann [cor]

MONTAGEM: David Richardson

MÚSICA: Reinhard Besser, Peter Ries

ELENCO: Jonathan Cherry, Tyron Leitso, Clint Howard, Ona Grauer, Ellie Cornell, Will Sanderson, Enuka Okuma, Kira Clavell, Sonja Salomaa, Michael Eklund, David Palffy, Jürgen Prochnow, Steve Byers, Erica Parker, Birgit Stein, Jay Brazeau, Adam Harrington, Colin Lawrence, Ben Derrick, Elisabeth Rosen, Bif Naked, Penny Phang, Kris Pope, Mashiah Vaughn-Hulburt

GÊNERO: Horror para adolescentes

SINOPSE: Grupo de jovens riquinhos desembarca em uma ilha deserta, na qual está sendo promovida uma super rave, festa dançante movida a bebidas liberadas e a drogas sintéticas. Porém, ao chegarem lá, eles encontram o local da festa completamente abandonado. Para sua lástima, eles logo descobrem o motivo do estranho fato: é que a ilha está tomada por zumbis assassinos, que deram cabo de quase todos os outros convidados.

COMENTÁRIOS: Esta medíocre versão cinematográfica de um conhecido videogame não tem propriamente um enredo, limitando-se às tradicionais cenas de ataques de zumbis e a um festival de tiros e explosões (imitando o estilo do jogo).

AVALIAÇÃO: *

A CASA DO DIABO

DIRETOR: Ti West

PAÍS: Estados Unidos

COMPANHIA PRODUTORA: Glass Eye Pix

ANO DE PRODUÇÃO: 2008

DURAÇÃO: 95'

IDIOMA ORIGINAL: Inglês

PRODUÇÃO: Josh Braun, Roger Kass, Larry Fessenden, Peter Phok (coprodutor: Derek Curl)

ARGUMENTO: Ti West

ROTEIRO: Ti West

FOTOGRAFIA: Eliot Rockett [cor]

MONTAGEM: Ti West

MÚSICA: Jeff Grace

ELENCO: Jocelin Donahue, Tom Noonan, Mary Wonorov, Greta Gerwig, Dee Wallace, AJ Bowen, Heather Robb, Brenda Cooney, Darryl Nau, Mary McCann, John Speredakos, Danielle Noe, Lena Dunham (voz), Graham Reznick (voz), Kamen Velkovsky, William M. Bradley

GÊNERO: Horror satânico

SINOPSE: Samantha divide um quarto com uma colega problemática e está doida para se mudar. Ela finalmente encontra uma casa para alugar, mas seu orçamento está curto e ela precisa urgentemente de dinheiro para pagar o sinal. A sorte parece lhe sorrir quando ela encontra um anúncio procurando uma babá. Porém, ao chegar à casa de seu cliente, o velho sr. Ulman, ela descobre que, na verdade, terá de cuidar de uma idosa. Samantha pensa em desistir, mas Ulman lhe propõe, por algumas horas de trabalho, o dinheiro suficiente para o seu aluguel. Sozinha no remoto casarão, já que a idosa está reclusa em seu quarto, Samantha começa a se sentir entediada, mas seu tédio logo se transforma em uma crescente apreensão, já que alguma coisa parece estar muito errada em toda essa história.

COMENTÁRIOS: Este exercício de satanismo cinematográfico peca pelo seu roteiro, que não define bem as situações e não consegue justificar satisfatoriamente as apreensões da protagonista.

AVALIAÇÃO: ***

HOUSE OF THE LONG SHADOWS

A MANSÃO DA MEIA-NOITE

DIRETOR: Pete Walker

PAÍS: Inglaterra

COMPANHIA PRODUTORA: The Cannon Group

ANO DE PRODUÇÃO: 1982

DURAÇÃO: 102'

IDIOMA ORIGINAL: Inglês

PRODUÇÃO: Menahem Golan, Yoram Globus

ARGUMENTO: George M. Cohan, Earl Derr Biggers

ROTEIRO: Michael Armstrong

FOTOGRAFIA: Norman Langley [cor]

MONTAGEM: Robert Dearberg

MÚSICA: Richard Harvey

ELENCO: Vincent Price, Christopher Lee, Peter Cushing, Desi Arnaz [Desi Arnaz Jr.], John Carradine, Sheila Keith, Julie Peasgood, Richard Todd, Louise English, Richard Hunter, Norman Rossington

GÊNERO: Horror em tom de farsa

SINOPSE: Kenneth é um jovem escritor norte-americano que está visitando a Inglaterra — a convite de seu editor inglês, Sam — a fim de promover seu mais novo best-seller. Como Sam se queixa da falta de envolvimento emocional de Kenneth com suas obras — lembrando os autores clássicos do passado – o escritor o desafia para uma aposta: ele se diz capaz de escrever uma novela nos moldes clássicos em apenas 24 horas, desde que consiga um local tranquilo para trabalhar. Aceitando a aposta – de 20 mil dólares – Sam propõe que Kenneth vá para uma propriedade abandonada no interior do País de Gales, pertencente a um amigo seu. O rapaz concorda e parte para o lugar, que é realmente remotíssimo. Começando a escrever, Kenneth surpreende-se com a presença de um casal de caseiros, achando que tudo estaria abandonado. Logo surge também a jovem Mary, insistindo que há perigo e que ele precisa ir-se embora. Mas Kenneth descobre que Mary é secretária de Sam, que a mandou para lá só para atrapalhá-lo. Ele despacha a garota, mas ela comunica-se com Sam e descobre que não existem caseiros na propriedade. Logo a situação se complica, quando mais estranhos vão chegando. Kenneth e Mary descobrem, então, que estão presenciando uma reunião dos Brisbane, aristocratas que foram proprietários da casa e que a abandonaram há 40 anos, devido a um horripilante segredo de família.

COMENTÁRIOS: Este filme consegue a proeza de reunir – e desperdiçar – quase todos os grandes astros do cinema de horror clássico (pelo menos, os que estavam vivos). Com isso, temos a oportunidade de ver grandes ruínas do cinema em uma história das mais idiotas, realizada apenas para juntar os astros e gastar pouco dinheiro com a produção. Trata-se de uma mera peça de curiosidade cinematográfica, cujo possível valor histórico é insuficiente para esconder a sua absoluta nulidade artística.

AVALIAÇÃO: ***

HOUSE OF USHER

O SOLAR MALDITO

DIRETOR: Roger Corman

PAÍS: Estados Unidos

COMPANHIA PRODUTORA: Alta Vista Productions

ANO DE PRODUÇÃO: 1960

DURAÇÃO: 80'

IDIOMA ORIGINAL: Inglês

PRODUÇÃO: Roger Corman

ARGUMENTO: Edgar Allan Poe

ROTEIRO: Richard Matheson

FOTOGRAFIA: Floyd Crosby [cor]

MONTAGEM: Anthony Carras

MÚSICA: Les Baxter

ELENCO: Vincent Price, Mark Damon, Myrna Fahey,

Harry Ellerbe

GÊNERO: Horror

SINOPSE: Philip Winthrop, um jovem aristocrata de Boston, viaja até o remotíssimo castelo da família Usher, a fim de reencontrar sua noiva Madeline Usher, que há muito não lhe dá notícias. Ao chegar ao castelo – uma vetusta construção britânica trasladada para o território americano – Philip é mal recebido pelo criado Bristol e por Roderick, irmão de Madeline, que alegam que a moça está bastante doente. Porém, ao rever Madeline, Philip se convence de que ela está bem e, a seu pedido, fica no castelo – apesar das restrições de Roderick. Através dele, Philip fica sabendo que a família Usher – depois de séculos de degenerescência – havia adquirido um temperamento mórbido, que já o atingira e agora atacava Madeline. Acreditando que tudo não passa de simples influência do ambiente pesado – já que o castelo é cercado por um pântano pestilento – Philip deseja que Madeline parta com ele, embora a moça hesite para não desagradar Roderick.

COMENTÁRIOS: Baseado em um dos mais conhecidos contos de Edgar Allan Poe, este exemplar da série produzida por Roger Corman é um dos mais bem-sucedidos, optando por uma abordagem bastante respeitosa de seu original.

AVALIAÇÃO: ***

Museu de cera

DIRETOR: André de Toth

PAÍS: Estados Unidos

COMPANHIA PRODUTORA: Warner Bros.

ANO DE PRODUÇÃO: 1953

DURAÇÃO: 90'

IDIOMA ORIGINAL: Inglês

PRODUÇÃO: Bryan Foy

ARGUMENTO: Charles Belden

ROTEIRO: Crane Wilbur

FOTOGRAFIA: Bert Glennon, Peverell Marley [cor]

MONTAGEM: Rudi Fehr

MÚSICA: David Buttolph

ELENCO: Vincent Price, Frank Lovejoy, Phyllis Kirk, Carolyn Jones, Paul Picerni, Roy Roberts, Angela Clarke, Paul Cavanagh, Dabbs Greer, Charles Buchinsky [Charles Bronson], Reggie Rymal

GÊNERO: Horror

SINOPSE: Escultor e proprietário de um museu de cera é

traído por seu sócio ambicioso, que coloca fogo no estabelecimento – para receber o seguro – e o deixa lá dentro para morrer torrado. Porém, ele sobrevive e, totalmente mutilado, retoma as suas atividades, agora com uma nova identidade e transformado em um louco assassino com sede de vingança.

COMENTÁRIOS: Refilmagem de *Os crimes do museu* (Michael Curtiz, 1933), realizada em 3D.

AVALIAÇÃO: ***

HOUSE ON HAUNTED HILL

A CASA DOS MAUS ESPÍRITOS

DIRETOR: William Castle

PAÍS: Estados Unidos

COMPANHIA PRODUTORA: Allied Artists

ANO DE PRODUÇÃO: 1959

DURAÇÃO: 75'

IDIOMA ORIGINAL: Inglês

PRODUÇÃO: William Castle, Robb White

ARGUMENTO: Robb White

ROTEIRO: Robb White

FOTOGRAFIA: Carl E. Guthrie [p&b]

MONTAGEM: Roy Livingston

MÚSICA: Von Dexter

ELENCO: Vincent Price, Carol Ohmart, Richard Long, Alan Marshal, Carolyn Craig, Elisha Cook, Julie Mitchum

GÊNERO: Horror e suspense

SINOPSE: Cinco pessoas, escolhidas aleatoriamente, são convidadas, por um milionário excêntrico e sua jovem esposa, a passarem uma noite em uma mansão assombrada, a fim de receberem um prêmio de 10 mil dólares. Porém, alguns dos convidados não sabem que estão entrando involuntariamente em uma sórdida intriga familiar, da qual podem não sair vivos.

COMENTÁRIOS: Considerado como um dos maiores gênios do marketing cinematográfico de todos os tempos, Castle e seus filmes eram desprezados pelos críticos contemporâneos (que, muitas vezes, não deixavam de ter uma boa dose de razão). Suas estreias eram verdadeiros acontecimentos, muito mais fora do que dentro das telas. Aqui, estamos diante de uma clássica intriga envolvendo um grupo de indivíduos presos em uma velha mansão, sobre os quais paira uma ameaça sinistra indefinível. O clima é interessante e Vincent Price é Vincent Price, mas o terror de Castle não é propriamente terror, já que tudo o que acontece deixa a inevitável impressão de farsa. Mesmo assim, trata-se de um bom passatempo.

AVALIAÇÃO: ***

HOUSE ON HAUNTED HILL

A CASA DA COLINA

DIRETOR: William Malone

PAÍS: Estados Unidos

COMPANHIA PRODUTORA: Dark Castle Entertainment

ANO DE PRODUÇÃO: 1999

DURAÇÃO: 93'

IDIOMA ORIGINAL: Inglês

PRODUÇÃO: Gilbert Adler, Robert Zemeckis, Joel Silver (coprodutor: Terry Castle)

ARGUMENTO: Robb White

ROTEIRO: Dick Beebe

FOTOGRAFIA: Rick Bota [cor]

MONTAGEM: Anthony Adler

MÚSICA: Don Davis

ELENCO: Geoffrey Rush, Famke Janssen, Taye Diggs, Ali Larter, Bridgette Wilson, Jeffrey Combs, Max Perlich, James Marsters, Lisa Loeb, Peter Gallagher, Chris Kattan, Dick Beebe, Slavitza Jovan, Jeannette Lewis, Janet Tracy Keijser, Peter Graves

GÊNERO: Horror de casa mal-assombrada

SINOPSE: Stephen é um rico e famoso empresário do setor das diversões que aluga – por aparente excentricidade – um hospício abandonado para promover a festa de aniversário de sua esposa de programa Evelyn. Porém, na hora da festa, os poucos convidados que aparecem são completos desconhecidos para o casal, o prédio é subitamente isolado do mundo exterior e uma terrível ameaça parece pairar sobre todos, inclusive os espectadores.

COMENTÁRIOS: Refilmagem de "A casa dos maus espíritos" (William Castle, 1959), com efeitos baratos e poucos sustos (para sermos generosos).

AVALIAÇÃO: **

A MANSÃO NA MONTANHA DA CAVEIRA

DIRETOR: Ron Honthaner

PAÍS: Estados Unidos

COMPANHIA PRODUTORA: Chocolate Chip / Pinto

ANO DE PRODUÇÃO: 1974

DURAÇÃO: 85'

IDIOMA ORIGINAL: Inglês

PRODUÇÃO: Ray Storey, Tom Boutross

ARGUMENTO: Mildred Pares

ROTEIRO: Mildred Pares

FOTOGRAFIA: Monroe Askins [cor]

MONTAGEM: Gerard Wilson

MÚSICA: Jerrold Immel

ELENCO: Victor French, Janee Michelle, Jean Durand, Mike Evans, Xernona Clayton, Lloyd Nelson, Mary J. Todd McKenzie, Don Devendorf, Jo Marie, Leroy Johnson, Ray Bonner, O. J. Harris, Ella Woods

GÊNERO: Drama de horror blaxploitation

SINOPSE: Em uma mansão no interior da Georgia, a velha

Pauline Christophe está agonizando. Como sua última vontade, ela manda chamar os seus quatro bisnetos, que moram longe e nunca a viram. Quando todos chegam, Pauline já morreu e resta esperar pela leitura do testamento, que deve demorar alguns dias. Porém, Thomas, o criado de confiança da velha, não é tão de confiança assim e, tal como sua falecida patroa, é um mestre vuduzeiro que começa a dizimar os visitantes com suas mandingas.

COMENTÁRIOS: Produção muito pobre, que apela para as práticas do vudu entre os negros dos cafundós do Sul dos Estados Unidos. Além de ter pouquíssimos efeitos especiais e cenas de impacto, o filme também parece ter tido dificuldade para completar seus 85 minutos, apelando para um passeio totalmente fora de contexto por Atlanta e para uma longuíssima cena de ritual vudu.

AVALIAÇÃO: ***

THE HOUSE THAT DRIPPED BLOOD

A CASA QUE PINGAVA SANGUE

DIRETOR: Peter Duffell

PAÍS: Inglaterra

COMPANHIA PRODUTORA: Amicus

ANO DE PRODUÇÃO: 1970

DURAÇÃO: 102'

IDIOMA ORIGINAL: Inglês

PRODUÇÃO: Max J. Rosenberg, Milton Subotsky

ARGUMENTO: Robert Bloch

ROTEIRO: Robert Bloch

FOTOGRAFIA: Ray Parslow [cor]

MONTAGEM: Peter Tanner

MÚSICA: Michael Dress

ELENCO: Christopher Lee, Peter Cushing, Nyree Dawn Porter, Denholm Elliott, Jon Pertwee, Joanna Dunham, Joss Ackland, John Bennett, Geoffrey Bayldon, John Bryans, Robert Lang, Wolfe Morris, John Malcolm, Carleton Hobbs, Hugh Manning, Richard Coe, Jonathan Lynn, Winifred Sabine, Bernard Hopkins, Chloe Franks, Tom Adams, Ingrid Pitt

GÊNERO: Horror

SINOPSE: Quatro episódios tendo como elo de ligação as atividades de um policial que investiga as estranhas ocorrências ligadas a uma velha casa de campo: 1) METHOD FOR MURDER – Escritor de livros de terror cria o personagem de um louco assassino que começa a aparecer no mundo real, deixando-o à beira da loucura; 2) WAXWORKS – Visitando um pequeno museu de cera, em uma aldeia da região, um homem fica fascinado por uma das figuras, que se parece extraordinariamente com o seu grande amor perdido; 3) SWEETS TO THE SWEET – Homem mantém sua filhinha confinada e cercada de restrições, já que a falecida mãe dela era uma bruxa e ele não quer mais dessas coisas na sua família. Porém, sentindo-se oprimida, a menina se revolta e mostra os seus poderes; 4) THE CLOAK – Célebre ator de filmes de horror busca mais veracidade em suas atuações. Visitando uma loja de artigos teatrais, ele se depara com algo que poderá satisfazer o seu desejo de realismo.

COMENTÁRIOS: O mais legítimo horror inglês, com boas histórias e excelentes atores.

AVALIAÇÃO: ***

INVASION OF THE STAR CREATURES

DIRETOR: Bruno VeSota

PAÍS: Estados Unidos

COMPANHIA PRODUTORA: Alta Vista Productions

ANO DE PRODUÇÃO: 1962

DURAÇÃO: 70'

IDIOMA ORIGINAL: Inglês

PRODUÇÃO: Berj Hagopian

ARGUMENTO: Jonathan Haze

ROTEIRO: Jonathan Haze

FOTOGRAFIA: Basil Bradbury [p&b]

MONTAGEM: Lew Guinn

MÚSICA: (electronic noise: Jack Cookerly, Elliott Fisher)

ELENCO: Bob Ball, Frankie Ray, Gloria Victor, Dolores Reed, Slick Slavin, Mark Ferris, Jim Almanzer, Anton Arnold, Anton Von Stralen, Mark Thompson, Allen Dailey, Sid Kane, Richard Adams, Joseph Martin, Lenore Bond, Mike Del Piano, Bruno VeSota

GÊNERO: Comédia de ficção científica

SINOPSE: Por motivos incompreensíveis, dois recrutas bobalhões são designados para investigar uma caverna, revelada por uma explosão nuclear experimental. Porém, os dois acabam sendo capturados por belas alienígenas, que estão vindo de um planeta em crise pelo excesso de população e que pretendem invadir a Terra para transformá-la em sua colônia.

COMENTÁRIOS: Uma grande bobagem, com um humor que faz os Três Patetas parecerem intelectuais.

AVALIAÇÃO: **

O FANTASMA INVISÍVEL

DIRETOR: Joseph H. Lewis

PAÍS: Estados Unidos

COMPANHIA PRODUTORA: Banner Pictures Corporation / Monogram Pictures Corporation

ANO DE PRODUÇÃO: 1941

DURAÇÃO: 64'

IDIOMA ORIGINAL: Inglês

PRODUÇÃO: Sam Katzman

ARGUMENTO: Helen Martin, Al Martin

ROTEIRO: Helen Martin, Al Martin

FOTOGRAFIA: Marcel Le Picard, Harvey Gould [p&b]

MONTAGEM: Robert Golden

MÚSICA: Johnny Lange, Lew Porter

ELENCO: Bela Lugosi, Polly Ann Young, John McGuire, Clarence Muse, Terry Walker, Betty Compson, Ernie Adams, George Pembroke, Ollola Nesmith, Fred Kelsey, Jack Mulhall

GÊNERO: Drama de horror

SINOPSE: Charles Kessler é um cidadão extremamente respeitável que vive retirado em sua mansão isolada, com a filha e alguns criados. A razão desse exílio voluntário é o trauma causado pelo sumiço de sua esposa, que fugiu com outro homem há alguns anos. Porém, o que Kessler ignora é que a mulher voltou e está vivendo escondida na sua propriedade, sem memória e mentalmente perturbada. Para complicar as coisas, ela ainda exerce uma estranha influência psíquica sobre o ex-marido: cada vez que Kessler a vê, ele entra em colapso instantaneamente e assassina a primeira pessoa que atravessa o seu caminho, sem lembrar-se de nada do que ocorreu.

COMENTÁRIOS: Produção de baixíssimo orçamento, protagonizada pelo astro Bela Lugosi (em mais um de seus papéis macabros, inspirados no seu sucesso como Drácula). Uma história repleta de absurdos e um elenco sem carisma (com exceção de Lugosi e do sempre eficiente Clarence Muse) tornam este filme um passatempo bastante enfadonho.

AVALIAÇÃO: **

INVISIBLE INVADERS

INVASORES INVISÍVEIS

DIRETOR: Edward L. Cahn

PAÍS: Estados Unidos

COMPANHIA PRODUTORA: Premium Pictures

ANO DE PRODUÇÃO: 1959

DURAÇÃO: 67'

IDIOMA ORIGINAL: Inglês

PRODUÇÃO: Robert E. Kent

ARGUMENTO: Samuel Newman

ROTEIRO: Samuel Newman

FOTOGRAFIA: Maury Gertsman [p&b]

MONTAGEM: Grant Whytock

MÚSICA: Paul Dunlap

ELENCO: John Agar, Jean Byron, Philip Tonge, Robert Hutton, John Carradine, Hal Torey, Paul Langton, Eden Hartford

GÊNERO: Ficção científica e horror

SINOPSE: Após a morte de seu colega e amigo Noymann, em um acidente de laboratório, o cientista Adam Penner resolve abandonar as experiências com energia atômica e se tornar um pacifista. Porém, logo depois do funeral de Noymann, Penner recebe a visita do próprio morto, que lhe comunica uma iminente invasão alienígena. O ET – membro de um povo invisível que habita a Lua – revela que tomou conta do corpo de Noymann para exigir a rendição da Terra. Perplexo, Penner pede ajuda ao seu ex-pupilo John Lamont, já que percebe que sua história não convencerá ninguém. De fato, Penner é ridicularizado, mas logo tudo se modifica com a invasão, levando pânico e horror a milhões graças às sabotagens realizadas pelos cadáveres ocupados pelos alienígenas. Com a Terra seriamente ameaçada, Penner retoma seu trabalho e, junto com sua filha Phyllis, Lamont e um oficial do exército, tranca-se em um bunker secreto para desenvolver uma arma que possa tornar os invasores visíveis.

COMENTÁRIOS: A trama mistura a paranoia da invasão alienígena – tema predileto dos tempos da Guerra fria – com o ataque de zumbis, que ainda estava muito longe da banalização atual. Tudo neste filme evidencia uma extrema pobreza, a partir do seu próprio tema (já que os tais vilões "invisíveis" dispensam elenco, figurino, maquiagem e efeitos especiais). Com um elenco mínimo e uma duração idem, este filme só é generoso no uso dos clichês.

AVALIAÇÃO: **

THE INVISIBLE MAN

O HOMEM INVISÍVEL

DIRETOR: James Whale

PAÍS: Estados Unidos

COMPANHIA PRODUTORA: Universal Pictures

ANO DE PRODUÇÃO: 1933

DURAÇÃO: 71'

IDIOMA ORIGINAL: Inglês

PRODUÇÃO: Carl Laemmle Jr.

ARGUMENTO: H. G. Wells

ROTEIRO: R. C. Sherriff

FOTOGRAFIA: Arthur Edeson [p&b]

MONTAGEM: Ted Kent

MÚSICA: Heinz Roemheld

ELENCO: Claude Rains, Gloria Stuart, William Harrigan, Henry Travers, Una O'Connor, Forrester Harvey, Holmes Herbert, E. E. Clive, Dudley Digges, Harry Stubbs, Donald Stuart, Merle Tottenham

GÊNERO: Horror e ficção científica

SINOPSE: Jack Griffin é um jovem cientista, assistente do renomado professor Kremly. Cheio de ambição e ansioso para fazer sucesso, a fim de poder casar-se com Flora (a filha de Kremly), Jack empenha-se em experiências secretas, acabando por descobrir uma fórmula capaz de torná-lo completamente invisível. Porém, com sua pressa, o rapaz não percebe que está trabalhando com uma substância banida da farmacologia devido ao seu efeito deletério sobre a psique humana. Enlouquecendo ao testar sua invenção em si mesmo, Jack decide conquistar o mundo, através de mortes, roubos e atentados. Tentando conseguir um antídoto, ele desaparece sem deixar pistas e vai para uma pequena cidade, onde causa uma grande confusão.

COMENTÁRIOS: Clássico do cinema de horror, este filme – inspirado na obra do genial H. G. Wells – é um *tour de force* dos técnicos em efeitos especiais do início dos anos 30. Curiosamente, o protagonista Rains só "aparece" na última sequência do filme (provavelmente por uma questão de orçamento, a história já começa com Griffin invisível, sem grandes preocupações em explicar as situações anteriores). Com um notável conteúdo de violência implícita, trata-se de um filme que ainda seduz plenamente o espectador moderno.

AVALIAÇÃO: ***

ISLAND OF TERROR

A ILHA DO TERROR

DIRETOR: Terence Fisher

PAÍS: Inglaterra

COMPANHIA PRODUTORA: PDF – Planet Film Production

ANO DE PRODUÇÃO: 1966

DURAÇÃO: 87'

IDIOMA ORIGINAL: Inglês

PRODUÇÃO: Tom Blakeley

ARGUMENTO: Edward Andrew Mann, Alan Ramsen

ROTEIRO: Edward Andrew Mann, Alan Ramsen

FOTOGRAFIA: Reg Wyer [cor]

MONTAGEM: Thelma Connell

MÚSICA: Malcolm Lockyer

ELENCO: Peter Cushing, Edward Judd, Carole Gray, Sam Kydd, Eddie Byrne, Niall MacGinnis, James Caffrey, Liam Gaffney, Roger Heathcott, Keith Bell, Margareth Lacy, Shay Gorman, Peter Forbes Robertson, Richard Bidlake, Joyce Hemson, Edward Ogden

GÊNERO: Horror e ficção científica

SINOPSE: Na costa da Irlanda, uma pequena ilha é vítima de uma estranha doença, que corroi completamente os ossos de suas vítimas. Em segredo, o médico local vai a Londres consultar um colega, que lhe indica um grande especialista.

Os três voam, então, para a ilha, na companhia da namorada do especialista. Ele descobre que as causadoras da moléstia são estranhas criaturas que se alimentam de cálcio, criadas por um cientista que realizava – na própria ilha – experiências para a cura do câncer (e que foi morto com toda a sua equipe). As tais criaturas parecem indestrutíveis e vão fazendo novas vítimas, enquanto se multiplicam como amebas.

COMENTÁRIOS: Apesar do bom elenco e da direção do grande Terence Fisher, o filme não consegue deslanchar e nunca passa do limite da monotonia, com efeitos especiais que parecem da década anterior.

AVALIAÇÃO: **

IT CAME FROM BENEATH THE SEA

O MONSTRO DO MAR REVOLTO

DIRETOR: Robert Gordon

PAÍS: Estados Unidos

COMPANHIA PRODUTORA: Columbia Pictures

ANO DE PRODUÇÃO: 1955

DURAÇÃO: 79'

IDIOMA ORIGINAL: Inglês

PRODUÇÃO: Charles H. Schneer

ARGUMENTO: George Worthing Yates

ROTEIRO: George Worthing Yates, Hal Smith

FOTOGRAFIA: Henry Freulich [p&b]

MONTAGEM: Jerome Thoms

MÚSICA: Mischa Bakaleinikoff

ELENCO: Kenneth Tobey, Faith Domergue, Donald Curtis, Ian Keith, Dean Maddox Jr., Chuck Griffiths, Harry Lauter, Richard W. Peterson

GÊNERO: Horror e ficção científica

SINOPSE: O capitão Pete Mathew está comandando a viagem do primeiro submarino nuclear da marinha norte-americana, quando sua embarcação sofre um misterioso ataque de uma fonte ignorada. O submarino consegue escapar, mas mergulhadores encontram uma estranha substância orgânica grudada no seu casco. A dra. Joyce e o dr. Carter, importantes biólogos marinhos, examinam a substância e descobrem que se trata de um fragmento do corpo de um polvo gigantesco – oriundo, provavelmente, de um abismo submarino e despertado pelos testes nucleares realizados em alto mar. Os cientistas alertam as autoridades do governo, mas a existência de um monstro marinho de tal magnitude provoca uma descrença generalizada, até que o tal polvo resolve botar os seus tentáculos de fora.

COMENTÁRIOS: Um bom exemplo do trabalho do genial Ray Harryhausen, um técnico em efeitos especiais que conseguia conferir alguma dignidade até mesmo à uma produção paupérrima como essa. Os efeitos, aliás, são o único mérito desse filme, com uma história que utiliza os mais sovados clichês da ficção científica dos anos 50 (como o conflito/atração entre o militar madurão e a cientista pseudofeminista e o ataque de monstros quase indestrutíveis criados pela atividade nuclear).

AVALIAÇÃO: ***

IT CAME FROM OUTER SPACE

VEIO DO ESPAÇO

DIRETOR: Jack Arnold

PAÍS: Estados Unidos

COMPANHIA PRODUTORA: Universal International

ANO DE PRODUÇÃO: 1953

DURAÇÃO: 80'

IDIOMA ORIGINAL: Inglês

PRODUÇÃO: William Alland

ARGUMENTO: Ray Bradbury

ROTEIRO: Harry Essex

FOTOGRAFIA: Clifford Stine [p&b]

MONTAGEM: Paul Weatherwax

MÚSICA: Joseph Gershenson

ELENCO: Richard Carlson, Barbara Rush, Charles Drake, Joe Sawyer, Russell Johnson, Kathleen Hughes

GÊNERO: Ficção científica

SINOPSE: John Putnam é um astrônomo e escritor que vive na orla do deserto do Arizona. Uma noite, enquanto observa o céu na companhia de sua namorada Ellen, ele presencia a queda de um asteroide nas proximidades de sua casa. No dia seguinte, John e Ellen alugam um helicóptero para ir até o local da queda, onde abriu-se uma imensa cratera. Entrando nela para investigar, John encontra uma espécie de nave espacial e vislumbra algo que parece um ser vivo, antes que um desmoronamento soterre tudo. John tenta convencer as autoridades locais de que o meteoro era uma nave alienígena, mas acaba sendo alvo de zombarias, já que todos acreditam que ele deseja apenas conseguir publicidade para os seus livros. Porém, os alienígenas da nave logo vão começar a agir, sequestrando seres humanos e assumindo sua aparência, com propósitos ignorados.

COMENTÁRIOS: Clássico da era de ouro da ficção científica, que apresenta uma perspectiva bastante rara para a época. Ao contrário de filmes contemporâneos, como "Invaders from Mars" e "Invasion of the body snatchers" – marcados pela paranoia do alienígena invasor cheio de más intenções – este exemplar é justamente uma crítica à incapacidade dos seres humanos de conviver com as diferenças, recorrendo à violência contra qualquer coisa que ameace os seus valores. Destaque óbvio para o argumento de Ray Bradbury.

AVALIAÇÃO: ***

IT! THE TERROR FROM BEYOND SPACE

A FÚRIA DO GOLEM

DIRETOR: Edward L. Cahn

PAÍS: Estados Unidos

COMPANHIA PRODUTORA: Vogue Pictures

ANO DE PRODUÇÃO: 1958

DURAÇÃO: 69'

IDIOMA ORIGINAL: Inglês

PRODUÇÃO: Robert E. Kent

ROTEIRO: Jerome Bixby

FOTOGRAFIA: Kenneth Peach [p&b]

MONTAGEM: Grant Whytock

MÚSICA: Paul Sawtell, Bert Shefter

ELENCO: Marshall Thompson, Shawn Smith [Shirley Patterson], Kim Spalding, Ann Doran, Dabbs Greer, Paul Langton, Robert Bice, Richard Benedict, Richard Hervey, Thom Carney, Ray Corrigan

GÊNERO: Horror e ficção científica

SINOPSE: 1973: O governo americano envia sua primeira expedição a Marte, com 10 integrantes. Porém, a nave sofre uma séria avaria e, logo depois, nove dos tripulantes morrem ou desaparecem. O único sobrevivente, o capitão Edward Carruthers, é resgatado – seis meses depois – por uma nova expedição. Ele é levado de volta à Terra para ser submetido a uma corte marcial, já que é acusado de ter assassinado seus companheiros (para ficar com todos os suprimentos e garantir sua sobrevivência). A alegação de Carruthers – de que todos teriam sido vitimados por algo misterioso – não é levada a sério, especialmente pelo comandante da nave de resgate, Van Heusen, que pressiona o capitão a confessar os seus pretensos crimes. Porém, o comandante Van Heusen logo vai descobrir, da pior forma possível, que Carruthers não mentia, já que a tal coisa misteriosa não só existe como está dentro da sua nave.

COMENTÁRIOS: Trata-se, obviamente, de uma produção paupérrima, dirigida por um dos mais operosos fabricantes de filmes baratos do cinema norte-americano (Edward Cahn, 1899-1963, diretor de mais de 120 filmes). Mesmo com um roteiro primaríssimo (que, no entanto, serviu de inspiração para o "Alien" de Ridley Scott), efeitos especiais de enésima categoria e um monstro que ultrapassa todos os limites do ridículo, este filme conserva o seu charme e é um dos clássicos absolutos do cinema B.

AVALIAÇÃO: ***

JASON GOES TO HELL – THE FINAL FRIDAY

JASON VAI PARA O INFERNO – A ÚLTIMA SEXTA-FEIRA

DIRETOR: Adam Marcus

PAÍS: Estados Unidos

COMPANHIA PRODUTORA: New Line Cinema

ANO DE PRODUÇÃO: 1993

DURAÇÃO: 87'

IDIOMA ORIGINAL: Inglês

PRODUÇÃO: Sean S. Cunningham

ARGUMENTO: Jay Huguely, Adam Marcus

ROTEIRO: Dean Lorey, Jay Huguely

FOTOGRAFIA: William Dill [cor]

MONTAGEM: David Handman

MÚSICA: Harry Manfredini

ELENCO: John D. LeMay, Kari Keegan, Allison Smith, Steven Culp, Billy Green Bush, Rusty Schwimmer, Leslie Jordan, Andrew Bloch, Kipp Marcus, Richard Gant, Adam Cranner, Julie Michaels, Kane Hodder, Erin Gray, Steven Williams, James Gleason, Dean Lorey, Tony Ervolina, Diana Georger, Adam Marcus, Mark Thompson, Brian Phelps, Blake Conway, Medelon Curtis, Michelle Clunie, Michael Silver, Kathryn Atwood

GÊNERO: Horror para adolescentes

SINOPSE: Dispostos a acabar de uma vez por todas com as malfeitorias do psicopata morto-vivo Jason Voorhees, os militares montam uma cilada para ele e destroem o corpo do monstro com um morteiro. Porém, quando os seus restos mortais estão sendo autopsiados, o coração de Jason volta à vida e possui o corpo do médico legista, que promove uma chacina e foge para Crystal Lake. Diante da inoperância das autoridades, que não admitem a ressurreição de Jason, o excêntrico caçador de recompensas Creighton Duke se oferece para eliminá-lo em troca de um prêmio de 500 mil dólares, dizendo conhecer o segredo que torna o psicopata imortal.

COMENTÁRIOS: Nona parte das aventuras de Jason Vo-orhees e das desventuras de suas vítimas. Apesar do título, houve ainda mais uma continuação (*Jason X*), um encontro de Jason com Freddy Krueger e uma refilmagem do primeiro exemplar da série (que parece ser ainda mais imortal que o seu protagonista).

AVALIAÇÃO: ***

JAWS OF SATAN

Presas de Satanás

DIRETOR: Bob Claver

PAÍS: Estados Unidos

COMPANHIA PRODUTORA: United Artists

ANO DE PRODUÇÃO: 1979-1981

DURAÇÃO: 92'

IDIOMA ORIGINAL: Inglês

PRODUÇÃO: Bill Wilson

ARGUMENTO: James Callaway

ROTEIRO: Gerry Holland

FOTOGRÁFIA: Dean Cundey [cor]

MONTAGEM: Len Miller

MÚSICA: Roger Kellaway

ELENCO: Fritz Weaver, Gretchen Corbett, Jon Korkes, Nancy Priddy, Bob Hannah, Christina Applegate, John McCurry, Jack Gordan, Alene Simmons, Diana Douglas, Norman Lloyd, Mary Lyons McEvoy, Bill Gribble, Jamie Lawrence, Mark Richards, Sarah Wilson, William Clutton, Larry Jordan, David Fawcett, Stuart Byham, Denise Cannon, Don Isaacs, Virginia Samford, Mike Smith, Ed Crick, Rick Dowling, Pat Purcell, Cavanaugh Yelling, Pam Middaugh, Nick DeMarinis, Jane Berman, Chris Carney, Melanie Van Reeman

GÊNERO: Horror de animais em fúria

SINOPSE: Chega a uma cidade do interior norte-americano uma enorme cobra, que na verdade é o próprio Diabo encarnado (que resolveu matar saudades dos tempos do Jardim do Eden). Seu objetivo é levar para o inferno o padre Tom Farrow, homem de pouca fé e descendente de um velho caçador de bruxas que queimou seu filme com o capeta. A cobra logo começa a fazer suas vítimas e a médica local, Maggie Sheridan, apressa-se a chamar um especialista, o doutor Paul Hendricks. Porém, os manda-chuvas da cidade só querem saber de abafar os ataques, já que se preparam para a inauguração de uma arena para corridas de cães, com a qual pretendem revitalizar a cidade.

COMENTÁRIOS: Nada a salvar nesta produção hedionda, medíocre e absurda, que só consegue aterrorizar o bom gosto do espectador com uma saraivada de clichês pessimamente alinhavados.

AVALIAÇÃO: *

JEEPERS CREEPERS

Olhos famintos

DIRETOR: Victor Salva

PAÍS: Alemanha / Estados Unidos

COMPANHIA PRODUTORA: Cinerenta – Cinebeta / American Zoetrope

ANO DE PRODUÇÃO: 2001

DURAÇÃO: 90'

IDIOMA ORIGINAL: Inglês

PRODUÇÃO: Barry Opper, Tom Luse (coprodutor: J. Todd Harris)

ARGUMENTO: Victor Salva

ROTEIRO: Victor Salva

FOTOGRÁFIA: Don E. FauntLeRoy [cor]

MONTAGEM: Ed Marx

MÚSICA: Bennett Salvay

ELENCO: Gina Philips, Justin Long, Jonathan Breck, Patricia Belcher, Brandon Smith, Eileen Brennan, Peggy Sheffield, Jeffrey William Evans, Patrick Cherry, Jon Beshara, Avis-Marie Barnes, Steven Raulerson, Tom Tarantini, Will Hasenzahl, Kim Kahana, Chris Shepardson

GÊNERO: Horror

SINOPSE: Viajando de automóvel por uma estrada, os irmãos Trish e Darry são atacados por uma van misteriosa, que quase os mata. Refeitos do susto, eles continuam a viagem até que reencontram a van, cujo motorista está ocupado em desfazer-se de um pesado fardo nas ruínas de uma velha capela. Ao investigar os subterrâneos da capela, Darry descobre um grande depósito de cadáveres. Ele pensa, então, ter descoberto o refúgio de um *serial killer*, sem desconfiar que está lidando com terríveis forças sobrenaturais do além.

COMENTÁRIOS: O filme surpreende ao abordar de uma forma consistente um clichê ultra-surrado como o *"serial killer* sobrenatural indestrutível". De fato, a história é interessante e bem construída, com efeitos especiais sofisticados e uma boa dose de suspense.

AVALIAÇÃO: ***

JOHN CARPENTER'S PRINCE OF DARKNESS

(Cf. Prince of darkness)

KAIJU DAISENSO

(Cf. Monster zero)

MACABRE

(Cf. Darah)

MIAMI MAGMA

MIAMI MAGMA

DIRETOR: Todor 'Toshko' Chapkanov

PAÍS: Estados Unidos

COMPANHIA PRODUTORA: Active Entertainment

ANO DE PRODUÇÃO: 2011

DURAÇÃO: 84'

IDIOMA ORIGINAL: Inglês

PRODUÇÃO: Ken Badish, Daniel Lewis, Ryan Noto

ROTEIRO: Declan O'Brien, G. E. Furst

FOTOGRAFIA: Lorenzo Senatore [cor]

MONTAGEM: Matt Taylor

MÚSICA: Andrew Morgan Smith

ELENCO: Rachel Hunter, Cleavant Derricks, Melissa Ordway, Griff Furst, Brad Dourif, Anna Adair, Stacey Asaro, Joseph Diaz, Miles Doleac, J. D. Evermore, Lauren Graham, Myra Leal, Lawrence Lejohn, Hector Machado, Bryan Massey, Wallace Merck, Angela Meredith, Crystal Rivers, Roger J. Timber

GÊNERO: Filme catástrofe

SINOPSE: Uma inescrupulosa companhia de petróleo explora clandestinamente os antigos dutos de lava de um vulcão extinto, nas profundezas do golfo do México. Quando a perfuração atinge um depósito de magma, uma explosão faz com que a plataforma petrolífera afunde. Porém, os resultados catastróficos não ficam por aí, já que a lava começa a aflorar em diversos pontos da superfície, no litoral da Flórida. Como os donos da petroleira não podem revelar o que aconteceu, já que iriam à falência e seriam presos, toda a região de Miami está prestes a desaparecer, causando milhões de mortes. A única chance dessa pobre gente é a doutora Antoinette Vitrini, uma geóloga que está justamente tentando provar a sua teoria de que o golfo do México foi criado pelo desabamento de um vulcão, há alguns milhões de anos.

COMENTÁRIOS: Telefilme bastante pobre e atulhado de clichês, com um roteiro ridiculamente idiota.

AVALIAÇÃO: *

MICROWAVE MASSACRE

O MASSACRE DO MICROONDAS

DIRETOR: Wayne Berwick

PAÍS: Estados Unidos

COMPANHIA PRODUTORA: Reel Life Productions

ANO DE PRODUÇÃO: 1983

DURAÇÃO: 76'

IDIOMA ORIGINAL: Inglês

PRODUÇÃO: Thomas Singer, Craig Muckler

ARGUMENTO: Craig Muckler

ROTEIRO: Thomas Singer

FOTOGRAFIA: Karen Grossman [cor]

MONTAGEM: Steve Nelson

MÚSICA: Leif Horvath

ELENCO: Jackie Vernon, Loren Schein, Al Troupe, Claire Ginsberg, John Harmon, Lou Ann Webber, Phil De Carlo, Anna Marlowe, Cindy Gant, Norman Friedman, Aaron Koslow, Ed Thomas, Marla Simon, Sarah Alt, Karen Marshall, Debra Draper Berwick, Malvina Ackerman, Al Mannino, Elaine Barker, Brad Ford, Joel Hurwit, Greg Walter, Luigi Bercovici, Rory Hurwit, John Beyrooty, Bill Ingwersen, Tonedeaf Jackson, Bob Shebop, Larry Allen, Harry Evans, Craig Muckler, Dick Nibbler, Allison

GÊNERO: Comédia de terror

SINOPSE: Donald é um operário da construção civil de meia-idade que sofre com sua esposa megera, que além de pentelhá-lo ainda tem a mania de cozinhar sofisticados pratos da cozinha internacional, que ele detesta de um modo profundamente americano. Um dia, bêbado e de saco cheio, Donald assassina a esposa e esconde o cadáver dentro do forno de microondas. No dia seguinte, já sóbrio, ele descobre o que fez e resolve aproveitar a liberdade impunemente, desmembrando o cadáver e guardando-o no freezer do porão. Porém, acidentalmente, Donald acaba comendo um pedaço da esposa – que havia ficado no forno – e gosta muito da experiência, levando até sanduíches dela para os seus colegas. Ao tentar transar com uma prostituta, Donald descobre que só consegue se excitar com a perspectiva de devorar sua parceira. Assim, ele passa a caçar mulheres, para satisfazer ao mesmo tempo os seus dois apetites mais primordiais.

COMENTÁRIOS: Um *trash movie* acima da média, com momentos bastante divertidos.

AVALIAÇÃO: ***

MIDNIGHT MOVIE MASSACRE

Aconteceu à meia-noite

DIRETOR: Mark Stock

PAÍS: Estados Unidos

COMPANHIA PRODUTORA: Wade Williams Productions

ANO DE PRODUÇÃO: 1986

DURAÇÃO: 85'/82'

IDIOMA ORIGINAL: Inglês

PRODUÇÃO: Wade Williams

ROTEIRO: Roger Branit, John Chadwell, David Houston, Wade Williams

FOTOGRAFIA: David Dart (+ Nicholas von Sternberg) [cor]

MONTAGEM: Roger Branit

MÚSICA: Bill R. Crain

ELENCO: Robert Clarke, Ann Robinson, David Staffer, Tom Hutsler, Margie Robbins, Brad Bittiker, Mary Stevens, Duke Howze, Andrew Goodman, Lori Davis, Tamara Sue Hill, Susan Murphy, Stuart Allen, Charity Case, Dwayne Clark, Sara Strand, Jim Cass, Von Clark, Vince Cabrera, David Lee Kious, John Kelly, Heidi Thomas, Mark Mossman, George Winton, Marty de Courcy, Mary Ramos, Neal Wilde, Kevin Brief, Terry Harms, Cyndi Higgins, Dan DeLuca, Jim Zippo, Alice, John Paul Biscanin, Geri Eicher, Mark Titus, Robert Albright, Brian Loftin, Kent Stout, Carl Robertson, Michael McGraw, Caroline von Mayrhauser, Jeanne Beachwood, Alfred Lata, David Montee

GÊNERO: Comédia de ficção científica

SINOPSE: Em meados dos anos 50, alguns habitantes de uma cidadezinha do interior americano assistem à sessão da meia-noite de um filme de ficção científica de baixíssimo orçamento. Enquanto rolam aventuras na tela e na plateia, um alienígena verdadeiro realiza uma invasão em pequeníssima escala.

COMENTÁRIOS: Comédia sem a menor graça, cheia de personagens e de situações clichês. Tentativa frustrada de homenagear os antigos filmes B, que ao menos tinham a justificativa do entretenimento.

AVALIAÇÃO: **

MISSILE TO THE MOON

TERRÍVEIS MONSTROS DA LUA / MÍSSIL PARA A LUA

DIRETOR: Richard Cunha

PAÍS: Estados Unidos

COMPANHIA PRODUTORA: Layton Film Productions

ANO DE PRODUÇÃO: 1958

DURAÇÃO: 78'

IDIOMA ORIGINAL: Inglês

PRODUÇÃO: Marc Frederic, George Foley

ROTEIRO: H. E. Barrie, Vincent Fotre

FOTOGRAFIA: Meredith Nicholson [p&b]

MONTAGEM: Everett Dodd

MÚSICA: Nicholas Carras

ELENCO: Richard Travis, Cathy Downs, K. T. Stevens, Tommy Cook, Nina Bara, Gary Clarke, Michael Whalen, Laurie Mitchell, Marjorie Hellen [Leslie Parrish], Henry Hunter, Lee Roberts, Sandra Wirth, Pat Mowry, Tania Velia, Sanita Pelkey, Lisa Simone, Marianne Gaba, Renate Hoy, Mary Ford

GÊNERO: Ficção científica

SINOPSE: Dirk Green é um cientista brilhante que desenvolveu praticamente sozinho, com o apoio de seu colega Steve Dayton, um foguete com o qual pretende viajar para a Lua. Porém, quando suas pesquisas já estão quase concluídas, os militares resolvem assumir o controle do projeto. Revoltado, Dirk decide realizar o seu voo de qualquer maneira, utilizando como tripulantes dois presidiários fugitivos que se esconderam justamente no foguete. Para complicar a situação, Steve e sua noiva June percebem que algo estranho está acontecendo e também entram no foguete, ficando presos e se tornando parte da tripulação. Chegando à Lua, eles encontram uma decadente civilização de mulheres lunáticas gostosonas, além de uma infinidade de perigos ridículos.

COMENTÁRIOS: Este filme parece ser um plágio de "Catwomen of the moon", embora seja difícil crer que alguém se desse ao trabalho de copiar algo tão medíocre.

AVALIAÇÃO: **

THE MOLE PEOPLE

O TEMPLO DO PAVOR

DIRETOR: Virgil Vogel

PAÍS: Estados Unidos

COMPANHIA PRODUTORA: Universal International

ANO DE PRODUÇÃO: 1956

DURAÇÃO: 87'

IDIOMA ORIGINAL: Inglês

PRODUÇÃO: William Alland

ARGUMENTO: Laszlo Gorog

ROTEIRO: Laszlo Gorog

FOTOGRAFIA: Ellis Carter [p&b]

MONTAGEM: Irving Birnbaum

MÚSICA: Joseph Gershenson

ELENCO: John Agar, Cynthia Patrick, Hugh Beaumont, Alan Napier, Nestor Paiva, Phil Chambers, Rodd Redwing, Robin Hughes

GÊNERO: Drama de horror

SINOPSE: Enquanto realiza escavações na Mesopotâmia, uma equipe de arqueólogos encontra misteriosos artefatos que parecem ter caído de uma montanha, após um grande terremoto. Os arqueólogos resolvem escalar a montanha e, ao tentar resgatar um deles - que caíra em um buraco - encontram uma civilização subterrânea oriunda dos antigos sumérios, e que vive exatamente como há 5000 anos. Esse povo, que se tornou albino devido à falta de luz solar, sobrevive à custa da violenta exploração de outro povo, formado por monstruosos seres que vivem sob a terra. Os dois únicos arqueólogos sobreviventes logo são vistos como seres divinos, já que um deles - o dr. Roger Bentley - possui uma lanterna que ofusca os seres subterrâneos. Porém, o surgimento dos estranhos incomoda bastante o sumo-sacerdote, que pretende se apossar da lanterna e eliminá-los.

COMENTÁRIOS: Um dos clássicos da ficção científica dos anos 50, este filme tem uma história interessante, apesar da pobreza generalizada de sua produção e dos ridículos previsíveis - como os descendentes dos sumérios e os arqueólogos norte-americanos se entendendo perfeitamente em inglês.

AVALIAÇÃO: ***

LA MOMIA AZTECA

A MÚMIA ASTECA

DIRETOR: Rafael Portillo

PAÍS: México

COMPANHIA PRODUTORA: Cinematográfica Calderon

ANO DE PRODUÇÃO: 1957

DURAÇÃO: 81'

IDIOMA ORIGINAL: Espanhol

PRODUÇÃO: Guillermo Calderon S.

ARGUMENTO: Guillermo Calderon S., Alfredo Salazar

ROTEIRO: Alfredo Salazar

FOTOGRAFIA: Enrique Wallace [p&b]

MONTAGEM: Jorge Bustos

MÚSICA: Antonio Diaz Conde

ELENCO: Ramon Gay, Rosita Arenas, Crox Alvarado, Luis Aceves Castañeda, Jorge Mondragon, Arturo Martinez, Emma Roldan, Julien de Meriche, Salvador Lozano, Jaime Quiñones, Angelo de Steffani, Murcielago Velazquez, Enrique Yañez, Lobo Negro, Alberto Yañez, Firpo Segura, Sergio Yañez, "Stela Inda y su Conjunto"

GÊNERO: Aventura horrorífica

SINOPSE: Regressando ao México, após longos anos de estudo na Europa, o dr. Almada está empenhado em defender sua teoria de que é possível, através da hipnose, levar alguém a reviver suas vidas passadas. Como seus colegas mais ortodoxos não dão a mínima para a sua ideia, ele resolve mostrar seus princípios éticos realizando uma experiência potencialmente perigosa, usando sua noiva Flor como cobaia. Assim, Flor retorna 400 anos no tempo, até a época em que era uma vestal no grande templo asteca de Tenochtitlan. Porém, para atestar o sucesso de sua experiência, Almada precisa de uma prova material, convencendo Flor a levá-lo até as ruínas do templo, a fim de apanhar um peitoral de ouro que foi deixado na tumba da vestal. Almada é bem-sucedido, mas se defronta com dois graves problemas: um misto de cientista louco e bandido chamado Morcego – que pretende usar o peitoral para decifrar o segredo de um tesouro asteca – e uma múmia meio desconjuntada e lenta, encarregada de castigar os ladrões da tumba.

COMENTÁRIOS: Primeira parte de uma trilogia extremamente medíocre, com um roteiro inepto e cheio de absurdos.

AVALIAÇÃO: **

LA MOMIA AZTECA CONTRA EL ROBOT HUMANO

A MÚMIA ASTECA CONTRA O ROBÔ HUMANO

DIRETOR: Rafael Portillo

PAÍS: México

COMPANHIA PRODUTORA: Cinematográfica Calderon

ANO DE PRODUÇÃO: 1958

DURAÇÃO: 64'

IDIOMA ORIGINAL: Espanhol

PRODUÇÃO: Guillermo Calderon S.

ARGUMENTO: Guillermo Calderon S., Alfredo Salazar

ROTEIRO: Alfredo Salazar

FOTOGRAFIA: Enrique Wallace [p&b]

MONTAGEM: Jorge Bustos

MÚSICA: Antonio Diaz Conde

ELENCO: Ramon Gay, Rosita Arenas, Crox Alvarado, Luis Aceves Castañeda, Jorge Mondragon, Arturo Martinez, Emma Roldan, Julien de Meriche, Salvador Lozano, Jaime Quiñones, Angelo de Steffani, Adolfo Rojas, Murcielago Velazquez, Enrique Yañez, Lobo Negro, Alberto Yañez, Firpo Segura, Sergio Yañez, "Stela Inda y su Conjunto"

GÊNERO: Horror e ficção científica

SINOPSE: Valendo-se do seu poder hipnótico sobre a jovem Flor, o bandidão Morcego (na verdade, o cientista louco dr. Krupp) consegue localizar novamente a múmia amaldiçoada de Popoca, que está repousando em um cemitério cristão. Sabendo que não pode tirar da múmia, sem despertá-la, o bracelete e o peitoral que revelam o segredo do tesouro asteca, o Morcego decide voltar a ser um cientista louco e cria um super robô atômico para combater o velho guerreiro (que não é o Chacrinha).

COMENTÁRIOS: Última parte da trilogia da *Múmia asteca*, este filme ultrapassa todos os limites da picaretagem e da falta de senso. Para início de conversa, quase metade da sua curtíssima duração é gasta em um *flashback* (com cenas dos dois primeiros filmes). Como se não bastasse, o roteiro é nulo e o tal robô humano – que praticamente não aparece, tal como a própria múmia – mais parece um boneco de papelão (e é isso, provavelmente, que ele é).

AVALIAÇÃO: *

LAS MOMIAS DE GUANAJUATO

As múmias de Guanajuato

DIRETOR: Federico Curiel

PAÍS: México

COMPANHIA PRODUTORA: Películas Latinoamericanas

ANO DE PRODUÇÃO: 1971

DURAÇÃO: 80'

IDIOMA ORIGINAL: Espanhol

PRODUÇÃO: Rogelio Agrasánchez

ARGUMENTO: Rogelio Agrasánchez

ROTEIRO: Rafael García Travesi

FOTOGRAFIA: Enrique Wallace [cor]

MONTAGEM: José W. Bustos

MÚSICA: Gustavo César Carreon

ELENCO: Blue Demon, Mil Mascaras, Santo, Elsa Cardenas, Juan Gallardo, Jorge Pinguino, Julio Cesar, Carlos Suárez, Mabel Luna, Yolanda Ponce, Patricia Ferrer, Martha Angelica, David Lama, Carlos Leon

GÊNERO: Aventura fantástica com elementos horroríficos

SINOPSE: No museu de múmias ressecadas de Guanajuato, uma múmia centenária de um lutador satânico ressuscita para vingar-se do Santo, já que um dos antepassados do Enmascarado de Plata derrotou-a nos tempos em que ainda nem havia luta-livre. Como o Santo não está disponível, por causa do seu elevado cachê, a múmia passa a perseguir o lutador Blue Demon, a fim de atrair o seu inimigo (quando seria mais fácil e lucrativo arranjar um empresário e promover a revanche nos ringues).

COMENTÁRIOS: Mais um filme de lutadores mascarados mexicanos, no qual o maior astro desse subgênero, El Santo, faz apenas uma pequena participação. Como é frequente, neste tipo de filme, o roteiro é um desastre de proporções catastróficas, sendo difícil encaixar as diversas sequências em uma totalidade coerente.

AVALIAÇÃO: **

THE MONOLITH MONSTERS

RASTROS DO ESPAÇO

DIRETOR: John Sherwood

PAÍS: Estados Unidos

COMPANHIA PRODUTORA: Universal International

ANO DE PRODUÇÃO: 1957

DURAÇÃO: 77'

IDIOMA ORIGINAL: Inglês

PRODUÇÃO: Howard Christie

ARGUMENTO: Jack Arnold, Robert M. Fresco

ROTEIRO: Norman Jolley, Robert M. Fresco

FOTOGRAFIA: Ellis W. Carter [p&b]

MONTAGEM: Patrick McCormack

MÚSICA: Joseph Gershenson

ELENCO: Grant Williams, Lola Albright, Les Tremayne, Trevor Bardette, Phil Harvey, William Flaherty, Harry Jackson, Richard Cutting, Linda Scheley, Dean Cromer, Steve Darrell

GÊNERO: Ficção científica

SINOPSE: Ben, um dos geólogos do governo que trabalham na pequena cidade de San Angelo, encontra uma estranha rocha no deserto vizinho e a leva para seu laboratório. Ao regressar de uma viagem, seu chefe, Dave Miller, o encontra morto, com o corpo misteriosamente transformado em pedra. Logo, o fenômeno torna a ocorrer com uma família das redondezas, e Dave desconfia que a rocha tem alguma ligação com o caso. Pedindo ajuda a seu velho professor, o cientista Arthur Flanders, Dave descobre que a pedra é um meteorito alienígena que, em contato com a água, cresce e se multiplica sugando o silício do solo e dos corpos vivos. Quando uma violenta tempestade se abate sobre o deserto, toda a diminuta população de San Angelo fica em perigo, enquanto Dave e Flanders tentam descobrir um modo de evitar que as pedras assassinas invadam todo o planeta.

COMENTÁRIOS: Produção de baixo orçamento que apresenta uma interessante variação do tema da "invasão alienígena". Em vez de marcianos comunistas ou de selenitas peitudas com maiôs colantes, a grande ameaça extraterrestre são simples pedaços de rocha que atuam de acordo com um processo mecânico que eventualmente destrói os seres vivos. Apesar da quase ausência de efeitos especiais, esse filme é um dos melhores exemplares do gênero nos anos 50.

AVALIAÇÃO: ***

UM MONSTRO DE BILHETERIA

DIRETOR: John Lafia

PAÍS: Estados Unidos

COMPANHIA PRODUTORA: Wilshire Court Productions

ANO DE PRODUÇÃO: 1999

DURAÇÃO: 95'

IDIOMA ORIGINAL: Inglês

PRODUÇÃO: Bob Roe (coprodução: Robert Duncan McNeil)

ARGUMENTO: Ronnie Christensen

ROTEIRO: Ronnie Christensen

FOTOGRAFIA: David Foreman [cor/p&b]

MONTAGEM: Joel Goodman

MÚSICA: Joel Goldsmith

ELENCO: Tobias Mehler, Angela Keep, Brendan Cowell, David Paterson, M. Emmet Walsh, Jonathan Oldham, Bianca Nacson, Ashley Gavin, Jeremiah Tickell, Brandon Burke, Martin Challis, Jim Russell, Brit Sooby, Philip Holder, Chris Sadrinna, Nicholas Copper, Christopher Morris,

Georgie Shew, John Gibson, Sophie Monk, Noelle Pederson, Michael Mudd, Randall Berger, Jennifer Congram, Scott Johnson

GÊNERO: Horror em tom de comédia

SINOPSE: O jovem Travis é chamado à cidadezinha de New Purgatory, a fim de retirar seu avô de um hospital psiquiátrico. O velho – o diretor de cinema Lloyd, um especialista em filmes B sobre monstros – foi internado ao anunciar que um monstro de verdade atacaria a cidade durante um festival de cinema em sua homenagem. Travis, que não via o avô há muitos anos (desde a morte de seu pai) aceita se responsabilizar por ele, que continua obcecado com a ideia do ataque. Desesperado, Lloyd resolve, então, explicar ao neto as razões das suas atitudes, contando-lhe um espantoso segredo.

COMENTÁRIOS: Telefilme – rodado na Austrália – que tenta fazer comédia com os clichês dos filmes de monstros dos anos 50/60, embora – em alguns momentos – pareça seguir essa velha receita com alguma seriedade. Porém, o resultado é fraco como comédia e bastante pobre como terror.

AVALIAÇÃO: ***

O CLUBE DOS MONSTROS

DIRETOR: Roy Ward Baker

PAÍS: Inglaterra

COMPANHIA PRODUTORA: Chips Productions / Sword and Sorcery

ANO DE PRODUÇÃO: 1980

DURAÇÃO: 98'

IDIOMA ORIGINAL: Inglês

PRODUÇÃO: Milton Subotsky

ARGUMENTO: R. Chetwynd-Hayes

ROTEIRO: Edward Abraham, Valerie Abraham

FOTOGRAFIA: Peter Jessop [cor]

MONTAGEM: Peter Tanner

MÚSICA: John Williams, "UB 40", "Expressos", Alan Hawkshaw, John Georgiadis, Douglas Gamley

ELENCO: Vincent Price, Donald Pleasence, John Carradine, Stuart Whitman, Richard Johnson, Barbara Kellermann, Britt Ekland, Simon Ward, Anthony Valentine, Patrick Magee, Anthony Steel, Fran Fullenwider, B. A. Robertson, "Night", "The Pretty Things", "The Viewers", Roger Sloman, Suzanna Willis, James Laurenson, Geoffrey Bayldon, Warren Saire, Neil McCarthy, Lesley Dunlop

GÊNERO: Horror em tom de farsa

SINOPSE: Um célebre autor de histórias de horror é atacado por um vampiro faminto. Para compensar o escritor pela traumática experiência, já que é admirador de suas obras, o vampiro o leva para conhecer o Monster Club, casa noturna onde se reúnem todos os tipos de seres bizarros. No clube, o vampiro conta ao escritor algumas histórias sinistras: [1] SHADMOCK STORY – Um malandro que gosta de levar a boa vida convence sua amante a tentar o emprego de secretária de um riquíssimo colecionador de antiguidades, a fim de que ela possa roubá-lo. Como seu patrão é uma criatura hedionda, a moça hesita em aceitar o trabalho, mas acaba cedendo às pressões do amante. O milionário acaba se apaixonando por ela, embora lhe revele que não é propriamente um ser humano. [2] VAMPIRE STORY – Um vampiro produtor de cinema mostra um filme sobre a sua infância, quando ainda ignorava o tipo de trabalho "noturno" que seu pai fazia. [3] HUMGOO STORY – Em busca de locações para o seu novo filme de terror, um diretor vai passear pelas cercanias de Londres, indo parar em uma cidade habitada por seres muito estranhos.

COMENTÁRIOS: Três episódios, tendo como elo de ligação

um clube frequentado apenas por monstros e intercalados por números musicais ao vivo. Este exemplar tardio dos filmes de horror em episódios, típicos do período 1965-1975, se caracteriza muito mais como uma homenagem afetiva do que propriamente como uma produção séria, apesar de basear-se nos contos de Chetwynd-Hayes. Em suma, um passatempo sem maior interesse, a não ser rever legendas do horror como Price e Carradine.

AVALIAÇÃO: ***

THE MONSTER OF PIEDRAS BLANCAS

O MONSTRO DE PEDRAS BRANCAS

DIRETOR: Irvin Berwick

PAÍS: Estados Unidos

COMPANHIA PRODUTORA: Vanwick

ANO DE PRODUÇÃO: 1958

DURAÇÃO: 71'

IDIOMA ORIGINAL: Inglês

PRODUÇÃO: Jack Kevan

ROTEIRO: H. Haile Chace

FOTOGRAFIA: Philip Lathrop [p&b]

MONTAGEM: George Gittens

ELENCO: Les Tremayne, Forrest Lewis, John Harmon, Frank Arvidson, Jeanne Carmen, Don Sullivan, Pete Dunn, Joseph La Cava, Wayne Berwick, "The Monster of Piedras Blancas" [Jack Kevan]

GÊNERO: Horror

SINOPSE: Uma pequena comunidade litorânea é agitada pela descoberta dos corpos de dois pescadores, mortos em circunstâncias inexplicáveis, já que estão sem um pingo de sangue. Logo surge na cidade o boato de que o caso pode estar ligado a uma antiga lenda local, que afirma existir um monstro vivendo nas grutas que existem à beira-mar. Outras mortes se sucedem rapidamente e as autoridades passam a desconfiar do faroleiro local, um homem pouco sociável e cheio de segredos. Porém, tudo é mesmo culpa do monstro – um réptil pré-histórico que esqueceu de se extinguir e que está com muita sede de sangue humano.

COMENTÁRIOS: Primeiro longa de Irvin Berwick, com um roteiro absurdo e efeitos especiais inqualificáveis.

AVALIAÇÃO: **

O MONSTRO SANGUINÁRIO

DIRETOR: Jack Arnold

PAÍS: Estados Unidos

COMPANHIA PRODUTORA: Universal-International

ANO DE PRODUÇÃO: 1958

DURAÇÃO: 77'

IDIOMA ORIGINAL: Inglês

PRODUÇÃO: Joseph Gershenson

ARGUMENTO: David Duncan

ROTEIRO: David Duncan

FOTOGRAFIA: Russell Metty [p&b]

MONTAGEM: Ted J. Kent

MÚSICA: "diversos"

ELENCO: Arthur Franz, Joanna Moore, Judson Pratt, Nancy Walters, Troy Donahue, Phil Harvey, Helen Westcott, Alexander Lockwood, Whit Bissell, Ross Elliott

GÊNERO: Horror

SINOPSE: Donald Blake é um dedicado professor universitário de biologia que está muito entusiasmado com sua nova aquisição: o legítimo cadáver de um celacanto, fóssil vivo dos mares africanos. Porém, ao ferir-se acidentalmente com os dentes do animal, Donald é contaminado pelo vírus do absurdo e tem uma "regressão evolutiva", tornando-se periodicamente um humanoide primitivo raivoso e violento.

COMENTÁRIOS: Obra menor do mestre Jack Arnold, este filme tem um enredo dos mais cretinos, baseado na história de *O médico e o monstro*. Também é visível a influência das teorias lombrosianas, na elaboração de um personagem que, simplesmente por ser "primitivo", é um assassino sanguinário. Outro detalhe que merece atenção é a estupidez do protagonista, que resolve – da maneira mais irresponsável – usar a si mesmo como cobaia em um experimento bastante idiota.

AVALIAÇÃO: **

THE MONSTER THAT CHALLENGED THE WORLD

O MONSTRO QUE DESAFIOU O MUNDO

DIRETOR: Arnold Laven

PAÍS: Estados Unidos

COMPANHIA PRODUTORA: Gramercy Pictures

ANO DE PRODUÇÃO: 1957

DURAÇÃO: 83'

IDIOMA ORIGINAL: Inglês

PRODUÇÃO: Jules V. Levy, Arthur Gardner

ARGUMENTO: David Duncan

ROTEIRO: Pat Fielder

FOTOGRAFIA: Lester White [p&b]

MONTAGEM: John D. Faure

MÚSICA: Heinz Roemheld

ELENCO: Tim Holt, Audrey Dalton, Hans Conried, Barbara Darrow, Casey Adams, Harlan Warde, Gordon Jones, Mimi Gibson, Marjorie Stapp, Jody McCrea, Eileen Harley

GÊNERO: Horror e ficção científica

SINOPSE: Um imenso lago salgado, bem no meio de um deserto, serve como local de treinamento para os militares norte-americanos que estão lutando na Guerra Fria. Porém, um terremoto provoca uma fenda no fundo do lago, de onde brotam gigantescos moluscos sequiosos por sangue humano (tal como, muitos anos depois, ocorreria em um grande país da América do Sul). Então, os militares devem se unir às forças civis para tentarem destruir os monstros e evitar que eles cheguem às grandes cidades, onde poderão comer ou serem comidos pelo povo indefeso.

COMENTÁRIOS: A única originalidade deste filme é não ter sido dirigido por Bert Gordon, o rei do gigantismo cinematográfico.

AVALIAÇÃO: **

O PASSO DO MONSTRO

DIRETOR: Frank Strayer

PAÍS: Estados Unidos

COMPANHIA PRODUTORA: Ralph M. Like Productions

ANO DE PRODUÇÃO: 1932

DURAÇÃO: 63'

IDIOMA ORIGINAL: Inglês

PRODUÇÃO: Ralph M. Like

ARGUMENTO: Robert Ellis

ROTEIRO: Robert Ellis

FOTOGRAFIA: Jules Cronjager [p&b]

MONTAGEM: Byron Robinson

MÚSICA: Lee Zahler

ELENCO: Rex Lease, Vera Reynolds, Sheldon Lewis, Mischa Auer, Martha Mattox, Sidney Bracy, Sleep n'Eat [Willie Best]

GÊNERO: Suspense e horror

SINOPSE: Com a morte misteriosa de seu pai, garota herda quase toda a sua fortuna. Porém, se ela também bater as botas, todo o dinheiro passará para as mãos do seu pobre tio inválido, que bem gostaria de ser um tio inválido rico. É claro que a partir daí a inocente jovem será vítima de macabros atentados, que só conseguem causar danos à paciência do espectador.

COMENTÁRIOS: Filme B sem nenhum interesse, com uma história banal e uma realização medíocre.

AVALIAÇÃO: *

MONSTER ZERO / KAIJU DAISENSO

GODZILLA CONTRA O MONSTRO ZERO / A GUERRA DOS MONSTROS

DIRETOR: Inoshiro Honda [Ishiro Honda]

PAÍS: Japão / Estados Unidos

COMPANHIA PRODUTORA: Toho / Henry G. Saperstein Enterprises

ANO DE PRODUÇÃO: 1965-1970

DURAÇÃO: 93'

IDIOMA ORIGINAL: Inglês

PRODUÇÃO: Tomoyuki Tanaka (executivos: Henry G. Saperstein, Reuben Bercovitch)

ROTEIRO: Shinichi Sekizawa

FOTOGRAFIA: Hajime Koizumi [cor]

MONTAGEM: Ryohei Fujii

MÚSICA: Akira Ifukube

ELENCO: Nick Adams, Akira Takarada, Kumi Mizuno, Keiko Sawai, Jun Tazaki, Yoshio Tsuchiya, Akira Kubo, Takamaru Sasaki, Yoshizo Tatake, Fuyuki Murakami, Noriko Sengoku, Yoshifumi Tajami, Somemasa Matsumoto, Toru Ibuki, Gen Shimizu, Toki Shiozawa, Kazuo Suzuki, Mitsuo Tsuda, Takuzo Kumagaia, Yasuhisa Tsutsumi, Nadao Kirino, Koji Uno, Masaaki Tachibana, Hideki Furukawa, Yutaka Oka, Kamayuki Tsubono, Ryoji Shimizu, Tadashi Okabe, Minoru Ito, Haruo Nakajima, Shoichi Hirose, Rinsaku Ogata, Goro Naya

GÊNERO: Ficção científica de monstros

SINOPSE: Astrônomos nipojaponeses descobrem, bem escondidinho atrás de Júpiter, um novo planeta em nosso sistema solar, que recebe (provavelmente por sugestão da

Xuxa ou do Eike Batista) o nome de planeta X. Uma nave espacial tripulada por dois astronautas é enviada ao novo astro para efetuar algumas pesquisas. Chegando lá, os astronautas são capturados e levados até os líderes locais, que lhes pedem ajuda para resolver um grave problema. É que o planeta X está sendo atacado pelo monstro King Ghidorah — chamado por lá de Monstro Zero — que está causando uma enorme destruição. A solicitação dos alienígenas é que as autoridades terrestres lhes enviem imediatamente os monstros Godzilla e Rodan para expulsarem King Ghidorah, como fizeram na Terra. Os astronautas voltam à Terra e as autoridades concordam em ajudar o planeta X. Porém, uma série de acontecimentos fazem com que os dois astronautas passem a desconfiar de que os alienígenas possam estar planejando alguma maldade contra o nosso planeta.

COMENTÁRIOS: Reunião de três dos mais famosos monstros de borracha do cinema japonês. Como quantidade não é realmente sinônimo de qualidade, as três bestas gigantes não chegam a fazer um bom filme. Esta ficha se refere à versão norte-americana, realizada 5 anos depois da original.

AVALIAÇÃO: ***

MONSTROS

DIRETOR: Gareth Edwards

PAÍS: Inglaterra

COMPANHIA PRODUTORA: Vertigo Films

ANO DE PRODUÇÃO: 2010

DURAÇÃO: 94'

IDIOMA ORIGINAL: Inglês

PRODUÇÃO: Allan Niblo, James Richardson

ARGUMENTO: Gareth Edwards

ROTEIRO: Gareth Edwards

FOTOGRAFIA: Gareth Edwards [cor]

MONTAGEM: Colin Goudie

MÚSICA: Jon Hopkins (supervisão: Lol Hammond)

ELENCO: Scoot McNairy, Whitney Able, Mario Zuniga Benavides, Annalee Jefferies, Justin Hall, Rick Catter, Paul Archer, Kerry Valderrema, Jonathan Winnford, Stan Wong, Anthony Cristo, Mario Richardson, Jorge Quirs, Erick Arce, Emigo Munkel, Esteban Blanco, Victor Vejan, Cristopher Chararria, Roman Bustamente, Solamon Albarran, Alejandro Sotero, Victorino Angulo, David Alba Garcia, Eduardo

Guizak, Alfonso Pineda, Jose Garcia Gomez, Erika Morales Yolanda Chacon, Elsa Rascon Gonzalez, Jose Luis Morales Chacon, Tamilez Morales Chacon, Jonathan Cadena Chacon, Cindy Vanessa Cadena Morales, Javier Acosta Rodriguez

GÊNERO: Ficção científica

SINOPSE: Uma sonda espacial norte-americana, voltando de uma missão para pesquisar vida em outros planetas, cai no México. Logo depois, na região da queda, começam a surgir estranhas formas de vida e metade do país tem que ser isolada, enquanto militares mexicanos e americanos lutam para evitar a expansão dos monstros alienígenas. Seis anos depois, na América Central, o fotógrafo Andrew recebe de seu patrão, o dono de um grande jornal, a missão de resgatar sua filha Samantha, ferida em um terremoto, e levá-la de volta para os Estados Unidos. Porém, no México, o trem em que eles viajam sofre um acidente em uma zona que está prestes a ser isolada. Com a grana do pai de Samantha, Andrew suborna as autoridades locais e vai fazer a travessia da fronteira de barco, mas ele é roubado por uma prostituta, que leva o passaporte da garota. Assim, os dois decidem se arriscar passando pela zona contaminada, o que pode se tornar bastante perigoso.

COMENTÁRIOS: Apesar do seu pressuposto ridículo, já que bastaria um simples contato com o pai de Samantha para resolver todos os problemas, o filme se defende bem, aproveitando ao máximo seus parcos recursos e guardando o fôlego para o fim.

AVALIAÇÃO: ***

O MONSTRO LEGUME DO ESPAÇO

O MONSTRO LEGUME DO ESPAÇO

DIRETOR: Petter Baiestorf

PAÍS: Brasil

COMPANHIA PRODUTORA: Canibal Produções

ANO DE PRODUÇÃO: 1995

DURAÇÃO: 77'

IDIOMA ORIGINAL: Brasil

PRODUÇÃO: Petter Baiestorf, Leomar Wazlawick

ARGUMENTO: Petter Baiestorf (?)

ROTEIRO: Petter Baiestorf

FOTOGRAFIA: Petter Baiestorf [cor]

MONTAGEM: (edição final: Frederico Zingler, Vandemir Zingler, "RTZ SOM Produções")

MÚSICA: Petter Baiestorf (tema: Lúcia Alves)

ELENCO: Loures Jahnke, Onésia Liotto, Jorge Hippler, Marcos Braun, E. B. Toniolli, Odair Massola, Ivan Pohl, Leomar Wazlawick, César Sousa, Marcelo Severo, Alfredo Debortolli, Inácio Roeder, Airton Bratz, Tânia Enea, Carli Bortolanza, Suzana Manica, Jorge Timm, Petter Baiestorf, Leandro Dal Cero, Elio Copini, Marcílio Albuqueq, Eugênio Timm, Doroti Timm, Brasilino Machado, Rodrigo Timm, Clair P. Souza, Antonio Viola

GÊNERO: Horror e ficção científica trash

SINOPSE: Cientista captura uma criatura extraterrestre de consistência leguminosa e com uma inteligência superior (pelo menos, à do próprio cientista). Porém, a criatura escapa e passa a matar todos os seres humanos que encontra em seu caminho, objetivando dominar o mundo por meio de uma nova raça de híbridos humano-vegetais.

COMENTÁRIOS: Exercício escatológico semiamador que é um dos primeiros trabalhos de Baiestorf, cineasta catarinense que vem desenvolvendo uma carreira totalmente à margem do mundo cinematográfico "oficial".

AVALIAÇÃO: ***

Um demônio está solto

DIRETOR: Michael O'Rourke

PAÍS: Estados Unidos

COMPANHIA PRODUTORA: American Bluebell

ANO DE PRODUÇÃO: 1989

DURAÇÃO: 92'

IDIOMA ORIGINAL: Inglês

PRODUÇÃO: Sally Smith

ARGUMENTO: Michael O'Rourke

ROTEIRO: Michael O'Rourke

FOTOGRAFIA: Michael Goi [cor]

MONTAGEM: Colin Hobson

MÚSICA: Douglas Pipes

ELENCO: Blake Gibbons, Ingrid Vold, John Marzilli, Tom Hamil, Jill Foor, Joe Balogh, Ann McFadden, Alex Wexler, Pamela Ross, Joseph Christopher, Sioux-z Jessup, Greg Mardon, Michael Capellupo, Kelly O'Rourke, Ernie Abernathy, Kelly Mullis, Ron K. Collie, Joleen Tropp, Ken Hanes, Tracy Hutton, Sam Williams, Neil Kinsella, Larry Coven, Carl Solomon, Mark Archuletta, Susan Hannah,

Myron Sayan

GÊNERO: Horror slasher

SINOPSE: Uma típica família de classe média está acampando num local deserto, em pleno inverno gelado. Chega ao lugar, dirigindo seu treiler, um velho que logo conquista a simpatia da família, convidando a todos para um jantar. Durante a conversa, em volta do fogo, o velho ouve interessado as inconfidências do chefe da família, que se gaba dos inúmeros confortos de seu treiler de última geração. Logo que seus convidados se despedem, o velho liberta seu filho Bernie – um louco furioso que estava acorrentado dentro do veículo – e manda que ele extermine a família para roubar os seus trastes. Após a chacina, no esforço para recolher o seu saque, o velho tem um ataque cardíaco e acaba morrendo, enquanto Bernie sai atrás da única sobrevivente e chega a um acampamento cheio de jovens prontinhos para serem trucidados.

COMENTÁRIOS: Mais uma deslavada imitação da série "Sexta-Feira 13", com um *serial killer* que trabalha por atacado e – para ser mais original – escolhe suas vítimas entre campistas adolescentes. O filme segue sua paupérrima receita, sem acrescentar qualquer elemento novo. Efeitos sanguinolentos medíocres e uma história das mais ridículas fazem deste filme um programa apenas para fanáticos pelo trash norte-americano.

AVALIAÇÃO: **

MORBUS (o Bon profit)

DIRETOR: Ignasi P. Ferré

PAÍS: Espanha

COMPANHIA PRODUTORA: TA & Coop.

ANO DE PRODUÇÃO: 1983

DURAÇÃO: 87'/83'

IDIOMA ORIGINAL: Catalão

PRODUÇÃO: Carles G. Gatius

ROTEIRO: Isabel Coixet

FOTOGRAFIA: Paco Riba [Francisco Riba] [cor]

MONTAGEM: Pere Sanchez

MÚSICA: Albert Moraleda

ELENCO: Mon Ferré, Carla Day, Joan Borras, Víctor Israel, Sony, Montse Calvo [Montserrat Calvo], Mireia Tejero, Joan Antoni Crespi, Irene Rives, Jordi Brossa, Ricard Picazo, Sergi Neach

GÊNERO: Comédia de horror

SINOPSE: Farmacêutico que, nas horas vagas, exerce o ofício de cientista louco inventa um tônico que devolve a vida aos mortos, criando um exército de zumbis. Os zumbis atacam duas prostitutas e um cliente, que estavam em um bosque. A única sobrevivente busca refúgio na casa de um escritor, que não acredita na sua história, mas nem por isso dispensa a visita da beldade.

COMENTÁRIOS: Humor, horror e erotismo (na mesma linha do trabalho do brasileiro Ivan Cardoso) realizado na Catalunha. O filme – que pode ser classificado como trash – preocupa-se mais com as cenas de nudez do que com o horror e o humor (que são bastante fracos). Apesar de ser escrito pela (hoje) renomada Isabel Coixet, o roteiro é medíocre e nunca ultrapassa os clichês mais surrados.

AVALIAÇÃO: **

MORGUE STORY – SANGUE, BAIACU E QUADRINHOS

MORGUE STORY – SANGUE, BAIACU E QUADRINHOS

DIRETOR: Paulo Biscaia Filho

PAÍS: Brasil

COMPANHIA PRODUTORA: Vigor Mortis

ANO DE PRODUÇÃO: 2008-2009

DURAÇÃO: 78'

IDIOMA ORIGINAL: Português

PRODUÇÃO: Bina Zanette (executiva)

ARGUMENTO: Paulo Biscaia Filho

ROTEIRO: Paulo Biscaia Filho

FOTOGRAFIA: Alexander De Marco [cor/p&b]

MONTAGEM: Paulo Biscaia Filho

MÚSICA: Demian Garcia

ELENCO: Leandro Daniel Colombo, Mariana Zanette, Anderson Faganello, Wagner Corrêa, Edson Bueno, Carolina Fauquemont, Fábio Silvestre, Rafaella Marques, Regina Vogue, Michelle Pucci, Marco Novak, Andrew Knoll, Marcel Szymanski, Cleber Borges, Tiago di Giovanni, Jadão da Silva, "Banda Je Rêve de Toi - Delta Cockers", Mariá Sallum, Marcela Zanette, Kaley Michelle, Rodrigo Lino, Caroline Fernanda Rocha, Renato Horstmann, Jacqueline Novack, Ricardo Brasil, Guilherme Petterman, Marcos Travinski, Paulo Henrique Valesi, Bárbara Felice, Neto Tim, Panke, Pôro

GÊNERO: Comédia de terror

SINOPSE: Em um necrotério, Daniel, um dedicado médico

legista, se prepara para realizar a autópsia de Tom, um obscuro vendedor de seguros, quando recebe a informação da chegada de um novo cadáver. A notícia deixa o legista em êxtase, já que o corpo é de uma garota que ele desejava muito: a desenhista de quadrinhos Ana. De fato, a garota não está realmente morta, já que Daniel – na verdade, um fanático religioso e tarado sexual – utiliza uma droga à base de veneno de baiacu para narcotizar belas garotas, que parecem mortas e são levadas para o necrotério, onde são estupradas e assassinadas por ele. Porém, justamente na hora em que se preparava para começar a abusar do corpo de Ana, o legista é surpreendido por Tom, que desperta e revela que sofre de catalepsia, o que o faz parecer morto. Desesperado, Daniel tenta se livrar de Tom antes que Ana desperte e estrague a sua festinha macabra.

COMENTÁRIOS: Primeiro longa de Paulo Biscaia Filho, baseado na peça teatral homônima. Apesar da temática duvidosa, o filme tem o mérito de apresentar alguns elementos originais, fugindo da compulsão imitativa do cinema brasileiro de horror.

AVALIAÇÃO: ***

O MOSQUITO

DIRETOR: Gary Jones

PAÍS: Estados Unidos

COMPANHIA PRODUTORA: Acme Films / Excalibur Motion Pictures

ANO DE PRODUÇÃO: 1994

DURAÇÃO: 92'

IDIOMA ORIGINAL: Inglês

PRODUÇÃO: David Thiry, Eric Pascarelli

ARGUMENTO: Gary Jones

ROTEIRO: Steve Hodge, Tom Chaney, Gary Jones

FOTOGRAFIA: Tom Chaney [cor]

MONTAGEM: Tom Ludwig, Bill Shaffer

MÚSICA: Allen Lynch, Randall Lynch

ELENCO: Gunnar Hansen, Ron Asheton, Steve Dixon, Rachel Loiselle, Tim Lovelace, Mike Hard, Kenny Mugwump, John Reneaud, Josh Becker, Margaret Gomoll, John Reneaud, Joel Hale, Guy Sanville, Patrick Butler, Patricia Kay Jones, Howard Brusseau Jr., Steve Hodge, Ken Laplace, Bryan Jones

GÊNERO: Comédia de terror e ficção científica

SINOPSE: Uma pequena nave alienígena sofre um acidente e cai em uma remota região pantanosa, dentro de um parque nacional norte-americano. Os mosquitos que infestam o local picam os cadáveres dos extraterrestres e sofrem uma mutação, transformando-se em monstros gigantes com uma violenta sede de sangue, que logo vão passar a atacar os turistas que visitam a parque.

COMENTÁRIOS: A ideia inicial até que é interessante, mas o desenvolvimento do enredo segue todos os clichês desgastados deste subgênero.

AVALIAÇÃO: **

THE MOST DANGEROUS GAME

Zaroff, o caçador de vidas

DIRETOR: Ernest B. Schoedsack, Irving Pichel

PAÍS: Estados Unidos

COMPANHIA PRODUTORA: RKO Radio Pictures

ANO DE PRODUÇÃO: 1932

DURAÇÃO: 63'

IDIOMA ORIGINAL: Inglês

PRODUÇÃO: Merian C. Cooper, Ernest B. Schoedsack (executiva: David Selznick)

ARGUMENTO: Richard Connell

ROTEIRO: James Ashmore Creelman

FOTOGRAFIA: Henry Gerrard [p&b]

MONTAGEM: Archie F. Marshek

MÚSICA: Max Steiner

ELENCO: Joel McCrea, Fay Wray, Leslie Banks, Robert Armstrong, Noble Johnson, Steve Clemento, Dutch Hendrian, William Davidson

GÊNERO: Drama de horror e aventura

SINOPSE: Bob, um famoso caçador, é o único sobrevivente de um naufrágio na costa de uma pequena ilha, na qual vai buscar ajuda. Ele é acolhido por Zaroff, um conde russo que vive recluso na ilha com seus criados e um casal de irmãos, sobreviventes de outro naufrágio recente. Zaroff exulta com a presença de Bob, já que também é um entusiasta da caça. Porém, Bob logo vai descobrir que o conde se cansou das caçadas triviais, inventando um jogo macabro para saciar as suas paixões sanguinárias.

COMENTÁRIOS: Um filme com o mais puro sabor dos clássicos do cinema de aventura, de uma época em que um caçador ainda podia ser herói.

AVALIAÇÃO: ***

MOSURA / MOTHRA

MOTHRA, A DEUSA SELVAGEM

DIRETOR: Inoshiro Honda [Ishiro Honda]

PAÍS: Japão

COMPANHIA PRODUTORA: Toho

ANO DE PRODUÇÃO: 1961

DURAÇÃO: 101'/90'

IDIOMA ORIGINAL: Japonês / Inglês (dub)

PRODUÇÃO: Tomoyuki Tanaka

ARGUMENTO: Shinichiro Nakamura, Takehiko Fukunaga, Yoshie Hotta

ROTEIRO: Shinichi Sekuzawa

FOTOGRAFIA: Hajime Koizumi [cor]

MONTAGEM: Ichiji Taira

MÚSICA: Yuji Koseki

ELENCO: Frankie Sakai, Hiroshi Koizumi, Kyoko Kagawa, Yumi Ito, Emi Ito, Jelly Ito [Jerry Ito], Ken Uehara, Takashi Shimura, Seizaburo Kawazu, Kenji Sahara,

Akihiko Harata, Yoshio Kosugi, Yoshibumi Tajima, Yasushi Yamamoto, Haruya Kato, Ko Mishima, Tetsu Nakamura, Shoichi Hirose, Koro Sakurai, Hiroshi Takagi, Yasuhisa Tsutsumi, Teruko Mita, Hiroshi Iwamoto, Mitsuo Tsuda, Masamitsu Tayma, Toshio Miura, Tadashi Okabe, Akira Wakamatsu, Yutara Nakayama, Johnny Yuseph, Obel Wyatt, Harold Conway, Robert Dunham, Akira Yamada, Koji Uno, Wataru Ohmae, Toshihiko Furuta, Keisuke Matsuyama, Yoshiyuki Kamimura, Katsumi Tezuka, Takeo Nagashima, Mitsuo Matsumoto, Shinpei Mitsui, Kazuo Higata, Shigeo Kato, Rinsaku Ogata, Yutaka Okada, Arai Hayamizu, Hiroyuki Satake, Kazuo Imai, Yoshio Hattori, Hiroshi Akitsu, Akio Kusama, Haruo Nakajima

GÊNERO: Aventura de monstros

SINOPSE: Náufragos japoneses são resgatados de uma ilha onde costumam ser realizados testes nucleares. Para surpresa dos médicos, eles não apresentam nenhuma contaminação e revelam que receberam um antídoto dos nativos locais. Como lá não deveria haver nativo nenhum, o governo japonês e o do Rosilican (país onde se localiza a ilha) organizam uma expedição conjunta para investigar o caso. Na ilha, os pesquisadores descobrem uma tribo que cultua duas minúsculas mulheres que possuem poderes telepáticos. Quando o líder da expedição, o inescrupuloso Clark Nelson, tenta capturar as moças, todos são expulsos pelos nativos.

Pouco depois, Nelson volta à ilha, promove um massacre e captura as nanicas, a fim de exibi-las como atração em um teatro. Porém, o que ele ignora é que as duas são protegidas pelo monstro Mothra, uma lagarta gigante que é invocada pelos nativos sobreviventes e vai em busca das garotas, causando muita morte e destruição em seu caminho.

COMENTÁRIOS: Um dos clássicos do cinema de monstros de latex, que circula em duas versões: a original japonesa e a internacional, dublada em inglês e distribuída pela Columbia.

AVALIAÇÃO: ***

MOSURA TAI GOJIRA / GODZILLA VS. MOTHRA

GODZILLA CONTRA A ILHA SAGRADA

DIRETOR: Inoshiro Honda [Ishiro Honda]

PAÍS: Japão

COMPANHIA PRODUTORA: Toho

ANO DE PRODUÇÃO: 1964

DURAÇÃO: 88'

IDIOMA ORIGINAL: Inglês (dub)

PRODUÇÃO: Tomoyuki Tanaka

ROTEIRO: Shinichi Sekizawa

FOTOGRAFIA: Hajime Koizumi [cor]

MONTAGEM: Ryohei Fujii

MÚSICA: Akira Ifukube

ELENCO: Akira Takarada, Yuriko Hoshi, Hiroshi Koizumi, Yu Fujiki, Kenji Sahara, Emi Ito, Yumi Ito, Urushi Tazakai

GÊNERO: Horror de monstros

SINOPSE: Após a passagem de um violento furacão, um gigantesco ovo surge no litoral do Japão e logo cai nas mãos de um inescrupuloso empresário. Logo depois, surgem as fadinhas gêmeas pedindo a devolução do ovo, que é da Mothra. Como o empresário se nega a entregá-lo, as fadas voltam para a sua ilha. Pouco tempo depois, Godzilla reaparece e começa a destruir o país. Quando tudo parece inútil para detê-lo, surge a ideia de pedir a ajuda da Mothra para combater o monstro. Porém, será que ela e suas fadas terão pena da humanidade?

COMENTÁRIOS: O filme traz novamente o mais popular de todos os monstros, Godzilla (desta vez, enfrentando outra celebridade: a Mothra, em sua segunda aparição nas telas). Com pouca história e muita ação (com bons efeitos especiais de Eiji Tsuburaya), este filme foi visto na versão norte-ame-

ricana, (pessimamente) dublada em inglês e com a (pequeníssima) participação de alguns atores ocidentais.

AVALIAÇÃO: ***

MOTEL INFERNO

DIRETOR: Kevin Connor

PAÍS: Estados Unidos

COMPANHIA PRODUTORA: Camp Hill

ANO DE PRODUÇÃO: 1980

DURAÇÃO: 102'

IDIOMA ORIGINAL: Inglês

PRODUÇÃO: Steven-Charles Jaffe, Robert Jaffe

ARGUMENTO: Robert Jaffe, Steven-Charles Jaffe

ROTEIRO: Robert Jaffe, Steven-Charles Jaffe

FOTOGRAFIA: Thomas Del Ruth [cor]

MONTAGEM: Bernard Gribble

MÚSICA: Lance Rubin

ELENCO: Rory Calhoun, Paul Linke, Nancy Parsons,
Nina Axelrod, Wolfman Jack, Elaine Joyce, Dick Curtis,

Monique St. Pierre, Rosanne Katon, E. Hampton Beagle, Everett Creach, Michael Melvin, John Ratzenberger, Marc Silver, Victoria Hartman, Gwil Richards, Toni Gillman, Shaylin Hendrixson, Heather Hendrixson, Margot Hope, Barbara Goodson (voz), Kim Fowler (voz)

GÊNERO: Comédia de terror

SINOPSE: Nos cafundós do interior americano, o velho Vince Smith dirige o motel Hello, que está situado exatamente ao lado da sua fábrica caseira de carne suína defumada. A carne produzida pela fábrica é afamada em toda a região, graças a um segredo que Vince esconde a sete chaves. Trata-se de um ingrediente secreto – carne humana – que o micro-industrial recolhe montando armadilhas na estrada que passa pela cidade. Com a ajuda de sua irmã Ida, Vince enterra suas vítimas vivas até o pescoço, no fundo do quintal, enquanto trata de engordá-las para melhorar o gosto e a maciez de seu produto. Ao capturar um casal de turistas, Vince interessa-se pela moça – Terry – e resolve poupá-la, levando-a para sua casa. Porém, essa decisão vai complicar a vida do pacato Vince, já que Terry desperta ciúmes em Ida e também atrái a atenção de Bruce, irmão mais novo de Vince e delegado da cidade – que nada sabe sobre as peculiares atividades da sua família e apenas consome avidamente o seu produto.

COMENTÁRIOS: Sem ser um clássico, esta sátira ao hábito norte-americano de comer *snacks* de carne seca é muito simpática e divertida, especialmente pela presença do veterano Calhoun.

AVALIAÇÃO: ***

MOTHER RILEY MEETS THE VAMPIRE / MY SON, THE VAMPIRE

Meu filho, o vampiro

DIRETOR: John Gilling

PAÍS: Inglaterra

COMPANHIA PRODUTORA: Fernwood Productions

ANO DE PRODUÇÃO: 1952

DURAÇÃO: 72'

IDIOMA ORIGINAL: Inglês

PRODUÇÃO: John Gilling

ARGUMENTO: Val Valentine

ROTEIRO: Val Valentine

FOTOGRAFIA: Stan Pavey [p&b]

MONTAGEM: Len Trumm [Leonard Trumm]

MÚSICA: Lindo Southworth

ELENCO: Bela Lugosi, Arthur Lucan, Dora Bryan, Philip Leaver, Richard Wattis, Graham Moffat, María Mercedes, Roderick Lovell, David Hurst, Judith Furse, Ian Wilson, Hattie Jacques, Dandy Nichols, George Benson, Bill Shine, David Hannaford, Charles Lloyd Pack, Cyril Smith, Arthur Brander, Peter Bathurst, Tom MacCauley

GÊNERO: Comédia de terror

SINOPSE: Um misto de cientista louco e criminoso psicopata, que se intitula O Vampiro, tem um terrível plano para dominar o mundo, utilizando sofisticados soldados-robôs muito lentos e frágeis. Para isso, ele necessita de uma grande quantidade de urânio, sequestrando uma jovem que possui o segredo de uma imensa jazida do minério (e que trazia consigo um mapa, a fim de entregá-lo ao governo britânico). Toda a polícia empenha-se na caça ao Vampiro, que está bem escondido em sua casa de campo. Porém, quando o protótipo dos seus robôs é extraviado, indo parar na casa de uma velha quitandeira, o cientista aciona seu mecanismo de controle remoto e recupera o autômato, trazendo também a velha como contrapeso.

COMENTÁRIOS: Humor bastante grosseiro, protagonizado por uma personagem bastante popular no cinema britânico: a velha Mother Riley, interpretada pelo cômico Arthur Lucan.

AVALIAÇÃO: ***

MOTHRA

(Cf. Mosura)

MY SON, THE VAMPIRE

(Cf. Mother Riley meets the vampire)

NIGHTMARE

CILADA DIABÓLICA

DIRETOR: Freddie Francis

PAÍS: Inglaterra

COMPANHIA PRODUTORA: Hammer Film

ANO DE PRODUÇÃO: 1963

DURAÇÃO: 82'

IDIOMA ORIGINAL: Inglês

PRODUÇÃO: Jimmy Sangster

ARGUMENTO: Jimmy Sangster

ROTEIRO: Jimmy Sangster

FOTOGRAFIA: John Wilcox [p&b]

MONTAGEM: James Needs

MÚSICA: Don Banks (supervisão: John Hollingsworth)

ELENCO: David Knight, Moira Redmond, Jennie Linden, Brenda Bruce, George A. Cooper, Irene Richmond, Timothy Bateson, Clytie Jessop, John Welsh, Elizabeth Dear

GÊNERO: Horror

SINOPSE: Janet é uma jovem bastante perturbada, já que não consegue se livrar do trauma de ter tido seu pai assassinado por sua mãe, que enlouquecera quando ela ainda era criança. Porém, o maior medo de Janet – que acredita nos princípios da hereditariedade – é ter o mesmo destino da mãe, agora internada num hospício. Atormentada por constantes pesadelos, a garota sai do internato em que estuda e volta para sua mansão, onde vive apenas com a governanta e o jardineiro. Seu maior desejo, porém, é encontrar seu tutor, Henry Baxter, por quem nutre uma paixão platônica. Ao chegar em casa, ela se surpreende ao encontrar Grace, que seu tutor contratou para ser sua acompanhante. Apesar de seu retorno, Janet não consegue se livrar dos pesadelos, nos quais é perseguida por uma estranha mulher – o que pode concretizar os seus temores.

COMENTÁRIOS: Mais um dos bons filmes "fora de série"

da Hammer, misturando elementos de suspense e horror. Aqui, o velho tema da herdeira vítima de uma conspiração é utilizado com bastante criatividade, ressaltando a boa qualidade do trabalho do diretor Francis (que consegue criar um clima bastante envolvente).

AVALIAÇÃO: ***

NIGHTMARES

PESADELOS DIABÓLICOS

DIRETOR: Joseph Sargent

PAÍS: Estados Unidos

COMPANHIA PRODUTORA: Universal

ANO DE PRODUÇÃO: 1983

DURAÇÃO: 99'

IDIOMA ORIGINAL: Inglês

PRODUÇÃO: Christopher Crowe

ROTEIRO: Christopher Crowe [1, 2, 3], Jeffrey Bloom [4]

FOTOGRAFIA: Gerald Perry Finnerman [1, 2], Mario Di-Leo [3, 4] [cor]

MONTAGEM: Rod Stephens, Michael Brown

MÚSICA: Craig Safan

ELENCO: Cristina Raines, Joe Lambie, Raleigh Bond, Anthony James, Emilio Estevez, Mariclare Costello, Louis Giambalvo, Moon Zappa, Billy Jacoby, Joshua Grenrock, Gary Cervantes, Lance Henriksen, Tony Plana, Timothy Scott, Robin Gammell, Richard Masur, Veronica Cartwright, Bridgette Andersen, Albert Hague, Clare Nono, Robert Phelps, Dixie Lynn Royce, Lee James Jude, C. Stewart Burnes, Andre Diaz, Rachel Goslins, Joel Holman, Christopher Bubetz, Rudy Negrete, James Tolkan (voz), Rose Marie Campos, Howard F. Flynn (voz)

GÊNERO: Horror

SINOPSE: Em quatro episódios. [1] TERROR IN TOPANGA – Fumante inveterada não consegue passar a noite sem cigarros e sái para comprá-los, apesar de saber que um assassino psicopata está solto na vizinhança; [2] THE BISHOP OF THE BATTLE – Adolescente viciado em fliperama abandona todos os seus outros interesses, obcecado pela ideia de vencer o dificílimo jogo do Bispo da batalha. Cobrado pelos seus pais, ele foge de casa durante a madrugada e invade o fliperama, disposto a passar a noite jogando. Finalmente, ele consegue vencer, mas o que ganha realmente, com isso, é uma terrível surpresa; [3] THE BENEDICTION – Em crise de fé, após a morte do filho de um de seus paroquianos, um padre resolve largar a Igreja e correr mundo, viajando de carro pelo deserto. Porém, no caminho, ele é atacado por um veículo misterioso, que parece obcecado pela ideia de matá-lo; [4] NIGHT OF THE RAT – Um executivo, atormentado por seus muitos problemas profissionais, resolve exterminar sozinho os ratos que andam infestando a sua casa. Ele apanha um dos ratos, mas seus problemas só pioram, já que o animal capturado era só um filhote de uma ratazana gigantesca, que ainda por cima tem poderes sobrenaturais.

COMENTÁRIOS: Este telefilme é um apanhado de histórias fracas, onde os sustos competem com os bocejos (e perdem feio).

AVALIAÇÃO: ***

NIKOS – THE IMPALER

DIRETOR: Andreas Schnaas

PAÍS: Alemanha

COMPANHIA PRODUTORA: C. C. Becker Productions / Cinema Image Productions / Schnaas Film

ANO DE PRODUÇÃO: 2003

DURAÇÃO: 100'

IDIOMA ORIGINAL: Inglês

PRODUÇÃO: C. C. Becker

ARGUMENTO: Andreas Schnaas

ROTEIRO: Ted Geoghegan

FOTOGRAFIA: Hugh Daly [cor]

MONTAGEM: Ray Schwetz

MÚSICA: "Function Zero" [MJ Mack, S. Gerard Mack] (metal score: Marc Trinkhaus)

ELENCO: Joseph Zaso, Felissa Rose, Brenda Abbandandolo, Patrick S. Tierney, Joseph Michael Lagana, Joe Lattanzi, Michael Russo, Dennis Albanese, Sal Sirchia, Tina Kay, Patricia Ostergaard, Joy Seligsohn, Preston Barnes, Steve Moramarco, Lloyd Kaufman, Debbie Rochon, Tina Krause, Darian Caine, Bela B. Felsenheimer, Noemi Domokos, Rainer Matsutani, Andreas Schnaas, Antonio Tomahawk, Frank Franconeri, Daniel Alvaro, Mike Marino, Hugh Daly, Erotida Cruz, Fred Cerniglia, Alicia Tsai, Rachel Price, Danielle Rosenthal, Danny Lopes, Karrie, Dayna Pagano, Dennis Keeley, Willie Hill, Frank Gagliardotto, Damien Charles, Jake Bennett, Holly Bennett, Venus Maziarz, Fran Zaso, John Zaso, Jasi Cotton Lanier, Michael Bruno, Víctor García, Damian Maffei, Ryan Blackwell, Anne Stampfl, Monic Nagel, Christine Maier, Cyrus Vaseghi, Philip Harwood, Jesus Vega, Sierra Brandt, J. C. Zachary, Jamie Greco, Beth Nugent, Vincent Giovanntonio, Amy St. Lawrence, Jasmine Cruz, Zalika Quinn, Barbara

Johnson, Ray Schwetz, Lenise Sorén, Ken Lin, Elton Lin, Steve Montague, Craig David Rosen, Brian Michael Finn

GÊNERO: Comédia de horror

SINOPSE: Na Romênia medieval, o cruel assassino Nikos é executado, mas jura voltar para se vingar dos descendentes de seus carrascos. Mil anos depois, em Nova Iorque, uma galeria de arte promove uma mostra de peças arqueológicas, entre as quais está uma máscara de ferro que pertenceu a Nikos. Ao tentar assaltar a galeria, um ladrão é ferido e seu sangue banha a máscara, provocando a ressurreição do bárbaro. A partir daí Nikos começará uma verdadeira carnificina, na galeria e, depois, nas ruas de Nova Iorque.

COMENTÁRIOS: Apesar de contar com locações em Nova Iorque, essa produção alemã é de uma extrema pobreza e incompetência, juntando clichês desgastados com efeitos especiais de vídeo amador.

AVALIAÇÃO: **

THE PEOPLE UNDER THE STAIRS

As criaturas atrás das paredes

DIRETOR: Wes Craven

PAÍS: Estados Unidos

COMPANHIA PRODUTORA: Alive Films

ANO DE PRODUÇÃO: 1991

DURAÇÃO: 102'

IDIOMA ORIGINAL: Inglês

PRODUÇÃO: Marianne Maddalena, Stuart M. Besser (co-produção: Dixie Capp)

ARGUMENTO: Wes Craven

ROTEIRO: Wes Craven

FOTOGRAFIA: Sandi Sissel [cor]

MONTAGEM: James Coblentz

MÚSICA: Don Peake

ELENCO: Brandon Adams, Everett McGill, Wendy Robie, A. J. Langer, Ving Rhames, Bill Cobbs, Kelly Jo Minter, Sean Whalen, Jeremy Roberts, Conni Marie Brazelton, Joshua Cox, John Hostetter, John Mahon, Teresa Velarde, George R. Parker, Yan Birch, Wayne Daniels, Michael Kopelow, Brutus, Bubba, Schultz, Zeke

GÊNERO: Horror para adolescentes

SINOPSE: Fool é um miserável garoto negro que vive num gueto fedido com sua família paupérrima. No meio de uma situação desesperadora (sua família está prestes a ser despejada e sua mãe está morrendo de câncer), o menino resolve aceitar a oferta do namorado de sua irmã, que o convida para participar de um assalto. O alvo é o velho casarão onde vive seu senhorio, um homem misterioso e temido por toda a vizinhança. Seu outro comparsa no assalto consegue entrar na casa e desaparece, fazendo com que Fool e o namorado de sua irmã vão procurá-lo. Logo, o garoto percebe que a casa é cheia de armadilhas e vai parar num porão, onde descobre o cadáver do comparsa desaparecido e onde estranhas criaturas tentam atacá-lo. Ele foge e encontra seu parceiro, mas logo surgem o dono da casa e sua esposa, que se revelam dois psicopatas e passam a caçá-los.

COMENTÁRIOS: Como costuma acontecer no cinema de terror americano moderno, o filme é destinado ao público adolescente, o que explica muitos dos seus exageros (como a quase indestrutibilidade do casal de psicopatas e a ridícula caracterização dos prisioneiros do porão). Porém, trata-se de um filme animadíssimo, que certamente servirá como uma boa diversão para os aficcionados.

AVALIAÇÃO: ***

PET SEMATARY

O CEMITÉRIO MALDITO

DIRETOR: Mary Lambert

PAÍS: Estados Unidos

COMPANHIA PRODUTORA: Paramount Pictures

ANO DE PRODUÇÃO: 1989

DURAÇÃO: 103'

IDIOMA ORIGINAL: Inglês

PRODUÇÃO: Richard P. Rubinstein, Mitchell Galin

ARGUMENTO: Stephen King

ROTEIRO: Stephen King

FOTOGRAFIA: Peter Stein [cor]

MONTAGEM: Michael Hill, Daniel Hanley

MÚSICA: Elliot Goldenthal

ELENCO: Dale Midkiff, Fred Gwynne, Denise Crosby, Brad Greenquist, Michael Lombard, Miko Hughes, Blaze Berdahl, Susan Blommaert, Mara Clark, Kavi Raz, Mary Louise Wilson, Andrew Hubatsek, Liz Davies, Kara Dalke, Matthew August Ferrell, Lisa Stathoplos, Stephen King, Elizabeth Ureneck, Chuck Courtney, Peter Stader, Richard Collier, Chuck Shaw, Dorothy McCabe, Mary R. Hughes, Eleanor Grace Courtemanche, Donnie Greene, Lila Duffy, John David Moore, Beau Berdahl

GÊNERO: Horror

SINOPSE: Louis é um jovem médico que se muda com a

família para uma próspera cidadezinha dos cafundós americanos, em busca de gente menos doente e mais rica. Porém, a nova casa de Louis é uma autêntica armadilha, pois fica bem em frente a uma auto-estrada cheia de caminhões passando em alta velocidade. Mesmo mandando castrar o gato de estimação de sua filha, o pobre bichano logo se torna a primeira vítima, deixando Louis consternado. O rapaz pede ajuda a um vizinho, o velho Jud, que o leva para enterrar o gato num remoto cemitério indígena, cujo solo é dotado de estranhos poderes. Logo Louis é testemunha deles, quando o gato reaparece vivo, embora com um comportamento bastante bizarro. Tudo parece voltar ao normal, quando a família é vítima de uma nova tragédia: o atropelamento e morte do filho mais novo, Gage. Desesperado, Louis resolve mandar a esposa Rachel e a filha para a casa de seus sogros, decidido a enterrar seu filho no mesmo cemitério.

COMENTÁRIOS: Uma das melhores adaptações cinematográficas das obras de Stephen King, com roteiro dele próprio e alguns cenários bastante elaborados.

AVALIAÇÃO: ***

Fantasma do espaço

DIRETOR: W. Lee Wilder

PAÍS: Estados Unidos

COMPANHIA PRODUTORA: Planet Filmplays

ANO DE PRODUÇÃO: 1953

DURAÇÃO: 73'

IDIOMA ORIGINAL: Inglês

PRODUÇÃO: W. Lee Wilder

ARGUMENTO: Myles Wilder

ROTEIRO: Bill Raynor, Myles Wilder

FOTOGRAFIA: William Clothier [p&b]

MONTAGEM: George Gale

MÚSICA: William Lava

ELENCO: Ted Cooper, Tom Daly, Steve Acton, Burt Wenland, Lela Nelson, Harry Landers, Bert Arnold, Sandy Sanders, Harry Strang, Jim Bannon, Jack Daly, Michael Mark, Rudolph Anders, James Seay, Noreen Nash, Steve Clark, Dick Sands

GÊNERO: Ficção científica

SINOPSE: Após sofrer um acidente com sua nave espacial, um alienígena vai parar no litoral dos Estados Unidos, onde mata duas pessoas e causa um grave incêndio em um campo de petróleo. Pensando que se trata de algum tipo de sabotador estrangeiro, as autoridades passam a persegui-lo. Porém, a tarefa vai ser bastante complicada, já que o ET é invisível e, ainda por cima, usa um traje espacial que o torna quase invulnerável.

COMENTÁRIOS: Produção extraordinariamente precária, com efeitos especiais tosquíssimos e uma absoluta falta de enredo (já que boa parte da história se resume à busca do ET por recuperar o seu traje espacial indestrutível, que ele abandonou sabe-se lá porquê). A única coisa que podemos dizer de bom sobre esse filme é que seus produtores entendiam de economia, já que o cachê dos atores invisíveis não costuma ser muito alto.

AVALIAÇÃO: *

THE PHANTOM PLANET

DIRETOR: William Marshall

PAÍS: Estados Unidos

COMPANHIA PRODUTORA: Four Crown

ANO DE PRODUÇÃO: 1961

DURAÇÃO: 83'

IDIOMA ORIGINAL: Inglês

PRODUÇÃO: Fred Gebhardt

ARGUMENTO: Fred Gebhardt

ROTEIRO: William Telaak, Fred de Gorter, Fred Gebhardt

FOTOGRAFIA: Elwood J. Nicholson [p&b]

MONTAGEM: Hugo Grimaldi

MÚSICA: Gordon Zahler

ELENCO: Dean Fredericks, Coleen Gray, Tony Dexter, Francis X. Bushman, Richard Weber, Al Jarvis, Dick Haynes, Earl McDaniel, Michael Marshall, John Herrin, Mel Curtis, Jimmy Weldon, Akemi Tani, Lori Lyons, Richard Kiel, Susan Cembrowska, Merissa Mathes, Gloria Moreland, Judy Erickson, Marya Carter, Allyson Ames, Marion Thompson, Dolores Faith

GÊNERO: Ficção científica

SINOPSE: Em 1980, os Estados Unidos estão na vanguarda da pesquisa espacial, realizando expedições interplanetárias a partir de sua base na Lua. Quando duas naves desaparecem misteriosamente, ao se chocarem com um planetoide à deriva, o comandante da base envia o veterano astronauta Frank Chapman para investigar o caso. Em um acidente, Chapman perde seu copiloto e sua nave é atraída para o tal planetoide, onde ele encontra um estranho povo de proporções minúsculas. Reduzido, pela gravidade, às mesmas dimensões dos ETs, Chapman é capturado e forçado a viver entre os alienígenas, que possuem costumes bastante diferentes dos terrenos.

COMENTÁRIOS: Produção sem o mais mínimo interesse, com um protagonista sem carisma e uma história que não passa de uma salada de clichês sem nenhum tempero.

AVALIAÇÃO: **

PHANTOMS

Fantasmas

DIRETOR: Joe Chappelle

PAÍS: Estados Unidos

COMPANHIA PRODUTORA: Neo Motion Pictures / Raven House

ANO DE PRODUÇÃO: 1998

DURAÇÃO: 91'

IDIOMA ORIGINAL: Inglês

PRODUÇÃO: Robert Pringle, Steven Lane, Joel Soisson, Michael Leahy

ARGUMENTO: Dean Koontz

ROTEIRO: Dean Koontz

FOTOGRAFIA: Richard Clabaugh [cor]

MONTAGEM: Randolph K. Bricker

MÚSICA: David Williams

ELENCO: Peter O'Toole, Rose McGowan, Joanna Going, Liev Schreiber, Ben Affleck, Nicky Katt, Clifton Powell, Rachel Shane, Michael de Lorenzo, Rick Otto, Adam Nelson, John Hammil, John Scott Clough, William Hahn, Robert Himber, Bo Hopkins, Rob Knepper, Paul Schmidt, Dean Hallo, Clive Rosengren, Edmund Wyson, Luke Eberl, Rich Beall, Judith Drake, Yvette Nipar, cão Ruger

GÊNERO: Horror e ficção científica

SINOPSE: Preocupada com a crescente rebeldia de sua irmã adolescente Lisa, a médica Jennifer Pailey resolve levá-la para passar uns tempos em sua casa, na pequena cidade de Snowfield, Colorado. Porém, logo que as moças chegam, percebem que há alguma coisa bastante errada, já que não existe vivalma na cidade inteira. Ao descobrirem o cadáver da empregada de Jennifer, as irmãs vão procurar ajuda e acabam encontrando um grupo de policiais, comandados pelo xerife Bryce Hammond. Bryce percebe que existe alguma presença estranha na cidade e que todos devem estar mortos, pedindo ajuda às autoridades estaduais. A única pista do que está acontecendo é o nome "Timothy Flyte", escrito pelos prováveis assassinos. Logo, os agentes do governo vão procurar Flyte, um ex-cientista que se tornou editor de um tabloide sensacionalista, após ter suas teorias heterodoxas ridicularizadas por seus colegas. Estas teorias diziam respeito a misteriosas desaparições em massa de populações, ao longo da história, que seriam causadas por estranhas forças oriundas do centro da Terra, periodicamente despertadas por uma fome ancestral.

COMENTÁRIOS: Apesar da presença do veterano Peter O'Toole, trata-se de um filme que nada acrescenta ao gênero, reciclando fórmulas mais do que desgastadas.

AVALIAÇÃO: ***

PHENOMENA

PHENOMENA

DIRETOR: Dario Argento

PAÍS: Itália

COMPANHIA PRODUTORA: DACFILM

ANO DE PRODUÇÃO: 1984

DURAÇÃO: 110'

IDIOMA ORIGINAL: Inglês

PRODUÇÃO: Dario Argento

ARGUMENTO: Dario Argento, Franco Ferrini

ROTEIRO: Dario Argento, Franco Ferrini

FOTOGRAFIA: Romano Albani [cor]

MONTAGEM: Franco Fraticelli

MÚSICA: "diversos"

ELENCO: Jennifer Connelly, Daria Nicolodi, Dalila di Lazzaro, Patrick Bauchau, Donald Pleasence, Fiore Argento, Federica Mastroianni, Fiorenza Tessari, Mario Donatone, Francesca Ottaviani, Michele Soavi, Franco Trevisi, Fausta Avelli, Marta Biuso, Sophie Bourchier, Paola Gropper, Ninke Hielkema, Mitzy Orsini, Geraldine Thomas, chimpanzé Tanga

GÊNERO: Horror gótico

SINOPSE: Jennifer, a linda filha adolescente de um famoso astro do cinema, vai estudar em um sofisticado colégio interno na Suíça. Porém, justamente por ser um autêntico viveiro de beldades em flor, o lugar está sendo ameaçado por um psicopata assassino, que só ataca ninfetas. Com seu problema de sonambulismo e o dom de comunicar-se com os insetos, Jennifer vai envolver-se no caso bem mais do que seria seguro para a sua vida.

COMENTÁRIOS: Um dos melhores trabalhos de Argento,

com uma concepção visual sofisticada e uma história bastante interessante. Porém, mesmo que não tivesse nenhuma das suas qualidades, o filme vale plenamente pela beleza da jovem Jennifer Connelly e pelo seu final edificante.

AVALIAÇÃO: ****

PINOCCHIO'S REVENGE

PINÓQUIO – O PERVERSO

DIRETOR: Kevin S. Tenney

PAÍS: Estados Unidos

COMPANHIA PRODUTORA: Trimark Pictures / Blue Rider

ANO DE PRODUÇÃO: 1996

DURAÇÃO: 96'

IDIOMA ORIGINAL: Inglês

PRODUÇÃO: Jeff Geoffray, Walter Josten, Jonathon Komack Martin

ARGUMENTO: Kevin S. Tenney

ROTEIRO: Kevin S. Tenney

FOTOGRAFIA: Eric Anderson [cor]

MONTAGEM: Daniel Duncan

MÚSICA: Dennis Michael Tenney

ELENCO: Rosalind Allen, Todd Allen, Aaron Lustig, Ron Canada, Candace McKenzie, Lewis Van Bergen, Larry Cedar, Brittany Alyse Smith, Ivan Gueron, Thomas Wagner, Janis Chow, Janet MacLachlan, Sarah Kaite Coughlan, Tara Hartman, Danielle Wiener, Carianne Goldsmith, Jose Rey, Ian Gregory, Michael Connors, Dani Blair, Larry Ziegelmeyer, Robert Winley, Shelley Robertson, James W. Quinn, Sal Viscuso, Ed Bernard

GÊNERO: Horror

SINOPSE: Jennifer é uma defensora pública especializada em atender psicopatas, já que eles nunca são responsáveis pelos crimes que cometem. Em um de seus casos, ela é encarregada de tentar salvar um homem que assassinou o próprio filho e que é acusado de ser um *serial killer*. Diante das muitas provas, o homem acaba sendo executado, mas Jennifer fica acidentalmente de posse de um boneco de madeira feito pelo seu cliente, que acaba indo parar nas mãos da sua filhinha Zoc. Porém, o tal boneco, que representa o célebre Pinóquio, passa a exercer uma estranha influência sobre a menina, que foi gravemente afetada pela separação de seus pais.

COMENTÁRIOS: Este filme parece ser uma espécie de leitura freudiana do clássico "Brinquedo assassino". Para explicar o seu enredo, o diretor apela para uma certa religiosidade maniqueísta que nunca convence ninguém. Como se não bastasse, tenta-se manter até o fim a dúvida sobre a verdadeira identidade do psicopata – o boneco ou a menina – mas nada funciona muito bem. Além de uma única cena de nudez (que só serve para tornar o filme impróprio para crianças), a produção põe todas as suas fichas na pequena Brittany Smith, que realmente tem um excelente desempenho. Porém, uma andorinha só não faz verão, ao menos neste caso.

AVALIAÇÃO: **

PIRANHA / PIRANHA 3-D

PIRANHA

DIRETOR: Alexandre Aja

PAÍS: Estados Unidos

COMPANHIA PRODUTORA: Mark Canton / IPW – Intellectual Properties Worldwide

ANO DE PRODUÇÃO: 2010

DURAÇÃO: 89'

IDIOMA ORIGINAL: Inglês

PRODUÇÃO: Mark Canton, Marc Toberoff, Alexandre

Aja, Gregory Levasseur

ROTEIRO: Peter Goldfinger, Josh Stolberg

FOTOGRAFIA: John R. Leonetti [cor]

MONTAGEM: Baxter

MÚSICA: Michael Wandmacher

ELENCO: Elisabeth Shue, Adam Scott, Jerry O'Connell, Ving Rhames, Jessica Szohr, Steven R. McQueen, Dina Meyer, Christopher Lloyd, Richard Dreyfuss, Ricardo Chavira, Kelly Brook, Paul Scheer, Cody Longo, Sage Ryan, Brooklynn Proulx, Riley Steele, Devra Korwin, Eli Roth, Brian Kubach, Ashlynn Brooke, Cavin Gray-Schneider, Bo Jacober, Franck Khalfoun, Genevieve Alexandra, Nick Magee, Gianna Michaels, Bonnie Morgan, Gregory Nicotero, Tim Bishop, Carmen Prisco, Maarsen Roney, Jason Spisak, Kym Stys, Nicole Randall, Christopher Vejnoska, Nancy Walters, Tyrone Williams, Matt Bercia

GÊNERO: Horror

SINOPSE: Uma pequena cidade, à beira de um grande lago, está recebendo milhares de jovens para as férias de verão. Por uma lamentável coincidência, um pequeno tremor de terra abre uma fissura no fundo do lago, criando um canal de comunicação com um lago subterrâneo, que estava isolado da superfície há alguns milhões de anos. Apesar de pequena, a fissura é suficiente para deixar que um cardume de piranhas pré-históricas invada o lago "moderno", em busca de vítimas para a sua fome primitiva. Muito maiores, mais fortes e inteligentes que as piranhas atuais, os monstros feiosos começarão a fazer suas vítimas, tendo como únicos adversários a bela delegada local, um oceanógrafo meio abobalhado e um ictiólogo um tanto senil.

COMENTÁRIOS: Apesar do título, não se trata de uma refilmagem do clássico homônimo de Joe Dante, embora a estrutura da história seja basicamente a mesma (ou seja, um plágio descarado de "Tubarão"). De resto, um passatempo divertido e cheio de mulheres bonitas, que não perdem em nada para as suas colegas aquáticas.

AVALIAÇÃO: ***

PIRANHA – PART TWO: THE SPAWNING

PIRANHA II – ASSASSINAS VOADORAS

DIRETOR: James Cameron

PAÍS: Estados Unidos

COMPANHIA PRODUTORA: Chako Film Company

ANO DE PRODUÇÃO: 1981

DURAÇÃO: 95'

IDIOMA ORIGINAL: Inglês

PRODUÇÃO: Chako Van Leuwen, Jeff Schechtman

ROTEIRO: H. A. Milton [Ovidio G. Assonitis, James Cameron, Charles H. Eglee]

FOTOGRAFIA: Roberto d'Ettore Piazzoli [cor]

MONTAGEM: Robert Silvi [Roberto Silvi]

MÚSICA: Steve Powder [Stelvio Cipriani]

ELENCO: Tricia O'Neil, Steve Marachuk, Lance Henriksen, Ted Richert, Ricky G. Paull, Leslie Graves, Albert Sanders, Tracy Berg, Phil Colby, Hildy Magnasun, Carole Davis, Connie Lynn Hadden, Anne Pollack, Arnie Ross, Lee Krug, Sally Ricca, Capt. Kidd Brewer Jr., Jan Eisner Mannon, Ancil Gloudon, Paul Drummond, Ward White, Dorothy Cunningham, Aston S. Young, Paul Issa, Gaetano del Grande, Myra Weisler, Johnny Ralston, Jim Pair

GÊNERO: Horror e suspense

SINOPSE: Num hotel do Caribe, a instrutora de mergulho Anne está ensinando um grupo de turistas quando um deles é violentamente morto por um animal não identificado. Anne, que é ex-esposa de Steve, o delegado local, resolve investigar o caso por conta própria, já que a polícia está sendo pressionada pelos empresários de turismo, que não querem perder dinheiro com propaganda negativa. Com a ajuda de seu aluno Tyler, Anne descobre que a costa da região (tal como as praias de alguns estados brasileiros) está ameaçada por sanguinárias piranhas marinhas, criadas por um experimento secreto do governo americano (que desejava transformar as piranhas em armas de guerra). Porém, apesar de todas as advertências da moça, o dono do hotel insiste em realizar o seu festival de pesca noturna, que se realizará nessa mesma noite.

COMENTÁRIOS: Continuação bastante indigente de "Piranha" (Joe Dante, 1978), que já não era grande coisa. Em seu primeiro longa, James Cameron ainda não demonstrava qualquer sinal das qualidades que, poucos anos depois, fariam dele o Rei Mid(i)as das bilheterias.

AVALIAÇÃO: **

PIRANHA 3-D

(Cf. Piranha)

PIT AND THE PENDULUM

A MANSÃO DO TERROR

DIRETOR: Roger Corman

PAÍS: Estados Unidos

COMPANHIA PRODUTORA: Alta Vista Productions

ANO DE PRODUÇÃO: 1961

DURAÇÃO: 80'

IDIOMA ORIGINAL: Inglês

PRODUÇÃO: Roger Corman

ARGUMENTO: Edgar Allan Poe

ROTEIRO: Richard Matheson

FOTOGRAFIA: Floyd Crosby [cor]

MONTAGEM: Anthony Carras

MÚSICA: Les Baxter

ELENCO: Vincent Price, John Kerr, Barbara Steele, Luana Anders, Antony Carbone, Patrick Westwood, Lynne Bernay, Larry Turner, Mary Menzies, Charles Victor

GÊNERO: Horror

SINOPSE: Espanha, século 16: O jovem Francis chega da Inglaterra e apresenta-se no castelo de Don Medina, seu cunhado. O objetivo da visita é informar-se sobre o misterioso falecimento de sua irmã Elizabeth, ocorrido há poucos meses no castelo. Sendo recebido com reservas, Francis desconfia de que existe algo errado com o caso, especialmente devido à atitude estranha de Medina. Sendo acolhido por Catherine, irmã de Medina, Francis acaba sabendo que sua irmã andava apresentando um comportamento anômalo, deixando-se fascinar por uma câmara de torturas nos subterrâneos do castelo (que pertencera ao pai de Medina, um célebre e sádico inquisidor). Por intermédio do dr. Léon – médico que atendeu sua irmã – Francis descobre que Elizabeth foi encontrada na câmara, tendo morrido de medo. O caso abalou profundamente Medina, traumatizado por ter, na infância, visto sua mãe adúltera ser torturada até a morte pelo pai. Porém, quando coisas misteriosas começam a acontecer no castelo, Medina revela seu temor de que a mulher tenha sido enterrada viva.

COMENTÁRIOS: Como sempre, Corman revela-se um diretor criativo, driblando suas limitações materiais e construindo uma história interessante (com o auxílio de um esforçado Vincent Price).

AVALIAÇÃO: ***

PITCH BLACK

Eclipse mortal

DIRETOR: David Twohy

PAÍS: Estados Unidos

COMPANHIA PRODUTORA: Interscope Communications

ANO DE PRODUÇÃO: 1999

DURAÇÃO: 109'/112'

IDIOMA ORIGINAL: Inglês

PRODUÇÃO: Tom Engelman

ARGUMENTO: Ken Wheat, Jim Wheat

ROTEIRO: Ken Wheat, Jim Wheat, David Twohy

FOTOGRAFIA: David Eggby [cor]

MONTAGEM: Rick Shaine

MÚSICA: Graeme Revell

ELENCO: Vin Diesel, Radha Mitchell, Cole Hauser, Lewis Fitz-Gerald, Claudia Black, Keith David, Rhiana Griffith, John Moore, Simon Burke, Les Chantery, Sam Sari, Firass Dirani, Ric Anderson, Vic Wilson, Angela Makin

GÊNERO: Ação e ficção científica

SINOPSE: Espaçonave que fazia uma longa viagem cai em um pequeno e misterioso planeta, após sofrer uma grave avaria. Na queda, morrem quase todos os tripulantes e passageiros, e os sobreviventes não têm muita esperança de receber ajuda. Entre esses, encontra-se o criminoso Richard B. Riddick, um renegado espacial que adquiriu o poder de ver no escuro, ficando cego quando existe luz. Isso irá se revelar uma preciosa qualidade, já que o tal planeta aproxima-se de um eclipse total. Aos poucos, os sobreviventes descobrem que havia por ali uma colônia humana, misteriosamente desaparecida sem deixar vestígios. Investigando, eles percebem que o subterrâneo do planeta é habitado por bizarras criaturas aladas, que só saem no escuro e que gostam de alimentar-se justamente de carne humana.

COMENTÁRIOS: Trata-se de um passatempo interessante, que consegue dosar bem os seus momentos de tensão, procurando fugir dos clichês (até onde isso é possível) e dos desenlaces previsíveis.

AVALIAÇÃO: ***

PLAGA ZOMBIE – ZONA MUTANTE

DIRETOR: Hernán Saéz, Pablo Parés

PAÍS: Argentina

COMPANHIA PRODUTORA: Farsa Producciones

ANO DE PRODUÇÃO: 2001

DURAÇÃO: 99'

IDIOMA ORIGINAL: Espanhol

PRODUÇÃO: Walter Cornás, Pablo Parés, Berta Muñiz, Hernán Saéz, Paulo Soria

ARGUMENTO: Hernán Saéz, Pablo Parés, Berta Muñiz

ROTEIRO: Pablo Parés, Hernán Saéz

FOTOGRAFIA: Hernán Saéz, Pablo Parés [cor]

MONTAGEM: Hernán Saéz

MÚSICA: Alejandro d'Aloisio, Hernán Saéz, Paulo Soria, Pablo Vostrouski

ELENCO: Berta Muñiz, Pablo Parés, Hernán Saéz, Paulo Soria, Daniel de la Vega, Walter Cornás, J. B. Dartiguelongue, Urco Urquiza, Esteban Podetti, Andrés Perrone, Alejandro Nagy, Ariel Olivetti, Pablo Vostrouski, Alejandro d'Aloisio, Goyo Escardó, Ramiro de Palo, Luis Lucchesi, Ximena Battista, Santiago Sánchez, Sebastián Tabany, Ignacio Lidejover, Nicanor Loreti, Vladimir Bellini, Eva Gemelli, Martin Casabé, Alejandro J. Cura, Pablo Romero, Virginia Chediex, Fernando Irigaray, Pacho Tesouro, Javier Farina, Andrés Ducet, Santiago Lo Bianco, Jachu Nordensthal, Doctor Genzo, Edul Le Baila, Ignacio Torrieli, Sebastián Darraidou, Lala Ferra, Nando Marlasca, Carla Bertolo, Sebastián Sabsay, Mariela Sáez, Facundo Cuturello, Fernando Bobba Fett, Marcelo Varvuzza, Albert Baglione, Hernán Darraidou, Verónica Reza, Adrian Sáez, Diego Manuel Eiras, Rocio Lopez Ramos, Patricio Pujia, Matias Timm

GÊNERO: Comédia de horror trash

SINOPSE: Um governo não identificado faz acordo com um grupo de alienígenas, trocando proteção pela permissão para os ETs montarem um laboratório de pesquisas na Terra. Porém, as coisas saem do controle e os moradores da cidade onde os alienígenas se instalaram se transformam em zumbis loucos por carne humana. Para encobrir o fato, o governo resolve isolar a cidade e mandar de volta para ela três sobreviventes, que tinham conseguido fugir e foram aprisionados. Assim, o lutador John West, o estudante de medicina Bill Johnson e o matemático Max Giggs terão que se unir para lutar contra os zumbis, enquanto tentam escapar da cidade e continuar sobrevivendo.

COMENTÁRIOS: *Trash* realizado em vídeo que dá sequência a "Plaga Zombie" (1997). Apesar da total pobreza da produção, o filme é simpático, bastante movimentado e cheio de bons efeitos especiais, além de cenas de luta muito bem coreografadas. Curiosamente, apesar da falta de tradição do terror argentino, este filme é bastante superior aos seus similares norte-americanos e europeus.

AVALIAÇÃO: ***

PLAN 9 FROM OUTER SPACE

PLANO 9 DO ESPAÇO EXTERIOR

DIRETOR: Edward D. Wood Jr.

PAÍS: Estados Unidos

COMPANHIA PRODUTORA: Reynolds Pictures

ANO DE PRODUÇÃO: 1958

DURAÇÃO: 79'

IDIOMA ORIGINAL: Inglês

PRODUÇÃO: Edward D. Wood Jr.

ARGUMENTO: Edward D. Wood Jr.

ROTEIRO: Edward D. Wood Jr.

FOTOGRAFIA: William C. Thompson [p&b]

MONTAGEM: Edward D. Wood Jr.

MÚSICA: Gordon Zahler

ELENCO: Tor Johnson, Vampira, Tom Keene, Gregory Walcott, Dudley Manlove, Mona McKinnon, Duke Moore, Joanna Lee, Carl Anthony, Norma McCarty, David De Mering, Bill Ash, Conrad Brooks, Gloria Dea, Ben Frommer, Paul Marco, Bela Lugosi, John Breckinridge, Lyle Talbot, Lynn Lemon, Criswell

GÊNERO: Horror e ficção científica

SINOPSE: Os ETs do espaço sideral estão preocupados com o desenvolvimento da tecnologia nuclear terráquea e pretendem invadir nosso planeta, a fim de cortar pela raiz uma possível ameaça à sua segurança. Para isso, um disco voador vem à Terra e inicia a fabricação de zumbis, devolvendo a vida aos cadáveres de um cemitério.

COMENTÁRIOS: Conhecida como um dos "piores filmes de todos os tempos", esta película até que se esforça para merecer o título, sendo notória principalmente por um fato bizarro: como a grande atração do filme, o astro Bela Lugosi, havia morrido em 1956, Wood usou algumas cenas de arquivo e o substituiu por um dublê, que surge sempre na penumbra e encoberto por uma capa preta. No entanto, não existe nenhum defeito neste filme que não se repita em dezenas de outras produções norte-americanas e em milhares de porcarias produzidas pelo mundo inteiro.

AVALIAÇÃO: **

PLANETA BUR

O PLANETA DAS TEMPESTADES

DIRETOR: P. Klushantsev [Pavel Klushantsev]

PAÍS: União Soviética (Rússia)

COMPANHIA PRODUTORA: Estúdio Cinematográfico de Ciência Popular de Leningrado

ANO DE PRODUÇÃO: 1962

DURAÇÃO: 79'

IDIOMA ORIGINAL: Russo

PRODUÇÃO: V. Emelyanov [Vladimir Emelyanov], L. Presnyakova

ROTEIRO: Aleksandr Kazantsev, P. Klushantsev [Pavel Klushantsev]

FOTOGRAFIA: A. Klimov [Arkadi Klimov] [cor]

MONTAGEM: V. Suslov [Volt Suslov]

MÚSICA: Iogann Admoni, Aleksandr Chernov

ELENCO: V. Yemelyanov [Vladimir Yemelyanov], G. Zhzhyonov [Georgi Zhzhyonov], G. Vernov [Gennadi Vernov], Y. Sarantsev [Yuri Sarantsev], K. Ignatova [Kyunna Ignatova], G. Teykh [Georgiy Teykh]

GÊNERO: Ficção científica e aventura

SINOPSE: Três astronaves soviéticas chegam na órbita de Vênus em uma missão totalmente pacífica de exploração científica. Depois que uma das naves é destruída por um meteoro, dois dos três tripulantes de outra nave decidem descer no planeta, juntamente com um robô experimental. Porém, quando eles sofrem um acidente, os três tripulantes da outra nave restante aterrisam, a fim de socorrê-los. Enquanto realizam a longa viagem de resgate, os astronautas vão enfrentando os perigos do planeta desconhecido, como perigosos animais pré-históricos e as péssimas condições atmosféricas.

COMENTÁRIOS: Ficção científica patriótica da época em

que os soviéticos estavam ganhando a corrida espacial. Apesar da sua evidente pobreza (que lembra os primeiros filmes de terror de Roger Corman), a narrativa é movimentada e o elenco é simpático. Existe também uma versão norte-americana, com dublagem em inglês e sequências adicionais.

AVALIAÇÃO: ***

PORNO HOLOCAUST

DIRETOR: Joe D'Amato [Aristide Massaccesi]

PAÍS: Itália

COMPANHIA PRODUTORA: Kristal Film

ANO DE PRODUÇÃO: 1981

DURAÇÃO: 119'

IDIOMA ORIGINAL: Italiano

ARGUMENTO: Tom Salina [George Eastman]

ROTEIRO: Tom Salina [George Eastman]

FOTOGRAFIA: Aristide Massaccesi [cor]

MONTAGEM: Ornella Micheli

MÚSICA: Nico Fidenco

ELENCO: George Eastman, Dirce Funari, Annj Goren, Mark Shanon, Lucia Ramirez

GÊNERO: Pornoterror

SINOPSE: Equipe de cientistas viaja para uma ilha deserta, a fim de estudar as consequências da radioatividade sobre as espécies locais – já que a ilha foi utilizada, em tempos passados, para testes nucleares. De início, tudo parece tranquilo, até que surge um humano mutante com sede de sangue e sexo.

COMENTÁRIOS: Uma das mais ridículas e medíocres produções da história do cinema, este filme é um desastre em todos os seus aspectos, a começar pelo título apelativo, que procura tirar proveito do sucesso de "Cannibal holocaust". Os primeiros 70 minutos se limitam ao pornô, com diversas cenas de sexo mais ou menos explícito muito mal filmadas. A parte de horror é ínfima e tosca, não merecendo qualquer interesse. Trata-se, pois, de mais um caça-níqueis da série realizada no Caribe – neste caso, a República Dominicana – pelo diretor D'Amato, que tem como único mérito a beleza de Annj Goren (que participa, simplesmente, de cinco cenas de sexo).

AVALIAÇÃO: **

POV – NOROWARETA FIRUMU

DIRETOR: Norio Tsuruta

PAÍS: Japão

COMPANHIA PRODUTORA: Toho

ANO DE PRODUÇÃO: 2012

DURAÇÃO: 93'

IDIOMA ORIGINAL: Japonês

PRODUÇÃO: Shinya Furugori

ROTEIRO: Norio Tsuruta

FOTOGRAFIA: [cor]

ELENCO: Mirai Shida, Haruna Kawaguchi

GÊNERO: Horror found footage

SINOPSE: Mirai é uma jovem atriz que apresenta um programa na TV a cabo, no qual exibe vídeos curiosos e entrevista celebridades. Quando sua convidada é a também atriz Haruna, sua colega, o tema do programa são os vídeos de fantasmas, embora isso assuste bastante Mirai. Porém, na hora da exibição dos vídeos, as imagens que aparecem na tela são do antigo colégio de Haruna, uma tradicional escola com fama de ser assombrada. Quando as imagens continuam aparecendo mesmo depois de removido o CD, o diretor do programa resolve convocar uma médium para tranquilizar Haruna e Mirai. A médium cuida de Haruna, mas adverte que a garota deve fazer uma visita à sua escola, a fim

de entrar em contato com os espíritos e evitar que eles a per-
sigam. Então, juntamente com a equipe do programa de Mirai, as duas garotas conseguem permissão para filmar a escola fechada, o que pode representar um grande perigo para
elas.

COMENTÁRIOS: O filme vale pela simpatia da dupla de
protagonistas, já que não foge aos clichês mais surrados do
found footage e carece de sustos e de ação.

AVALIAÇÃO: ***

PREDATOR 2

Predador 2 – A caçada continua

DIRETOR: Stephen Hopkins

PAÍS: Estados Unidos

COMPANHIA PRODUTORA: Twentieth Century Fox /
Gordon-Silver-Davis

ANO DE PRODUÇÃO: 1990

DURAÇÃO: 108'

IDIOMA ORIGINAL: Inglês

PRODUÇÃO: Lawrence Gordon, Joel Silver, John Davis
(coprodutores: Tom Joyner, Terry Carr)

ARGUMENTO: Jim Thomas, John Thomas

ROTEIRO: Jim Thomas, John Thomas

FOTOGRAFIA: Peter Levy [cor]

MONTAGEM: Mark Goldblatt

MÚSICA: Alan Silvestri

ELENCO: Danny Glover, Gary Busey, Ruben Blades, Maria Conchita Alonso, Bill Paxton, Kevin Peter Hall, Robert Davi, Adam Baldwin, Kent McCord, Morton Downey Jr., Calvin Lockhart, Steve Kahan, Henry Kingi, Corey Rand, Elpidia Carrillo, Lilyan Chauvin, Michael Mark Edmondson, Teri Weigel, William R. Perry, Alex Chapman, Gerard G. Williams, John Cann, Michael Papajohn, Lou Eppolito, Charlie Haugk, Sylvia Kauders, Charles David Richards, Julian Reyes, Casey Sander, Pat Skipper, Carmine Zozzora, Valerie Karasek, Chuck Boyd, David Starwalt, Abraham Alvarez, Jim Ishida, George Christy, Lucinda Weist, Richard Anthony Crenna, Billy 'Sly' Williams, Paulo Tocha, Nick Corri, DeLynn Binzel, Tom Finnegan, Patience Moore, Kashka, Jeffrey Reed, Carl Pistilli, Vonté Sweet, Ron Moss, Brian Levinson, Diana James, Beth Kanar, Paul Abascal, Michael Wiseman

GÊNERO: Ação e ficção científica

SINOPSE: A situação torna-se a cada dia mais grave na

grande metrópole, tomada pelas gangues de traficantes étnicos que só se unem na hora de fuzilar a polícia com armas pesadas. Mike, um policial de maus bofes e que usa de métodos bastante violentos, começa a investigar uma série de estranhas mortes de traficantes, de autoria desconhecida e marcada por um requintado barbarismo. Ao mesmo tempo, o FBI também se interessa pelo caso e começa a sabotar Mike, que fica intrigado com as implicações dos crimes. Finalmente, ele descobre que o criminoso é de origem extraterreste e fica sabendo, através do encarregado do FBI, que se trata de um caçador espacial, que está na Terra a fim de matar esportivamente alguns seres humanos. Como o caçador possui armas sofisticadas (podendo ficar invisível e detectar seus alvos à distância com sensores especiais), o governo deseja capturá-lo vivo, a fim de apoderar-se de sua tecnologia.

COMENTÁRIOS: Continuação de um dos maiores sucessos de Arnold Schwarzenegger, este filme abre mão do astro e de quase todos os elementos do original, transferindo a ação da selva para uma megalópole (onde o caçador se diverte esfolando traficantes jamaicanos e porto-riquenhos). Bastante movimentado, o filme consegue agradar o espectador que gosta de ação e violência, numa boa mistura de filme policial e ficção científica.

AVALIAÇÃO: ***

PREMUTOS – DER GEFALLENE ENGEL

PREMUTOS

DIRETOR: Olaf Ittenbach

PAÍS: Alemanha

COMPANHIA PRODUTORA: Imas Filmproduktion

ANO DE PRODUÇÃO: 1997

DURAÇÃO: 106'

IDIOMA ORIGINAL: Inglês (dub)

PRODUÇÃO: Michael Müller, Olaf Ittenbach, André Stryi, Albert Striedl, Anke Fabré

ARGUMENTO: Olaf Ittenbach

ROTEIRO: Olaf Ittenbach

FOTOGRAFIA: Michael Müller [cor]

MONTAGEM: Ulf Albert

MÚSICA: A. G. Striedl

ELENCO: André Stryi, Ella Wellmann, Christopher Stacey, Anke Fabré, Fidelis Atuma, Olaf Ittenbach, Heike Münstermann, Ingrid Fischer, Ronald Fuhrmann, Susanne Grüter, Frank Gerome, Renate Sigllechner, Milosch Fürst, Rainhard Schmid, Harald Hechenberger, Markus Hechenberger, Jürgen Neudeck, Thomas Kiener, Loris Anesi, Werner Denk, Robert Cording, Hans Honc, Albert Striedl, Auguste Fischer, Helmut Pachmann, Edgar Schubert, Ludwig Müller, Peter Ahrendt, Sebastian Schubert, Markus Glocker, Ivo Tischler, Winfried Volkmann, Stefan Holzner, Florian Basel, Florian Ernst, Rüdiger Hübner, Nicolaus Schmitt-Walter, Sven Bernheiden, Gaby Steger, Sandra Thomas, Armin Hofmann, Volker Bausewein, Mona Lisa Rudinger, Alfons Sigllechner, Markus Schickling, Alfred Neumann, Andreas Schubert, Jochen Blatz, Gerhard Hross, Friedl Froehlich, Alexander Schmid, Bernd Zimmermann, Karsten Prause, Dirk Heinze, Thomas Reitmair, Christian Scherer, Dafydd Llywelyn, Peter Brake, Roman Holler, Gerd Bartenbach, Volker Böhme, Stefan Luxi, Rex Gorden, Katharina Nädelin, Norbert Thiel, Franz Schmidt, Thomas Dorn, Uwe Lander, Florian Thurner, Hubert Urban, Oliver Geschosmann, Lemmi [Olaf Lemitz], Erika Bentenrieder, Christian Jäger, Peter Schusser, Jeannine Hüllin, Lydia Langwieder

GÊNERO: Comédia de terror

SINOPSE: Festinha de aniversário é interrompida por uma invasão de zumbis canibais, comandados por um anjo caído que é, na verdade, o Anticristo.

COMENTÁRIOS: Produção bastante pobre, com um elenco medíocre e toneladas de sangue e tripas. Por isso mesmo, tornou-se um cult adorado pelos entusiastas do "quanto pior melhor".

AVALIAÇÃO: *

Depredador

DIRETOR: Edwin Scott Brown

PAÍS: Estados Unidos

COMPANHIA PRODUTORA: Essex Productions

ANO DE PRODUÇÃO: 1978-1983

DURAÇÃO: 95'/80'

IDIOMA ORIGINAL: Inglês

PRODUÇÃO: Summer Brown

ROTEIRO: Summer Brown, Edwin Brown [Edwin Scott Brown]

FOTOGRAFIA: Teri Hayashi [cor]

MONTAGEM: Michael Barnard

MÚSICA: Don Peake

ELENCO: Debbie Thureson, Steve Bond, Lori Lethin, Robert Wald, Gayle Gannes, Philip Wenckus, Jackson Bostwick, Jackie Coogan, Connie Hunter, Ted Hayden, Garry Goodrow, Carel Struycken

GÊNERO: Horror slasher

SINOPSE: Três jovens casais vão acampar em uma remota região florestal, sem saberem que o lugar é a morada de um monstruoso gigante psicopata, que gosta muito de assassinar campistas.

COMENTÁRIOS: Um enredo banal, que lembra bastante o de "Sexta-feira 13" (fica difícil saber quem copiou quem, já que este filme parece ter sido rodado em 1978, mas só foi lançado em 1984). Com poucos efeitos, quase nenhuma ação e interpretações bastante medíocres, este filme tem como maior curiosidade a presença do mega astro pornô John Leslie, em um longuíssimo *flashback* – que parece estar ausente de versão exibida nos Estados Unidos.

AVALIAÇÃO: *

PRINCE OF DARKNESS / JOHN CARPENTER'S PRINCE OF DARKNESS

O PRÍNCIPE DAS SOMBRAS

DIRETOR: John Carpenter

PAÍS: Estados Unidos

COMPANHIA PRODUTORA: Alive Films

ANO DE PRODUÇÃO: 1987

DURAÇÃO: 101'

IDIOMA ORIGINAL: Inglês

PRODUÇÃO: Larry Franco

ARGUMENTO: Martin Quatermass

ROTEIRO: Martin Quatermass (supervisão: Sandy King)

FOTOGRAFIA: Gary B. Kibbe [cor]

MONTAGEM: Steve Mirkovich

MÚSICA: John Carpenter, Alan Howarth

ELENCO: Donald Pleasence, Lisa Blount, Victor Wong, Dennis Dun, Susan Blanchard, Anne Howard, Ann Yen, Jessie Lawrence Ferguson, Dirk Blocker, Peter Jason, Ken Wright, Robert Grasmere, Thom Bray, Alice Cooper, Joanna Merlin, Jameson Parker, Betty Ramey

GÊNERO: Horror teológico

SINOPSE: Nos Estados Unidos, um padre descobre que uma estranha irmandade católica escondia um estranho segredo e convoca um famoso (e estranho) físico para identificar a sua natureza. O físico monta uma equipe multidisciplinar e parte para a igreja abandonada onde está guardado um estranho cilindro, contendo um líquido ainda mais estranho. Com as pesquisas, descobre-se que o tal cilindro tem milhões de anos, e a tradução de um velho livro afirma que ele contém o filho do Príncipe das Trevas (mais conhecido como Anticristo), preso ali desde que seu pai foi desterrado por Deus. Porém, por algum motivo ignorado, o Capeta Jr. está voltando à ativa e está pronto para libertar-se e ajudar o seu pai a tomar conta do mundo (embora isso já pareça ter acontecido há muito tempo).

COMENTÁRIOS: Mais um trabalho do especialista Carpenter, que tinha um contrato de parceria com o Diabo para a realização de filmes sobre possessão (seu *tour de force* é "Christine", sobre um *muscle car* possuído por Satanás). Porém, Carpenter é um diretor com mais pretensões que talento, e seus filmes não conseguem ser inteligentes nem assustadores. Para complicar, o elenco desta película é ridículo (com exceção do sempre competente Pleasence). Como resultado, uma mistura e "A profecia" com "A hora dos mortos-vivos", mais cheia de furos que meia de mendigo.

AVALIAÇÃO: **

PRISIONEIRAS DO TERROR

DIRETOR: Ricardo Suñez

PAÍS: Argentina

COMPANHIA PRODUTORA: Tele-Video Producciones

ANO DE PRODUÇÃO: 1990

DURAÇÃO: 68'

IDIOMA ORIGINAL: Espanhol

PRODUÇÃO: Ricardo Suñez

ARGUMENTO: Ricardo Suñez

ROTEIRO: Ricardo Suñez

FOTOGRAFIA: Juan Mandarano, René Broman [cor]

MONTAGEM: Pablo Latorraca

MÚSICA: Antonio Monti

ELENCO: Elvia Andreoli, Romualdo Quiroga, Mario Passano, Fernando Madanes, Ines Gago, Daniel Galarza, Cristina Barreiro, Cecilia Hijano, Ricardo Lillo, Magdalena Piera, Nelson Aviles, Nora Sadner, Patricia Romano, Marita Navarro, Roxana Ganares, Ivana Pedernera, Maria F. Laguna, Gabriel Quiroga, Verónica Cristóbal, Sandra Herzberg, Federico Barreiro, Roberto Romano, Arturo Amate

GÊNERO: Drama de horror com toques de erotismo

SINOPSE: Laura resolve levar sua filha adolescente e cinco amigas da menina para passarem um fim de semana em sua casa de campo, a fim de desfrutarem do contato com a natureza em seu estado puro. Porém, as moças logo vão perceber que nem tudo é calma e tranquilidade no belo sítio, já que passam a ser constantemente observadas pela filha dos caseiros – que tem problemas mentais – e por um estranho vizinho, que parece ser um voyeur. Durante a noite, uma das garotas desaparece sem deixar vestígio e Laura encontra um cão enforcado. Em desespero, ela pensa em chamar a polícia, mas uma forte tempestade cortou as comunicações e o próprio acesso ao sítio, deixando as moças à mercê de um perigo desconhecido.

COMENTÁRIOS: Produção em vídeo bastante amadorística, com uma história idiota e sem sentido. Com uma dose bem maior de ousadia, poderia ter se transformado em um bom pornô.

AVALIAÇÃO: *

PROFONDO ROSSO / DEEP RED

PRELÚDIO PARA MATAR

DIRETOR: Dario Argento

PAÍS: Itália

COMPANHIA PRODUTORA: Seda Spettacoli

ANO DE PRODUÇÃO: 1975

DURAÇÃO: 126'

IDIOMA ORIGINAL: Inglês

PRODUÇÃO: Salvatore Argento

ARGUMENTO: Dario Argento, Bernardino Zapponi

ROTEIRO: Dario Argento, Bernardino Zapponi

FOTOGRAFIA: Luigi Kuveiller [cor]

MONTAGEM: Franco Fraticelli

MÚSICA: Giorgio Gaslini, "Goblins"

ELENCO: David Hemmings, Daria Nicolodi, Gabriele La-via, Macha Méril, Eros Pagni, Giuliana Calandra, Glauco Mauri, Clara Calamai, Piero Mazzinghi, Aldo Bonamano, Liana Del Balzo, Vittorio Fanfoni, Dante Fioretti, Geral-dine Hooper, Iacopo Mariani, Furio Meniconi, Fulvio Min-gozzi, Lorenzo Piani, Salvatore Puntillo, Piero Vida, Nicole-tta Elmi

GÊNERO: Suspense e horror

SINOPSE: Pianista inglês vivendo na Itália é testemunha do brutal assassinato de uma paranormal, que havia usado os seus poderes para identificar um *serial killer*. Com a ajuda de uma jornalista, ele passa a investigar o caso, ao mesmo tempo em que os cadáveres vão se acumulando.

COMENTÁRIOS: Uma das obras mais refinadas de um dos maiores mestres do horror europeu.

AVALIAÇÃO: ***

THE RATS

RATOS EM NOVA YORK

DIRETOR: John Lafia

PAÍS: Estados Unidos

COMPANHIA PRODUTORA: Twentieth Century Fox / The Cort Madden Company

ANO DE PRODUÇÃO: 2001

DURAÇÃO: 94'

IDIOMA ORIGINAL: Inglês

PRODUÇÃO: Bob Roe (coprodução: Eric Hetzel)

ARGUMENTO: Frank Deasy

ROTEIRO: Frank Deasy

FOTOGRAFIA: David Foreman [cor]

MONTAGEM: Michael N. Knue

MÚSICA: Elia Cmiral

ELENCO: Mädchen Amick, Vincent Spano, Shawn Michael Howard, Daveigh Chase, David Wolos Fonteno, Sheila McCarthy, Elisa Moolecherry, Joe Pingue, Kathryn Winslow, Aron Tager, Yanna McIntosh, Jennifer Coristine, Kim Poirier, Balazs Koos, Jackie Laidlow, Domenic Cuzzocrea, Cabral Richards, Philip DeWilde, Bryan Thomas, Teo Weyman, Shane Daly, Bubba

GÊNERO: Drama de horror

SINOPSE: Uma luxuosa loja de departamentos de Manhattan se vê às voltas com uma infestação de ratos e convoca o exterminador Jack Carver para resolver o problema. Jack é assessorado por Susan, uma das vendedoras da loja, e logo descobre que o caso é mais sério do que se pensava. Quando a casa de Susan é atacada por ratos, que começam a invadir outros pontos da região, Jack chega à conclusão de que existe um imenso ninho nos subterrâneos da loja, que se ligam aos túneis do metrô da cidade. Não querendo ter prejuízos com a má publicidade, a loja resolve ignorar o perigo e demite Jack, que, no entanto, não desiste de seu trabalho.

COMENTÁRIOS: Telefilme bastante medíocre, abordando o velho clichê da ameaça dos ratos se organizarem e partirem para a dominação do mundo. Esse tema já foi explorado com muito mais talento e recursos, o que torna este filme totalmente dispensável.

AVALIAÇÃO: **

O CORVO

DIRETOR: Roger Corman

PAÍS: Estados Unidos

COMPANHIA PRODUTORA: Alta Vista Productions

ANO DE PRODUÇÃO: 1963

DURAÇÃO: 86'

IDIOMA ORIGINAL: Inglês

PRODUÇÃO: Roger Corman

ARGUMENTO: Edgar Allan Poe

ROTEIRO: Richard Matheson

FOTOGRAFIA: Floyd Crosby [cor]

MONTAGEM: Ronald Sinclair

MÚSICA: Les Baxter

ELENCO: Vincent Price, Peter Lorre, Boris Karloff, Hazel Court, Olive Sturgess, Jack Nicholson, Connie Wallace, William Baskin, Aaron Saxon

GÊNERO: Comédia de terror

SINOPSE: Erasmus Craven é um modesto bruxo que vive recluso com sua filha Estelle. Um dia, ele recebe a visita de um estranho corvo falante, que lhe pede ajuda, alegando ser seu antigo colega Adolphus Bedlo. Erasmus consegue restituir a condição humana a Bedlo e fica sabendo que ele foi transformado pelo poderoso Scarabus, chefe da confraria dos feiticeiros (cargo que já pertencera ao pai de Erasmus). Erasmus não está disposto a envolver-se no caso, até que Bedlo reconhece o retrato de Lenore – sua falecida esposa – alegando tê-la visto no castelo de Scarabus. Achando que a alma de Lenore pode estar prisioneira, Erasmus resolve visitar Scarabus na companhia de Bedlo, levando também sua filha Olive e o filho de Bedlo, Rexford, que veio encontrar o pai.

COMENTÁRIOS: Inspirado em temas de Edgar Allan Poe, o filme se vale de um elenco extremamente talentoso e simpático, totalmente adaptado ao espírito da encenação. Trata-se de uma excelente diversão, qualitativamente incomparável ao terrir *trash* do cinema atual.

AVALIAÇÃO: ***

A TEMPORADA PERDIDA DE REAL WORLD

DIRETOR: Jeffrey Reiner

PAÍS: Canadá / Estados Unidos

COMPANHIA PRODUTORA: Wilshire Court Productions / Bunim-Murray Productions / MTV Music Television

ANO DE PRODUÇÃO: 2002

DURAÇÃO: 87'

IDIOMA ORIGINAL: Inglês

PRODUÇÃO: John V. Stuckmeyer, John McMahon, Stacy Mandelberg

ROTEIRO: Ted Iredell, James LaRosa

FOTOGRAFIA: Bruce Worrall [cor]

MONTAGEM: Carter Dehaven IV

MÚSICA: Vinny Golia

ELENCO: Matthew Currie Holmes, Laura Jordan, Michael Leisen, Julie Patzwald, Shani Pride, John Henry Reardon, Will Sanderson, Peter Shinkoda, Bryan Kirkwood, Amaya Brecher, David Burns, Rachel Campos, David Edwards, Aneesa Ferreira, Melissa Howard, Mike Mizanin, Sarah Le

Greca, Winston Brown

GÊNERO: Suspense e horror para adolescentes

SINOPSE: Começa uma nova temporada do *reality show* Real World, no qual sete jovens de diferentes procedências são obrigados a morar juntos por alguns meses, para concorrer a um grande prêmio. Tudo vai indo bem, até que o grupo de candidatos é sequestrado por um milionário biruta, que não foi aceito para participar do programa e resolveu organizar o seu próprio show.

COMENTÁRIOS: Insosso telefilme produzido pela MTV canadense, inspirado em um *reality show* verdadeiro produzido pela emissora.

AVALIAÇÃO: **

LA REBELIÓN DE LAS MUERTAS

DIRETOR: Leon Klimovsky

PAÍS: Espanha

COMPANHIA PRODUTORA: Profilmes

ANO DE PRODUÇÃO: 1972

DURAÇÃO: 89'

IDIOMA ORIGINAL: Espanhol

ARGUMENTO: Jacinto Molina [Paul Naschy]

ROTEIRO: Jacinto Molina [Paul Naschy]

FOTOGRAFIA: Francisco Sanchez Muñoz [cor]

MONTAGEM: Antonio Ramirez de Loaysa

MÚSICA: Juan Carlos Calderon

ELENCO: Paul Naschy, Rommy, Mirta Miller, Maria Kosti, Aurora de Alba, Luis Ciges, Pierre Besari, Antonio Pica, Elsa Zabala, Monserrat Julió, Ramon Lillo, Norma Kastell, Ingrid Rabel, Asuncion Molero, Fernando Sanchez-Polak, Alfonso de la Vega, Vic Winner [Victor Alcazar]

GÊNERO: Horror

SINOPSE: Abalada com o misterioso assassinato de uma de suas primas, Elvire busca apoio espiritual em um guru indiano, Krisna, pelo qual sente uma forte atração carnal. Porém, o tal guru parece ter alguma ligação com o crime, cometido por um misterioso sacerdote vudu que utiliza seus poderes para matar mulheres e ressuscitá-las para serem suas escravas zumbis. Depois que outros membros de sua família são barbaramente assassinados, Elvire decide aceitar o convite de Krisna para passar uma temporada na casa que ele alugou no interior da Inglaterra – sem saber que está sendo vítima de uma trama diabólica.

COMENTÁRIOS: Com locações em Londres, este filme sofre com algumas falhas de acabamento e um roteiro cheio de

absurdos, misturando vuduismo, hinduismo e até vampirismo. Cenas de violência contra animais.

AVALIAÇÃO: ***

[REC]

[REC]

DIRETOR: Jaume Balagueró, Paco Plaza

PAÍS: Espanha

COMPANHIA PRODUTORA: Castelao Productions / Filmax Entertainment

ANO DE PRODUÇÃO: 2007

DURAÇÃO: 78'

IDIOMA ORIGINAL: Espanhol

PRODUÇÃO: Julio Fernández

ROTEIRO: Jaume Balagueró, Luis Berdejo, Paco Plaza

FOTOGRAFIA: Pablo Rosso [cor]

MONTAGEM: David Gallart

MÚSICA: Carlos Ann

ELENCO: Manuela Velasco, Ferran Terraza, Jorge-Yamam

Serrano, Pablo Rosso, David Vert, Vicente Gil, Martha Carbonell, Carlos Vicente, Maria Teresa Ortega, Manuel Bronchud, Akemi Goto, Kao Chen-Min, Maria Lanau, Claudia Silva, Carlos Lasarte, Javier Botet, Ben Temple, Ana Isabel Velásquez, Daniel Trinh, Marita Borrego, Ana Prats, Víctor Massagué

GÊNERO: Horror de zumbis

SINOPSE: Angela é uma repórter de TV que apresenta um programa jornalístico no qual documenta as atividades da madrugada na região de Barcelona. Durante uma de suas apresentações, ela se dispõe a registrar, junto com seu cinegrafista Pablo, uma típica madrugada de trabalho do corpo de bombeiros da cidade. Porém, ao acompanhar uma equipe de resgate em um aparente trabalho de rotina: a assistência a uma idosa que parece estar com problemas, trancada em seu apartamento em um velho prédio residencial, Angela se depara com algo de extrema gravidade, já que os moradores do prédio parecem estar sendo contaminados por um estranho vírus, que transforma pessoas comuns em zumbis canibais bastante violentos. Trancados dentro do prédio, que está isolado pelas autoridades sanitárias, Angela e Pablo tentam salvar suas vidas, enquanto gravam tudo o que está acontecendo.

COMENTÁRIOS: Seguindo o estilo da "câmera subjetiva", popularizado pelo filme "A bruxa de Blair", esta produção espanhola é uma verdadeira injeção de vitalidade em um gênero mais do que desgastado, apelando para uma ação quase contínua e em tempo real.

AVALIAÇÃO: ****

[REC] 2

[REC] 2 – Possuídos

DIRETOR: Jaume Balagueró, Paco Plaza

PAÍS: Espanha

COMPANHIA PRODUTORA: Filmax Entertainment

ANO DE PRODUÇÃO: 2009

DURAÇÃO: 85'

IDIOMA ORIGINAL: Espanhol

PRODUÇÃO: Julio Fernández

ROTEIRO: Jaume Balagueró, Manu Diez, Paco Plaza

FOTOGRAFIA: Pablo Rosso [cor]

MONTAGEM: David Gallart

MÚSICA: Carlos Ann

ELENCO: Jonathan Mellor, Oscar Sánchez Zafra, Ariel Casas, Alejandro Casaseca, Pablo Rosso, Pep Molina, Andrea

Ros, Alex Battlori, Pau Poch, Juli Fabregas, Ferran Terraza, Claudia Silva, Martha Carbonell, Jorge Yamam-Serrano, Ana Isabel Velásquez, Carlos Lasarte, Kao Chen-Min, Akemi Goto, David Vert, Carlos Olalla, Anna Garcia Cuartero, Hector Vidales, Lazzaro E. Oertli Ortiz, Alex Lameiro Blanch, Joan Hostench Martinez, Oscar Poronda, Manuela Velasco

GÊNERO: Horror teológico

SINOPSE: Equipe de policiais de elite invade o prédio contaminado do filme anterior, na companhia de um padre, que revela a ridícula verdade sobre a epidemia de zumbis. Trata-se de um contágio de possessão demoníaca, que precisa ser detido por meio de um antídoto que só pode ser obtido com uma amostra do sangue da primeira menina possuída. Porém, tudo se torna bastante complicado pelo fato de que ela já morreu há bastante tempo, sem ter se lembrado de deixar seu sangue em alguma geladeira.

COMENTÁRIOS: Continuação surpreendentemente inferior de um excelente filme de horror. A surpresa fica por conta do fato de que os dois filmes foram realizados pelos mesmos diretores em um prazo bastante curto. Ao passo que o filme original renovava o cinema de zumbis, esta continuação regride drasticamente e cede à tentação de explicar seus mistérios por meio de fenômenos religiosos, o que torna tudo bastante ridículo.

AVALIAÇÃO: **

ASSOMBRAÇÃO

DIRETOR: "Pang Brothers" [Oxide Pang Chun, Danny Pang]

PAÍS: Tailândia / Hong Kong (China)

COMPANHIA PRODUTORA: Universe Entertainment Limited / Matching Motion Pictures Company Limited / Magic Head Film Production Company Limited

ANO DE PRODUÇÃO: 2006

DURAÇÃO: 108'

IDIOMA ORIGINAL: Mandarim / Cantonês

PRODUÇÃO: Alvin Lam, Sangar Chatchairungruang, "Pang Brothers" [Oxide Pang Chun, Danny Pang] (coprodução: Usanee Mangkornsin)

ROTEIRO: "Pang Brothers" [Oxide Pang Chun, Danny Pang], Pak Sing Pang, Cub Chien, Sam Lung

FOTOGRAFIA: Decha Srimantra [cor]

MONTAGEM: "Pang Brothers" [Oxide Pang Chun, Danny Pang], Curran Pang

MÚSICA: Payont Permsith

ELENCO: Lee Sinje [Angelica Lee], Lau Siu Ming, Zeng Qi Qi, Rain Li, Lawrence Chou, Jetrin Wattanasin, Viraiwon Jauwseng, Cheang Pou Soi

GÊNERO: Horror e fantasia

SINOPSE: Famosa escritora começa a fazer um livro que tem como tema as assombrações. Porém, como ela costuma "entrar" profundamente nas suas histórias, acaba sendo transportada para um mundo paralelo onde estão todas as coisas do passado que ela esqueceu.

COMENTÁRIOS: Começa muito bem, como terror, mas logo involui para um tedioso melodrama cheio de efeitos de computação gráfica.

AVALIAÇÃO: ***

A REENCARNAÇÃO DO SEXO

A REENCARNAÇÃO DO SEXO

DIRETOR: Luiz Castellini

PAÍS: Brasil

COMPANHIA PRODUTORA: Cláudio Cunha Cinema & Arte

ANO DE PRODUÇÃO: 1981

DURAÇÃO: 86'

IDIOMA ORIGINAL: Português

PRODUÇÃO: Cláudio Cunha

ARGUMENTO: Luiz Castellini (or: Giovanni Boccacio)

ROTEIRO: Luiz Castellini

FOTOGRAFIA: Cláudio Portioli [cor]

MONTAGEM: Eder Mazini

MÚSICA: Vangelis, Penderecki, Pierre Henry

ELENCO: Patrícia Scalvi, Roberto Miranda, Lia Farrel, Ana Maria Kreisler, Célia Santos, Lígia di Paula, Fábio Villalonga, Roque Rodrigues, Artur Rovedeer, Tatiana Nogueira, Emil Grigoletto, Eudes Carvalho, Salete Fracarolli, Mário Vaz Filho, Joycelaine Rodrigues, Railda Nonato, Vicente de Luca, Ivonete Pereira, Henrique Bertelli, Castor Guerra, Washington Augusto, Ilga Rodrigues, Marthus Mathias, Flávio Portho, J. Santana, M. Antonia Lombardi [Maria Antonia Lombardi], Marcos Rossi

GÊNERO: Drama de horror erótico

SINOPSE: Não suportando a descoberta de que sua filha Patrícia é amante de seu empregado Artur, o dono de um pequeno sítio no interior paulista mata o rapaz a machadadas e finge que ele fugiu para a capital. Porém, avisada pelo espírito de Artur, Patrícia vai definhando e também morre de desgosto. Assim, o casal de fantasmas passa a assombrar a propriedade, possuindo e arrastando para a devassidão desenfreada todos os que tentam viver ali.

COMENTÁRIOS: Inspirado em uma das histórias do *Decamerão*, esse filme tenta explorar os mais surrados clichês do cinema de horror, fracassando radicalmente.

AVALIAÇÃO: **

THE REFRIGERATOR

A GELADEIRA DIABÓLICA

DIRETOR: Nicholas Jacobs

PAÍS: Estados Unidos

COMPANHIA PRODUTORA: Avenue D Films

ANO DE PRODUÇÃO: 1991

DURAÇÃO: 87'

IDIOMA ORIGINAL: Inglês

PRODUÇÃO: Christopher Oldcorn

ARGUMENTO: Christopher Oldcorn, Nicholas Jacobs, Philip Dolin

ROTEIRO: Nicholas Jacobs

FOTOGRAFIA: Paul Gibson [cor]

MONTAGEM: P. J. Pesce, Suzanne Pillsbury, Christopher Oldcorn, Nicholas Jacobs

MÚSICA: Don Peterskofsky, Adam Roth, Chris Burke

ELENCO: Julia McNeal, David Simonds, Phyllis Sanz, Angel Caban, Nena Segal, Jaime Rojo, Alex Trisano, Peter Justinius, Karen Wexler, Michael Beltran, Jack Mason, Larry Tate, Darrell Smith, Phil Butard, Weston Blakesly, Michelle Decosta, Anthony McGowen, Jon Groff, Phoebe Sudrow, Amanda Green, Marco Hunt, Ben Bianchi, Dan Kelly, Bill Walters, Jed Spingarn

GÊNERO: Comédia de terror

SINOPSE: Steve e sua esposa Eileen saem do interior e vão morar em Nova Iorque, onde ele trabalhará como executivo enquanto ela tentará seguir carreira como atriz. O casal se muda para um pequeno apartamento mobiliado, condizente com as suas péssimas condições financeiras. Porém, o que eles ignoram é que o excelente preço do aluguel se deve ao fato de que os últimos moradores desapareceram sem deixar vestígios, já que a geladeira do imóvel é, na verdade, uma porta para o Inferno.

COMENTÁRIOS: O maior problema deste filme é que ele nunca se assume como comédia, parecendo tratar seu tema absurdo com alguma seriedade.

AVALIAÇÃO: **

THE RELIC

A RELÍQUIA

DIRETOR: Peter Hyams

PAÍS: Estados Unidos

COMPANHIA PRODUTORA: Pacific Western

ANO DE PRODUÇÃO: 1996

DURAÇÃO: 110'

IDIOMA ORIGINAL: Inglês

PRODUÇÃO: Gale Anne Hurd, Sam Mercer

ARGUMENTO: Douglas Preston, Lincoln Child

ROTEIRO: Amy Jones, John Raffo, Rick Jaffa, Amanda Silver

FOTOGRAFIA: Peter Hyams [cor]

MONTAGEM: Steven Kemper

MÚSICA: John Debney

ELENCO: Penelope Ann Miller, Tom Sizemore, Linda Hunt, James Whitmore, Clayton Rohner, Chi Muoi Lo,

Thomas Ryan, Robert Lesser, Diane Robin, Lewis Van Bergen, Constance Towers, Francis X. McCarthy, Audra Lindley, John Kapelos, Tico Wells, Mike Bacarella, Gene Davis, John Di Santi, David Proval, Dave Graubart, Ronald Joshua Scott, Jophery C. Brown, Thomas Joseph Carroll, Montrose Hagins, Santos Morales, Ralph Seymour, La Donna Tittle, Edward Jemison, David Hollander, Amanda Ingber, Katharine Mitchell, Candy Coburn, Kurt Naebig, Don MacLellan, Marc P. Shelton, Don Harvey, Ken Magee, Aaron Lustig, Kent George, Lynn A. Henderson, Ron Cummins, Matthew Daniel Moses Furlin, Elwood Forbes, Dina Blair, Mark Lake, Ned Schmidtke, Vincent Hammond, Brian Steele, Gary Hecker (voz), Daniel Guevara, Ramon Ramirez, Henry Rey, Gerardo Salinas, Martin S. Tellez

GÊNERO: Horror

SINOPSE: Em plena selva, cientista que pesquisa as culturas primitivas da Amazônia ingere uma poção mágica que promete transformá-lo em um (outro) animal. Porém, um probleminha com a fórmula – talvez um cipó fora do prazo de validade – faz com que ele se transforme em um monstro mutante assassino, ao mesmo tempo em que chega escondido ao museu onde trabalha, nos Estados Unidos. No museu, a pesquisadora Margo investiga as descobertas de seu colega, enquanto uma série de mortes bizarras tem início. Para resolver o caso, o tenente Vincent D'Agosta é enviado ao museu, enquanto está sendo preparada uma big festa para a inauguração de uma sofisticada exposição antropológica.

COMENTÁRIOS: Peter Hyams, o diretor deste filme com uma trama tão complicada quanto idiota, já teve melhores momentos – e dificilmente terá piores.

AVALIAÇÃO: **

REPTILICUS

DIRETOR: Sidney Pink

PAÍS: Dinamarca / Estados Unidos

COMPANHIA PRODUTORA: Saga Studio / American International Pictures

ANO DE PRODUÇÃO: 1961

DURAÇÃO: 92'/82'

IDIOMA ORIGINAL: Dinamarquês / Inglês

PRODUÇÃO: Sidney Pink

ARGUMENTO: Sid Pink [Sidney Pink]

ROTEIRO: Ib Melchior, Sid Pink [Sidney Pink]

FOTOGRAFIA: Aage Wiltrup [cor]

MONTAGEM: Svend Methling

MÚSICA: Sven Gyldmark

ELENCO: Bent Mejding, Asbjorn Andersen, Poul Wildaker, Ann Smyrner, Mimi Heinrich, Dirch Passer, Marla Behrens, Carl Ottosen, Ole Wisborg, Birthe Wilke, Mogens Brandt, Kjeld Petersen

GÊNERO: Horror de monstros

SINOPSE: Na remota Lapônia, uma equipe de exploradores busca minérios a grandes profundidades e acaba encontrando os restos de um gigantesco sáurio pré-histórico morto há milhões e milhões de anos. Uma parte do corpo, que ficou congelada e ainda tem carne, é enviada para um laboratório de Copenhague, para servir como material de pesquisa. Por acidente, o fragmento é descongelado e logo se descobre que os tecidos do tal sáurio têm a capacidade de se regenerar rapidamente, assim como acontece com as lagartixas modernas. Em pouco tempo, os restos se transformam em um ser completo, que foge do laboratório e cresce até se tornar um monstro gigantesco e praticamente indestrutível, que deve ser combatido pelas autoridades locais.

COMENTÁRIOS: Este filme, que demora bastante para "começar", é uma produção totalmente dinamarquesa comprada e reformada pela American International. Existem duas versões: a original (raríssima) e a norte-americana (com duração menor e dublagem em inglês). A trama parece ter sido inspirada pelo filme "Caltiki", de Riccardo Freda (1959).

AVALIAÇÃO: **

RETURN OF THE LIVING DEAD: NECROPOLIS

A VOLTA DOS MORTOS-VIVOS – NECRÓPOLIS

DIRETOR: Ellory Elkayem

PAÍS: Estados Unidos

COMPANHIA PRODUTORA: Aurora Entertainment Corporation

ANO DE PRODUÇÃO: 2005

DURAÇÃO: 89'

IDIOMA ORIGINAL: Inglês

PRODUÇÃO: Anatoly A. Fradis, Steve Scarduzio (coprodução: Lyudmila Fradis, Mikhail Gugin)

ROTEIRO: William Butler, Aaron Strongoni

FOTOGRAFIA: Gabi Kosuth [cor]

MONTAGEM: James Coblentz

MÚSICA: Robert Duncan

ELENCO: Aimee-Lynn Chadwick, Cory Hardrict, John Keefe, Jana Kramer, Peter Coyote, Elvin Dandel, Alexandru Geoana, Toma Danila, Diana Munteanu, Serban Georgevici, Gelu Nitu, Claudiu Trandafir, Boris Petroff, Constantin Barbulescu, Razvan Oprea, Mihai Bisericanu, Dan Astileanu, Lorena Lupu, Esther Nathalie, Monica Mihaescu, Claudiu Istodor, George Remes, Cristian Popa, Harold Greene

GÊNERO: Horror para adolescentes

SINOPSE: Quando vai ao hospital visitar seu amigo Zeke, que sofreu um acidente de moto, Julian recebe a notícia de que ele faleceu. Porém, Katie, ex-namorada de Zeke e amiga de Julian, conta ao rapaz que viu Zeke ser levado para o interior de um dos prédios da Hybra-Tech, uma poderosa empresa química na qual ela trabalha como agente de segurança. Não recebendo nenhum apoio de seu tio Charlie, que é um dos cientistas da Hybra-Tech, Julian resolve reunir seus amigos e invadir a sede da empresa, a fim de resgatar Zeke, considerando que seu amigo pode estar sendo usado como cobaia para alguma experiência maligna. Com a cumplicidade de Katie, o grupo se infiltra na empresa — que, apesar de lidar com ultra-sofisticados projetos de altíssima tecnologia, tem uma segurança bastante fuleira — e consegue encontrar Zeke. Porém, eles logo vão descobrir, para a sua desgraça, que a Hybra-Tech está realizando tenebrosos experimentos genéticos com zumbis.

COMENTÁRIOS: Quarta parte da saga "Return of the living dead", com os elementos típicos do horror para adolescentes e nenhuma novidade ou mérito (a não ser a presença de Peter Coyote, como um cientista muitíssimo louco). Locações na Romênia.

AVALIAÇÃO: **

THE RING

O CHAMADO

DIRETOR: Gore Verbinski

PAÍS: Estados Unidos

COMPANHIA PRODUTORA: MacDonald – Parkes / Bender-Spink

ANO: 2002

DURAÇÃO: 115'

IDIOMA ORIGINAL: Inglês

PRODUÇÃO: Walter F. Parkes, Laurie MacDonald (coprodução: Christine Iso)

ARGUMENTO: Koji Suzuki

ROTEIRO: Ehren Kruger

FOTOGRAFIA: Bojan Bazelli [cor]

MONTAGEM: Craig Wood

MÚSICA: Hans Zimmer

ELENCO: Naomi Watts, Martin Henderson, David Dorfman, Richard Lineback, Daveigh Chase, Lindsay Frost, Pauley Perrette, Amber Tamblyn, Sara Rue, Rachael Bella, Shannon Cochran, Jane Alexander, Brian Cox, Sandra Thigpen, Sasha Barrese, Tess Hall, Adam Brody, Alan Blumenfeld, Joe Chrest, Ronald William Lawrence, Stephanie Erb, Lindsey Stoddart, Joe Sabatino, Joanna Lin Black, Maura McNamara, David Povall, Keith Campbell, Chuck Hicks, Michael Spound, Gary Cervantes, Aixa Clemente, Art Frankel, Billy Lloyd, Coleen Maloney, Catherine Paolone, Guy Richardson

GÊNERO: Drama de horror

SINOPSE: Após a morte de uma parenta adolescente, em circunstâncias para lá de misteriosas, uma jornalista recebe da mãe da garota um pedido para que investigue o caso, já que pode se tratar de um assassinato. A jornalista encontra algumas fotografias da morta e, através delas, chega a uma pequena pousada remota, onde a garota hospedou-se com o namorado e um casal de amigos, que também morreram no mesmo dia que ela. Sabendo que tudo pode estar ligado a uma misteriosa fita de vídeo, que pertence à pousada, a jornalista resolve assisti-la. Na fita estão diversas imagens bastante bizarras, que parecem não ter nenhum significado específico. Porém, logo depois, a jornalista recebe um telefonema anônimo comunicando-lhe que ela tem apenas 7 dias de vida – tal como acontecera com as outras vítimas. Percebendo que a ameaça é séria, a garota leva a fita para casa e pede ajuda a seu ex-namorado e pai de seu filho, que assiste o vídeo – apesar das advertências dela. Desesperada, já que o seu filhinho também conseguiu assistir à fita, a jornalista procura extrair pistas do vídeo, tentando identificar o local onde as imagens foram registradas.

COMENTÁRIOS: Baseado no romance homônimo e no filme japonês "Ringu". Apesar da perspectiva interessante, com o aproveitamento da lenda urbana sobre uma fita de vídeo que tem o poder de provocar a morte de seus espectadores, o filme não consegue fugir aos clichês da "vingança do além". De fato, há belas imagens e um clima envolvente, que são desperdiçados por uma trama bem pouco imaginativa.

AVALIAÇÃO: ***

RITUAL MACABRO

DIRETOR: Fauzi Mansur

PAÍS: Brasil

COMPANHIA PRODUTORA: J. Dávila Enterprises

ANO DE PRODUÇÃO: 1990

DURAÇÃO: 84'

IDIOMA ORIGINAL: Inglês

PRODUÇÃO: J. D'Ávila

ARGUMENTO: Filipe Grecco, Anthony Roark

ROTEIRO: Filipe Grecco, Anthony Roark

FOTOGRAFIA: Antonio Meliande [cor]

MONTAGEM: Dalete Cunha, João Alencar

MÚSICA: Michael Kelly

ELENCO: Olair Coan, Carina Palatinik, Tião Hoover, Serafim Gonzalez, Michael Kelly, Léo Robinson, Vanessa Alves, Sérgio Hingst, Lilian Ramos, Graça Costa, Paulo Domingues, Roberto Achcar, Mara Hüsemann, Ana Flora, Eduardo Panizza, Letícia Vota, Josie Bernardes, Alfredo Gonzales, Helomar Mordachini, "índios"

GÊNERO: Drama de horror escatológico trash

SINOPSE: Em busca de inspiração para sua nova peça, alguns atores de teatro roubam um livro raro que contém segredos vetustos dos rituais de sacrifícios humanos pagãos dos xamãs egípcios. Porém, o livro satânico logo passa a influenciar o protagonista da peça, Brad, que é possuído pelos poderes malignos e fica ainda mais esquisitão do que já era, passando a caçar seus colegas de elenco.

COMENTÁRIOS: Produção realizada para o mercado internacional, falada em inglês e inédita comercialmente no Brasil. Cenas de violência com animais.

AVALIAÇÃO: ***

THE RITUAL OF DEATH

(Cf. Ritual macabro)

LES RIVIÈRES POURPRES II – LES ANGES DE L'APOCALYPSE

RIOS VERMELHOS 2 – ANJOS DO APOCALIPSE

DIRETOR: Olivier Dahan

PAÍS: França / Itália / Inglaterra

COMPANHIA PRODUTORA: StudioLégende / Europacorp / TF1 Films Productions / Filmauro / Epica

ANO DE PRODUÇÃO: 2003

DURAÇÃO: 95

IDIOMA ORIGINAL: Francês

PRODUÇÃO: Ilan Goldman

ARGUMENTO: Jean-Christophe Grange

ROTEIRO: Luc Besson

FOTOGRAFIA: Alex Lamarque [cor]

MONTAGEM: Richard Marizy

MÚSICA: Colin Towns

ELENCO: Jean Reno, Benoît Magimel, Christopher Lee, Camille Natta, Serge Riaboukine, Cyril Raffaelli, Gabrielle Lazure, Johnny Hallyday, Augustin Legrand, André Penvern, Francis Renaud, David Saracino, Michael Abiteboul, Eriq Ebouaney, Jo Prestia, Mylène Jampanoi, Eric Chevallier, Nikita, Victor Garrivier, Olivier Brocheriou, Wilfred Benaiche, Ludovic Schoendoerffer, Idit Cebula, Marc Henry, Thierry Liagre, Gilles Treton, Frédéric Maranber, Nicolas Simon, Fosco Perinti, Frédéric Merlo, Thierry Derven, Christophe Lavalle, Enrico di Giovanni, Jean-François Gallotte

GÊNERO: Suspense teológico com elementos horroríficos

SINOPSE: O comissário Niemans investiga o aparecimento de um cadáver crucificado em uma soturna abadia medieval. Uma série de outros crimes semelhantes levarão o atrapalhado policial à descoberta de um bizarro complô, com a finalidade de utilizar as profecias do Apocalipse para controlar os destinos da Europa.

COMENTÁRIOS: Efeitos interessantes numa produção bem cuidada, mas com um roteiro bastante precário.

AVALIAÇÃO: ***

SANTO EL ENMASCARADO DE PLATA Y BLUE DEMON CONTRA LOS MONSTRUOS

SANTO E BLUE DEMON CONTRA OS MONSTROS

DIRETOR: Gilberto Martinez Solares

PAÍS: México

COMPANHIA PRODUTORA: Cinematografica Sotomayor

ANO DE PRODUÇÃO: 1969

DURAÇÃO: 83'

IDIOMA ORIGINAL: Espanhol

PRODUÇÃO: Jesus Sotomayor Martinez

ARGUMENTO: Rafael Garcia Travesi, Jesus Sotomayor Martinez

ROTEIRO: Rafael Garcia Travesi

FOTOGRAFIA: Raul Martinez Solares [cor]

MONTAGEM: José Bustos

MÚSICA: Gustavo Cesar Carreon

ELENCO: Santo el Enmascarado de Plata, Blue Demon, Jorge Rado, Carlos Ancira, Raul Martinez Solares Jr., Hedy Blue, Adalberto Martinez [Resortes], Alejandro Cruz, Rafael Aldrete [Santanon], Vicente Lara [Cacama], Manuel Leal, Gerardo Cepeda, David Alvizu, Fernando Rosales, Carlos Suarez, Margarita Delgado, Elsa Maria Tako, Yolanda Ponce, Gordo Alvarado, Carlos Corona

GÊNERO: Horror infantojuvenil com lutadores mascarados

SINOPSE: Ressuscitado por seu discípulo, um corcunda anão, o cientista louco dr. Halder só pensa em se vingar dos seus piores inimigos: seu irmão Otto, sua sobrinha Gloria e o lutador mascarado El Santo. Para isso, ele cria um exército de zumbis indestrutíveis, captura o lutador Blue Demon — maior amigo do Santo — e o substitui por uma cópia do mal e ainda traz à vida diversos monstros: uma múmia, um cíclope, um lobisomem, o monstro de Frankenstein e um vampiro. Diante de tantos inimigos, El Santo vai penar para safar a sua vida e a de Gloria, que é sua namorada.

COMENTÁRIOS: Mais uma tresloucada aventura de El Santo, agora mergulhando de cabeça no cinema trash. Além do roteiro sem-pé-nem-cabeça, dos efeitos especiais de 5a categoria e dos monstros que parecem saídos de alguma festinha de Halloween, ainda somos brindados com 10 minutos de luta-livre e um show musical.

AVALIAÇÃO: ***

SASQUATCH

(Cf. The untold)

SHAUN OF THE DEAD

TODO MUNDO QUASE MORTO

DIRETOR: Edgar Wright

PAÍS: Inglaterra

COMPANHIA PRODUTORA: WT2 [Working Title]

ANO DE PRODUÇÃO: 2004

DURAÇÃO: 99'

IDIOMA ORIGINAL: Inglês

PRODUÇÃO: Nira Park

ROTEIRO: Simon Pegg, Edgar Wright

FOTOGRAFIA: David M. Dunlap [cor]

MONTAGEM: Chris Dickens

MÚSICA: Daniel Mudford, Pete Woodhead

ELENCO: Simon Pegg, Kate Ashfield, Lucy Davis, Nick Frost, Dylan Moran, Bill Nighy, Penelope Wilton, Jessica Stevenson, Peter Serafinowicz, Rafe Spall, Nicola Cunningham, Kier Mills, Matt Jaynes, Gavin Ferguson, Horton Jupiter, Tim Baggaley, Arvind Doshi, Sonell Dradral, Samantha Day, Trisha Goddard, David Park, Finola Geraghty, Robert Fitch, Sharon Gavin, Patch Connolly, Stuart Powell, Patricia Franklin, Steve Emerson, Phyllis McMahon, Krishnan Guru-Murthy, Carol Barnes, Rob Butler, Jeremy Thompson, Vernon Kay, Mark Donovan, Christopher Harwood, Martin Freeman, Reece Shearsmith, Tamsin Greig, Julia Deakin, Matt Lucas, Nick Ewans, Alex Lutes, Chris Martin, Jonny Buckland, Keith Chegwin

GÊNERO: Comédia satírica de terror

SINOPSE: Na Inglaterra contemporânea, Shaun é um típico sujeitinho perdedor, que carrega sua vidinha pesada entre o trabalho banal e o seu pub preferido, onde enche a caveira de cerveja morna e de uísque nacional. Sua namorada, cansada de vê-lo vegetar e de ter que dividi-lo com um amigo retardado, decide abandoná-lo, ao mesmo tempo em que uma praga de zumbis está atingindo a cidade. Logo, uma grande parte da população se transforma em mortos-vivos sedentos de sangue, ao mesmo tempo em que Shaun resolve virar valente e salvar sua amada e sua mãezinha das mãos dos zumbis pirados.

COMENTÁRIOS: Uma boa ideia – a associação entre o comportamento dos zumbis e o da classe média britânica – que resulta em uma comédia sem graça, desvalorizada pela total falta de carisma e talento de Simon Pegg.

AVALIAÇÃO: ***

SHE DEVIL

MULHER DIABÓLICA

DIRETOR: Kurt Neumann

PAÍS: Estados Unidos

COMPANHIA PRODUTORA: Regal Films

ANO DE PRODUÇÃO: 1957

DURAÇÃO: 78'

IDIOMA ORIGINAL: Inglês

PRODUÇÃO: Kurt Neumann

ARGUMENTO: John Jessel

ROTEIRO: Carroll Young, Kurt Neumann

FOTOGRAFIA: Karl Struss [p&b]

MONTAGEM: Carl Pierson

MÚSICA: Paul Sawtell, Bert Shefter

ELENCO: Mari Blanchard, Jack Kelly, Albert Dekker, John Archer, Fay Baker, Blossom Rock, Paul Cavanagh, George Baxter, Helen Jay, Joan Bradshaw, X. Brands, Ted Griffin

GÊNERO: Drama de horror e ficção científica

SINOPSE: Dan Scott é um gênio da neurociência que realiza pesquisas patrocinadas pelo médico aposentado Richard Bach, um filântropo que dirige um grande hospital de caridade. Durante uma visita de Bach, Scott lhe comunica que realizou uma descoberta que poderá modificar toda a história da medicina: com base na ideia de que os organismos podem se curar de qualquer doença por conta própria, a partir de adaptações bioquímicas, Scott desenvolveu um soro que acelera esse processo, e com o qual obteve curas de diversos animais gravemente enfermos. Porém, Scott necessita de uma cobaia humana, embora Bach só admita ceder-lhe um de seus pacientes se este estiver em estado terminal e concordar com a experiência. A oportunidade logo surge na figura de Kyra, uma jovem sozinha e desempregada que está morrendo de tuberculose. Com autorização da moça, o soro é aplicado e o resultado logo aparece, com a cura e a total recuperação. Mas a invenção de Scott tem terríveis efeitos colaterais, já que Kyra adquire uma resistência sobrehumana e se transforma em um ser ambicioso e amoral, não se detendo diante de nada para satisfazer os seus incontroláveis desejos sensório-materialistas.

COMENTÁRIOS: Variação da história de *O médico e o monstro*, com mais uma dura advertência aos cientistas que tentam se fazer de deuses e violar as leis inexoráveis da natureza. A óbvia inadequação de Mari Blanchard para o papel empana um pouco o brilho desta obra clássica do mestre Kurt Neumann, na qual o horror é apenas uma sutil sugestão.

AVALIAÇÃO: ***

SILK

(Cf. Gui si)

O terror do Himalaia

DIRETOR: W. Lee Wilder

PAÍS: Estados Unidos

COMPANHIA PRODUTORA: Planet Filmplays

ANO DE PRODUÇÃO: 1954

DURAÇÃO: 71'

IDIOMA ORIGINAL: Inglês

PRODUÇÃO: W. Lee Wilder

ARGUMENTO: Myles Wilder

ROTEIRO: Myles Wilder

FOTOGRAFIA: Floyd D. Crosby [p&b]

MONTAGEM: Jodie Copelan

MÚSICA: Manuel Compinsky

ELENCO: Paul Langton, Leslie Denison, Teru Shimada, Rollin Moriyama, Robert Kino, Robert Hinton, Darlene Fields, George Douglas, Robert Bice, Keith Richards, Rudolph Anders, Bill Phipps, Jack Daly, Rusty Wescoatt

GÊNERO: Horror e aventura

SINOPSE: Dois norte-americanos – um botânico e um fotógrafo – realizam uma expedição científica ao Himalaia. Porém, no meio do caminho, a esposa do líder dos guias nativos é raptada por um yeti, gigantesco homem das neves que habita os pontos mais elevados da imaginação do povo local. Os americanos caretas não acreditam na história e querem continuar sua viagem, mas os nativos se amotinam e assumem o comando da expedição, capturando a criatura. Então, o botânico – que não havia assistido ao filme "King Kong" – consegue permissão para levar o monstro para Los Angeles, a fim de exibi-lo como atração circense.

COMENTÁRIOS: Filme B de baixíssimo orçamento, com uma história previsível e um monstro tão pobre e ridículo que nem é mostrado claramente.

AVALIAÇÃO: **

SNOWMAGEDDON

CATÁSTROFE GLACIAL

DIRETOR: Sheldon Wilson

PAÍS: Canadá

COMPANHIA PRODUTORA: Reel One Entertainment

ANO DE PRODUÇÃO: 2011

DURAÇÃO: 89'

IDIOMA ORIGINAL: Inglês

PRODUÇÃO: John Prince

ARGUMENTO: Rudy Thauberger

ROTEIRO: Rudy Thauberger

FOTOGRAFIA: Neil Cervin [cor]

MONTAGEM: Christopher A. Smith

MÚSICA: Michael Neilson

ELENCO: David Cubitt, Laura Harris, Dylan Matzke, Magda Apanowicz, Jeff C. Ballard, Lorne Cardinal, Michael Hogan, Donavon Stinson, Amitai Marmorstein, Teach Grant, Leanne Lapp, Haigh Sutherland

GÊNERO: Horror catastrófico

SINOPSE: A pequena cidade de Normal, nos cafundós do Alasca, está se preparando para comemorar o Natal (que, por lá, começa em 1º de janeiro e vai até 31 de dezembro). Um pouco distante da cidade, na casa de John Miller, um estranho presente é deixado na soleira da porta, sem qualquer indicação de nome ou endereço do remetente. Ao abrir a caixa, Rudy, o filho mais novo de John, encontra um globo de vidro no interior do qual está uma perfeita réplica de Normal. O menino aciona o mecanismo do globo e logo vê uma fenda aparecer no solo da cidade. Pouco depois, um violento terremoto atinge Normal, causando destruição e a morte do xerife. Cheio de imaginação, Rudy logo associa os acontecimentos, embora não conte nada para os seus pais. No dia seguinte, enquanto seu pai vai ajudar os moradores de Normal, sua mãe Beth, que é piloto de helicóptero, e sua irmã Jenny vão levar um turista para praticar *snowboard* em uma montanha da região. Ao manipular novamente o globo, Rudy acidentalmente aciona o mecanismo, provocando uma nova alteração. Logo depois, uma violentíssima tempestade de granizo se desencadeia, causando a queda do helicóptero e levando o terror para a cidade.

COMENTÁRIOS: Mais um telefilme barato com efeitos de computador. A total ausência de explicação para o mistério já seria algo desagradável, se não se somassem a isso os aspectos ridículos do roteiro, que tenta criar suspense sem grandes resultados. O elenco reduzido é outro problema sério, já que a "população" de Normal parece estar reduzida a meia dúzia de pessoas (o que é pouca coisa até mesmo para o Alasca).

AVALIAÇÃO: **

SNUFF

DIRETOR: Michael Findlay, Simon Nuchtern, Horacio Fredriksson

PAÍS: Argentina / Estados Unidos / Canadá

ANO DE PRODUÇÃO: 1975

DURAÇÃO: 80'

IDIOMA ORIGINAL: Inglês

ROTEIRO: Michael Findlay

FOTOGRAFIA: Roberta Findlay [cor]

MÚSICA: "diversos"

ELENCO: Mirtha Massa, Enrique Larratelli, Margarita Amuchastegui

GÊNERO: Horror escatológico

SINOPSE: O produtor cinematográfico norte-americano Max leva sua amante, a atriz Terry, para rodar um filme na Argentina. Porém, a moça aproveita a viagem para reencontrar seu outro amante, o jovem milionário alemão Horst. No entanto, a presença de Terry em terras sul-americanas também chama a atenção do estranho Satan, lider de uma seita diabólica formada apenas por mulheres gostosas. Logo, Satan providencia o assassinato de Max, para que Terry vá viver com Horst e seja vigiada por suas pupílas (sabe-se lá para quê).

COMENTÁRIOS: Reciclagem da produção argentino-americana "The slaughter" (Michael Findlay, 1971), com algumas sequências adicionais. Claramente "inspirado" no massacre promovido pela família Manson, esse filme é uma notável mistura de amadorismo e incompetência, onde absolutamente nada faz sentido. Talvez justamente por isso os produtores da versão de 1975 resolveram apresentar o filme como um snuff (subgênero de cinema clandestino no qual as cenas de morte e violência eram reais), eliminando qualquer crédito. A única coisa curiosa neste monte de sandices são algumas sequências do carnaval carioca, transplantadas para o solo argentino pela magia do analfabetismo geográfico.

AVALIAÇÃO: **

SNUFF

(Cf. Snuff-movie)

SNUFF-MOVIE / SNUFF

CENAS DE HORROR – NO LIMITE DA REALIDADE

DIRETOR: Bernard Rose

PAÍS: Inglaterra / Romênia

COMPANHIA PRODUTORA: Man With a Camera Limited / Man WAC Castel Production

ANO DE PRODUÇÃO: 2005

DURAÇÃO: 92'

IDIOMA ORIGINAL: Inglês

PRODUÇÃO: Enos Rose, Brad Wyman, Donald Kushner, Peter Locke, Lisa Enos (coprodutores: Pierre Spengler, Vlad Paunescu)

ARGUMENTO: Bernard Rose

ROTEIRO: Bernard Rose

FOTOGRAFIA: Bernard Rose [cor]

MONTAGEM: Susan Swayne

MÚSICA: Nigel Holland, Jake Leopold, Matt Schultz

ELENCO: Jeroen Krabbé, Lisa Enos, Teri Harrison, Alastair Mackenzie, Hugo Myatt, Joe Reegan, Sharif [Sharif Rosales-Webb], Andrew Tiernan, Teodor Necula, Lyndsey Marshall, Catalina Harabagiu, Viorica Voda, Luana Stoica, Roxana Andronescu, Andrei Ionescu, Daniel Pusleaga, Romeo Raicu, Vali Vasilescu, Vlad Ivanov, Nick Broomfield

GÊNERO: Horror

SINOPSE: Muitos anos depois do bárbaro assassinato de sua esposa – vítima de um grupo de maníacos satanistas – um cineasta resolve voltar à atividade realizando um filme no estilo *big brother*. Para isso, ele convoca um grupo de atores e os leva para a sua remota mansão, onde coisas muito bizarras certamente irão acontecer.

COMENTÁRIOS: Inspirado – com muito mau gosto – no assassinato da atriz Sharon Tate pela família Manson.

AVALIAÇÃO: **

SOCIETY – THE HORROR

SOCIEDADE

DIRETOR: Brian Yuzna

PAÍS: Estados Unidos

COMPANHIA PRODUTORA: Society Productions

ANO DE PRODUÇÃO: 1989

DURAÇÃO: 99'

IDIOMA ORIGINAL: Inglês

PRODUÇÃO: Keith Walley

ARGUMENTO: Woody Keith, Rick Fry

ROTEIRO: Woody Keith, Rick Fry

FOTOGRAFIA: Rick Fichter [cor]

MONTAGEM: Peter Teschner

MÚSICA: Mark Ryder, Phil Davies

ELENCO: Billy Warlock, Devin Devasquez, Evan Richards, Ben Meyerson, Charles Lucia, Connie Danese, Patrice Jennings, Heidi Kozak, Ben Slack, David Wiley, Tim Bartell, Brian Bremer, Maria Claire, Conan Yuzna, Jason Williams, Pamela Matheson, Ronhi Lee, Michael Schipper, Chris Claridge, Amy Obrand, David Wells, Mike Diamant, Raffaella Commitante

GÊNERO: Horror em tom de sátira

SINOPSE: Bill Whitney é um adolescente como tantos outros, que vive atormentado pela impressão persistente de não pertencer à sua família (embora seus pais ricaços lhe dêem uma vida principesca). Suas relações só são normais com a irmã Jenny, até o dia em que seu amigo Blanchard o procura com uma surpreendente revelação: tendo escondido um microfone na roupa de Jenny, ele registrara a garota e seus pais participando de uma orgia com diversos "membros" da elite da cidade. Bill ouve a fita e fica perplexo, mas suas suspeitas só se consolidam quando Blanchard morre logo depois, em um misterioso acidente. O rapaz começa, então, a espionar a própria família, chegando à conclusão de que os Whitney pertencem a alguma espécie de seita satânica, da qual faz parte toda a alta sociedade local.

COMENTÁRIOS: Apesar de ser bastante mal aproveitada, a premissa desse filme não deixa de ser bastante original: de acordo com ela, as classes dominantes deste mundo seriam bem mais exploradoras do que denuncia o discurso marxista mais radical. Alguns momentos divertidos, em meio a muito sangue, tripas e eca gelatinosa.

AVALIAÇÃO: ***

Estranhas visões

DIRETOR: Douglas Jackson

PAÍS: Canadá

COMPANHIA PRODUTORA: Filmo Bandito Production

ANO DE PRODUÇÃO: 2002

DURAÇÃO: 95'

IDIOMA ORIGINAL: Inglês

PRODUÇÃO: Pierre David, Elisabeth-Ann Gimber, Geoffrey S. Patenaude

ROTEIRO: Charles Klausmeyer, Mark Kinsey Stephenson

FOTOGRAFIA: Bruno Philip [cor]

MONTAGEM: Robert E. Newton

MÚSICA: Richard Bowers

ELENCO: Stefanie Powers, Mickey Toft, Barry Flatman,

Stewart Bick, Martin Neufeld, Doug Lennox, Margot Kidder, Pamela Witcher, Angelina Boivin, Tom Rack, Alan Fawcett, Linda Smith, Jason Cavalier, Erika D'Alessio, Russell Yuen

GÊNERO: Horror e suspense

SINOPSE: Após ter sua casa assaltada, Michelle resolve se mudar para outra cidade mais segura junto com seu filho adotivo, o pequeno Cory. Porém, seus problemas não terminaram e ela passa a ser vítima de telefonemas anônimos e de um voyeur. Ela chama a polícia e o detetive Joe se encarrega do seu caso, desconfiando que o responsável por tudo possa ser algum pretendente rejeitado. Michelle descobre que o tal voyeur é o filho de Culley, seu vizinho e senhorio. O rapaz, Bobby, tem problemas mentais e Michelle atende ao pedido do pai dele, não o denunciando. Logo depois, ela recebe a notícia de que o rapaz se suicidou e fica tranquila, até que Cory passa a ter um comportamento estranho, alegando ter um amigo invisível que mora dentro do armário de seu quarto.

COMENTÁRIOS: Telefilme com um roteiro frágil e cheio de clichês, contando com a simpática presença da veterana Stefanie Powers.

AVALIAÇÃO: ***

ÀS VEZES ELES VOLTAM... PARA SEMPRE!

DIRETOR: Daniel Berk

PAÍS: Estados Unidos

COMPANHIA PRODUTORA: Trimark Pictures

ANO DE PRODUÇÃO: 1998

DURAÇÃO: 89'

IDIOMA ORIGINAL: Inglês

PRODUÇÃO: Diana Zahn, Daniel Berk (coprodução: Philip B. Goldfine, Bruce David Eisen)

ARGUMENTO: Stephen King

ROTEIRO: Adam Grossman, Darryl Sollerh

FOTOGRAFIA: Christopher Walling [cor]

MONTAGEM: Todd Clark

MÚSICA: Brian Langsbard

ELENCO: Clayton Rohner, Faith Ford, Damian Chapa, Chase Masterson, Michael Stadvec, Douglas Stoup, Stephen Hart, Max Perlich, Jennifer O'Dell, Frank Ceglia

GÊNERO: Horror satânico

SINOPSE: Um casal de militares, pertencente a um esquadrão de elite, é enviado para uma remota estação de pesquisas norte-americana na Antártica, a fim de averiguar a informação de que um dos pesquisadores teria enlouquecido e assassinado alguns companheiros. Na verdade, a base era utilizada para encobrir atividades de mineração (proibidas no Polo Sul) e os investigadores logo descobrem que há pelo menos dois mortos e que o pretenso assassino desapareceu. Logo começam a ocorrer coisas misteriosas e tudo parece ter origem nas profundezas da mina, onde o assassino pode estar escondido. As coisas ficam ainda piores quando os mortos começam a retornar à vida como zumbis, causando uma onda de horror.

COMENTÁRIOS: Mistura de suspense com satanismo, este filme é – antes de tudo – uma grande porcaria. Além de uma história completamente absurda e de uma conclusão clichê, esta produção (realizada em vídeo) é paupérrima em todos os sentidos, só não economizando na falta de discernimento.

AVALIAÇÃO: *

SON OF DRACULA

O FILHO DE DRÁCULA

DIRETOR: Robert Siodmak

PAÍS: Estados Unidos

COMPANHIA PRODUTORA: Universal Pictures

ANO DE PRODUÇÃO: 1943

DURAÇÃO: 80'

IDIOMA ORIGINAL: Inglês

PRODUÇÃO: Ford Beebe

ARGUMENTO: Curtis Siodmak

ROTEIRO: Eric Taylor

FOTOGRAFIA: George Robinson [p&b]

MONTAGEM: Saul Goodkind

MÚSICA: H. J. Salter

ELENCO: Lon Chaney [Lon Chaney Jr.], Robert Paige, Louise Allbritton, Evelyn Ankers, Frank Craven, J. Edward Bromberg, Saul S. Hinds, Adeline DeWalt Reynolds, Patrick Moriarity, Etta McDaniel, George Irving

GÊNERO: Horror

SINOPSE: Usando o discretíssimo nome fictício de Alucard, um dos descendentes do conde Drácula muda-se para o Sul dos Estados Unidos, em busca de "sangue novo". Para isso, ele se casa com Katherine – herdeira de uma imensa propriedade rural – após providenciar a morte do velho pai da garota. Porém, Katherine tem um antigo apaixonado, seu ex-noivo Frank, que não se conforma com seu casamento e tenta matar Drácula, acabando por atingir mortalmente a moça. Desesperado, Frank procura o dr. Brewster, médico de Katherine, confessando o assassinato. Porém, quando o médico vai averiguar o que ocorreu, encontra a moça viva – já que ela foi transformada em uma vampira. No dia seguinte, investigando o caso, os policiais encontram o corpo de Katherine e Frank é preso. Desconfiado, Brewster invoca a ajuda do professor Lazlo, um especialista em lendas húngaras (embora Drácula seja romeno).

COMENTÁRIOS: Uma produção das mais tediosas, limitando-se simplesmente a transferir a história original para o interior dos Estados Unidos.

AVALIAÇÃO: **

SON OF FRANKENSTEIN

O FILHO DE FRANKENSTEIN

DIRETOR: Rowland V. Lee

PAÍS: Estados Unidos

COMPANHIA PRODUTORA: Universal Pictures Company

ANO DE PRODUÇÃO: 1939

DURAÇÃO: 99'

IDIOMA ORIGINAL: Inglês

PRODUÇÃO: Rowland V. Lee

ARGUMENTO: Willis Cooper (or: Mary Wollstonecraft Shelley)

ROTEIRO: Willis Cooper

FOTOGRAFIA: George Robinson [p&b]

MONTAGEM: Ted Kent

MÚSICA: Frank Skinner (direção: Charles Previn)

ELENCO: Basil Rathbone, Boris Karloff, Bela Lugosi, Lionel Atwill, Josephine Hutchinson, Donnie Dunagan, Emma Dunn, Edgar Norton, Perry Ivins, Lawrence Grant, Lionel Belmore, Michael Mark, Caroline Cooke, Gustav von Seyffertitz, Lorimer Johnson, Tom Ricketts

GÊNERO: Horror

SINOPSE: Wolf, o (até então) único filho do célebre cientista louco Victor Frankenstein, vai com a família para a cidade onde vivera seu pai, disposto a tomar posse de seu castelo (apesar da compreensível hostilidade dos habitantes locais). Induzido pelo perverso Ygor – que fôra ajudante de Victor e que escondera o corpo do seu terrível monstro – Wolf resolve retomar os experimentos de criação da vida a partir de tecidos mortos, a fim de ressuscitar a criatura e mostrar que é tão biruta quanto seu pai.

COMENTÁRIOS: Terceiro filme da série, sucedendo "A noiva de Frankenstein". No entanto, apesar de ser quase uma novidade no cinema, a história de Mary Shelley já dava mostras de esgotamento, exemplificado pela repetição de situações.

AVALIAÇÃO: ***

SORA NO DAIKAIJU RADON

Rodan!... O monstro do espaço

DIRETOR: Ishiro Honda

PAÍS: Japão

COMPANHIA PRODUTORA: Toho

ANO DE PRODUÇÃO: 1956

DURAÇÃO: 82'

IDIOMA ORIGINAL: Japonês

PRODUÇÃO: Tomoyuki Tanaka

ARGUMENTO: Ken Kuronuma

ROTEIRO: Takeshi Kimura, Takeo Murata

FOTOGRAFIA: Isamu Ashida [cor]

MONTAGEM: Koichi Iwashita

MÚSICA: Akira Ifukube

ELENCO: Akihiko Hirata, Akio Kobori, Akira Yamada, Bontaro Taira, Fuyuki Murakami, Haruo Nakajima, Hideo Mihara, Hideo Unagami, Ichiro Chiba, Jiro Kumagai, Jiro Suzukawa, Junichiro Mukai, Junnosuke Suda, Kamayuki Tsubono, Kanta Kisaragi, Keichiro Katsumoto, Keiji Saka-kida, Kenji Sahara, Kiyoharu Onaka, Kiyomi Mizunoya, Kiyoshi Takagi, Masaki Tachibana, Minosuke Yamada, Mitsuo Matsumoto, Mitsuo Tsuda, Ren Imaizumi, Rinsaku Ogata, Saburo Iketani, Saburo Kadowaki, Saeko Kuroiwa, Shigemi Sunagawa, Shoichi Hirose, Tateo Kawasaki, Toshiko Nakano, Tsurue Ichimanji, Tsuruko Mano, Yasuhiro Shigenobu, Yasuko Nakada, Yoshifumi Tajima, Yumi Shi-rakawa

GÊNERO: Drama de ação e ficção científica

SINOPSE: Uma mina de carvão sofre um alagamento e um operário morre em condições bastante misteriosas. A morte recai sobre outro operário, que está desaparecido, até que uma lagarta gigante surge e começa a fazer vítimas. Numa tentativa de matar a lagarta, no interior da mina, um dos engenheiros fica preso por um desabamento. Ao ser resgatado, ele está em estado de choque. Ao se recuperar, o rapaz faz uma extraordinária revelação: enquanto estava preso, ele presenciou a eclosão de um gigantesco ovo, do qual saiu um animal que ele identificou como um pteranodonte – imensa criatura pré-histórica que já deveria estar extinta há dezenas de milhões de anos.

COMENTÁRIOS: Um dos clássicos do cinema de monstros do Japão, este exemplar é uma boa amostra do capricho dedicado a essas produções durante a década de 1950. Aqui, a soma dos talentos do diretor Honda e do técnico em efeitos especiais Eiji Tsuburaya gera um filme de surpreendente dramaticidade – nada parecido com as produções trash que viriam mais tarde. Existe também uma adaptação norte-americana, dublada em inglês e com o enxerto de atores ocidentais.

AVALIAÇÃO: ***

SPECIES II

Experiência II – A mutação

DIRETOR: Peter Medak

PAÍS: Estados Unidos

COMPANHIA PRODUTORA: Metro-Goldwyn-Mayer Pictures / FGM Entertainment

ANO DE PRODUÇÃO: 1998

DURAÇÃO: 90'

IDIOMA ORIGINAL: Inglês

PRODUÇÃO: Frank Mancuso Jr. (executivo: Dennis Feldman)

ARGUMENTO: Chris Brancato (or: Dennis Feldman)

ROTEIRO: Chris Brancato

FOTOGRAFIA: Matthew F. Leonetti [cor]

MONTAGEM: Richard Nord

MÚSICA: Edward Shearmur

ELENCO: Michael Madsen, Natasha Henstridge, Marg Helgenberger, Mykelti Williamson, George Dzundza, James Cromwell, Myriam Cyr, Sarah Wynter, Baxter Harris, Justin Lazard, Scott Morgan, Nancy La Scala, Raquel Gardner, Henderson Forsythe, Robert Hogan, Ted Sutton, Gwen Briley-Strand, Valerie Karasek, Jane Beard, Nancy Young, Beau James, Tracy Metro, Irv Ziff, Melanie Pearson, Felicia Deel, Norman Aronovic, Kim Adams, Dustin Turner, Susan Duvall, Andreas Kraemer, Lauren Ziemski, Donna Sacco, Sondra Williamson, Kevin Grantz, Zite Bidanie, Nat Benchley, Mike Gartland, John C. Pratt, John T. Scanlon, Herbert R. Schutt Jr., Evelyn Ebo, Bill Boggs, Richard Belzer, Alesia Newman-Breen

GÊNERO: Horror e ficção científica

SINOPSE: Um grupo de astronautas realiza o primeiro

pouso em Marte, sem saber que sua nave foi invadida por insidiosos alienígenas. Os ETs se alojam no corpo dos astronautas que, ao voltarem à Terra, ficam sob quarentena. Porém, Patrick, o comandante do vôo, faz uma orgia com duas vagabas, que imediatamente dão à luz dois bebês mutantes, antes de morrerem. Dominado, Patrick esconde as crianças e sai à procura de mais mulheres para fecundar. Enquanto isso, outra astronauta é vítima dos ETs, que passam a ser caçados. Para resolver o caso, é chamado o especialista em segurança Press Lennox, que já enfrentou os mesmos seres em ocasião anterior (quando uma mulher, meio humana e meio alienígena, fugiu de um centro de pesquisas e tentou copular com humanos). Lennox vai procurar a doutora Lauren, responsável pelas experiências com Eva, produto da clonagem da alienígena destruída. Ele teme que Patrick junte-se à Eva, o que poderia resultar no surgimento de uma raça mutante indestrutível.

COMENTÁRIOS: Sequência do filme realizado por Roger Donaldson, em 1995. Como sempre acontece com as continuações, há pouca coisa original, mas a produção é rica e conservam-se os dois protagonistas do primeiro filme (especialmente Natasha Henstridge, como uma alienígena ninfomaníaca muito sensual). Espetáculo interessante, na linha gosmenta de "Alien".

AVALIAÇÃO: ***

A ESFERA

DIRETOR: Barry Levinson

PAÍS: Estados Unidos

COMPANHIA PRODUTORA: Baltimore Pictures / Constant Production

ANO DE PRODUÇÃO: 1998

DURAÇÃO: 134'

IDIOMA ORIGINAL: Inglês

PRODUÇÃO: Michael Crichton, Andrew Wald, Barry Levinson

ARGUMENTO: Kurt Wimmer (or: Michael Crichton)

ROTEIRO: Stephen Hauser, Paul Attanasio

FOTOGRAFIA: Adam Greenberg [cor]

MONTAGEM: Stu Linder

MÚSICA: Elliot Goldenthal

ELENCO: Dustin Hoffman, Sharon Stone, Samuel L. Jackson, Peter Coyote, Queen Latifah, Liev Schreiber, Marga Gomez, Huey Lewis, Bernard Hocke, James Pickens Jr., Michael Keys Hall, Ralph Tabakin

GÊNERO: Ficção científica

SINOPSE: O dr. Norman Goodman é um psiquiatra que presta serviços ao governo americano. Subitamente, ele é convocado para uma missão secreta em um ponto remoto do Oceano Pacífico. Ao chegar ao local, ele fica sabendo – através do capitão Harold Barnes, chefe da missão – que está integrando uma força-tarefa, formada por algumas celebridades científicas. Além da bióloga marinha Beth Halperin – ex-namorada e ex-paciente de Norman – o grupo é formado pelos físicos Harry Adams e Ted Fielding. O quarteto logo é informado de sua fantástica missão: trata-se de investigar, há algumas centenas de metros de profundidade, uma gigantesca nave espacial, que deve ter caído na Terra há quase trezentos anos. Todos ficam perturbados com a natureza do trabalho, mas aceitam partir para um laboratório submarino, no qual farão suas pesquisas. Logo na primeira expedição à nave, eles descobrem – para sua estupefação – que se trata de um veículo norte-americano, que deve ter vindo do futuro através de uma fenda temporal.

COMENTÁRIOS: Mais uma história da "reunião de um grupo de cientistas para análise de um contato extra-terrestre", pretexto para muitos efeitos especiais de alta tecnologia. Este exemplar – composto por uma mistura de "O segredo do abismo" com "Solaris" – destaca-se pelo elenco de luxo, desperdiçado numa trama repleta de clichês.

AVALIAÇÃO: ***

DIRETOR: Jack Hill

PAÍS: Estados Unidos

COMPANHIA PRODUTORA: Lasky-Monka Production

ANO DE PRODUÇÃO: 1968

DURAÇÃO: 81'

IDIOMA ORIGINAL: Inglês

PRODUÇÃO: Paul Monka, Gil Lasky

ARGUMENTO: Jack Hill

ROTEIRO: Jack Hill

FOTOGRAFIA: Alfred Taylor [p&b]

MONTAGEM: Jack Hill (?)

MÚSICA: Ronald Stein

ELENCO: Lon Chaney, Carol Ohmart, Quinn Redeker, Beverly Washburn, Jill Banner, Sid Haig, Mary Mitchel, Karl Schanzer, Mantan Moreland

GÊNERO: Comédia de horror

SINOPSE: Atingidos por uma terrível doença, que provoca uma regressão mental e uma progressiva demência, os três últimos descendentes da família Merrye vivem isolados em sua remota propriedade rural, sendo cuidados pelo seu mordomo Bruno (que trata, inclusive, de encobrir os assassinatos que eles periodicamente cometem). Porém, o equilíbrio da situação é perturbado pela chegada de uma parenta distante, Ann, que parece disposta a internar os jovens em um hospício para se apossar da enorme herança familiar. A presença de Ann, que veio com seu marido, seu advogado e a secretária deste último, vai provocar uma crise de imprevisíveis consequências.

COMENTÁRIOS: Um dos filmes mais bizarros do cinema americano dos anos 60, reunindo um bom elenco (com destaque para o legendário Lon Chaney Jr. e para a incrivelmente sensual Jill Banner), sob a direção de um dos mitos do cinema B de Hollywood.

AVALIAÇÃO: ***

SPIDERS

DIRETOR: Tibor Takacs

PAÍS: Estados Unidos

COMPANHIA PRODUTORA: Nu Image

ANO DE PRODUÇÃO: 2012

DURAÇÃO: 90'

IDIOMA ORIGINAL: Inglês

PRODUÇÃO: Boaz Davidson, Israel Ringel

ARGUMENTO: Boaz Davidson, Dustin Warburton

ROTEIRO: Joseph Farrugia, Tibor Takacs

FOTOGRAFIA: Lorenzo Senatore [cor]

MONTAGEM: Joseph Plenys

MÚSICA: Joseph Conlan

ELENCO: Patrick Muldoon, Christa Campbell, William Hope, Sydney Sweeney, Pete Lee-Wilson, Shelly Varod, Jesse Steele, Atanas Srebrev, Vincenzo Nikoli, Christian Contreras, Amanda Armstrong, Jeanne Mack, Jonas Talkington, Zachariah Rollins, David Wilmot, Martin Tyson, Salvador Morales, Dimitar Elenkov, Owen Davis, John Laskowski, Randal Glover, Phill Rudy, David McAuley, Timothy Howlet, Marna Rowe, James Atkinson, Brian Hankey, Stefka Berova, Robert Mathers, Scot Pozil, Nikolai Sotirov, Daniel Rueth, Thomas Ray Shenk, Kalin Kerin, Silvia Raduladva, Sarah Brown, Radoslav Ignatov, Georgi Manchev, Dimitar Doichinov, Stefan Shopov, Georgy Stanislavov, Radka Petkova, Georgi Karlukovski, Boyan Anev, Radoslav Parvanov, Cindy Johnson, Misha Di Bono

GÊNERO: Horror

SINOPSE: Uma antiga estação espacial soviética abandonada cai na Terra e alguns fragmentos atingem uma das es-
tações do metrô de Nova York. O caso não parece dos mais
sérios, a não ser pelo fato do tal fragmento estar cheio de aranhas mutantes, criadas por um experimento secreto dos russos, que passam a atacar os seres humanos. Como se não bastasse o seu veneno mortal, as aranhas começam a obedecer
à velha ordem divina de "crescer" e se "multiplicar" em uma
velocidade para lá de acelerada. Como não poderia deixar de
ser, as autoridades militares não fazem muita coisa, a não ser
procurar – com a ajuda do antigo criador do projeto – uma
forma de utilizar o segredo das aranhas para fins bélicos,
passando a perseguir uma funcionária da saúde pública que
está de posse do ovo da aranha-rainha (?). Porém, para sorte
da humanidade, um dos operadores do metrô local – justamente o ex-marido da funcionária perseguida – é um perfeito candidato a herói, disposto a tudo para evitar que as
mega-aranhas enredem o mundo em uma teia de destruição.

COMENTÁRIOS: Chega a ser irritante a maneira como o
enredo desse filme – rodado na Bulgária – se assemelha ao
de dezenas de outras produções recentes, que espalham ratos, cobras, insetos e outras criaturas mutantes pelos subterrâneos das grandes cidades. Funcionários públicos converti-
dos em heróis abnegados, autoridades omissas, cientistas
sem ética e militares psicóticos não poderiam deixar de fal-
tar, embora falte criatividade e inteligência.

SPONTANEOUS COMBUSTION

Combustão espontânea

DIRETOR: Tobe Hooper

PAÍS: Estados Unidos

COMPANHIA PRODUTORA: Black Owl Productions

ANO DE PRODUÇÃO: 1989

DURAÇÃO: 97'

IDIOMA ORIGINAL: Inglês

PRODUÇÃO: Jim Rogers (coprodução: Jerrold W. Lambert)

ARGUMENTO: Tobe Hooper

ROTEIRO: Tobe Hooper, Howard Goldberg

FOTOGRAFIA: Levie Isaacks [cor]

MONTAGEM: David Kern

MÚSICA: Graeme Revell

ELENCO: Brad Dourif, Cynthia Bain, Jon Cypher, William Prince, Dey Young, Melinda Dillon, Tegan West, Michael

Keys Hall, Dale Dye, Dick Butkus, Joe Mays, Stacy Edwards, Brian Bremer, Frank Whiteman, Judy Prescott, Judy Behr, Betsy Thomas, John Landis, Jamie Alba, Mark Roberts, Richard Warlock, Judith Jones, Bill Forward, Ron Blair, Mimi Wearn, Sandy Ignon, Nick Gambella, Patricia Gallagher Layton, Barbara Leary, Paul Barresi, George 'Buck' Flower (voz)

GÊNERO: Drama de horror

SINOPSE: Sem nunca ter conhecido detalhes de seu passado, Sam descobre inesperadamente que seus pais faleceram de combustão espontânea, por causa de experiências com energia nuclear, na década de 1950. Para completar seu espanto, o rapaz vem a saber que ele próprio está ameaçado pela combustão e – o que é pior – que sua vida continua sendo manipulada pelo mesmo industrial que organizou a experiência original. A partir daí a fúria toma conta do rapaz, que inicia uma vingança chamejante.

COMENTÁRIOS: Obra menor na filmografia de Hooper, que consegue despertar mais bocejos do que sustos.

AVALIAÇÃO: **

SPOOKS RUN WILD

DIRETOR: Phil Rosen

PAÍS: Estados Unidos

COMPANHIA PRODUTORA: Monogram Pictures Corporation / Banner Pictures Corp.

ANO DE PRODUÇÃO: 1941

DURAÇÃO: 65'

IDIOMA ORIGINAL: Inglês

PRODUÇÃO: Sam Katzman

ARGUMENTO: Carl Foreman, Charles R. Marion

ROTEIRO: Carl Foreman, Charles R. Marion

FOTOGRAFIA: Marcel Le Picard [p&b]

MONTAGEM: Robert Golden

MÚSICA: Lange & Porter

ELENCO: Bela Lugosi, Leo Gorcey, Bobby Jordan, Huntz Hall, Sunshine Sammy Morrison, David O'Brien, Dorothy Short, David Gorcey, Donald Haines, Dennis Moore, P. J. Kelley, Angelo Rossitto, Guy Wilkerson

GÊNERO: Comédia de horror e suspense

SINOPSE: Jeff é um assistente social que recebe a missão de levar um grupo de adolescentes marginais para um acampamento reeducativo no interior. Logo na primeira noite alguns rapazes, liderados pelo esperto Muggs, fogem para buscar diversão numa cidade próxima. Porém, a região está em alerta, já que um tarado assassino parece estar escondido por lá. Assim, enquanto atravessam o cemitério, os meninos são vistos pelo vigia e um deles leva um tiro. Muggs e sua turma vão buscar ajuda numa soturna mansão, onde são recepcionados pelo misterioso Nardo. Apavorados, eles tentam fugir, mas verificam que estão presos na casa. Enquanto isso, a fuga é descoberta e a namorada de Jeff – uma enfermeira – resolve procurar os garotos sozinha, para que eles não sejam prejudicados.

COMENTÁRIOS: Mais um dos filmes de baixíssimo orçamento protagonizados por Lugosi entre meados dos anos 30 e 40. É, aliás, um grande exagero dizer "protagonizados", já que, em boa parte deles, o ator aparece muito mais como um coadjuvante de luxo. Aqui, os protagonistas são os integrantes do grupo East Side Kids.

AVALIAÇÃO: **

ssssss

O HOMEM COBRA

DIRETOR: Bernard L. Kowalski

PAÍS: Estados Unidos

COMPANHIA PRODUTORA: Universal Pictures

ANO DE PRODUÇÃO: 1973

DURAÇÃO: 99'

IDIOMA ORIGINAL: Inglês

PRODUÇÃO: Dan Striepeke

ARGUMENTO: Dan Striepeke

ROTEIRO: Hal Dresner

FOTOGRAFIA: Gerald Perry Finnerman [cor]

MONTAGEM: Robert Watts

MÚSICA: Pat Williams

ELENCO: Strother Martin, Dirk Benedict, Heather Menzies, Richard B. Shull, Tim O'Connor, Jack Ging, Kathleen King, Reb Brown, Ted Grossman, Charles Seel, Ray Ballard, Brendan Burns, Rick Beckner, James Drum, Ed McCready, Frank Kowalski, Ralph Montgomery, Michael Masters, Charlie Fox, Felix Silla, Nobel Craig, Bobbi Kiger, J. R. Clark, Chip Potter

GÊNERO: Horror e ficção científica

SINOPSE: O dr. Carl Stoner é um célebre herpetologista que realiza experiências bastante misteriosas, em um laboratório situado em sua própria casa. Precisando de um assistente – já que, além de seu laboratório, Stoner também realiza um espetáculo publico com suas serpentes, para levantar fundos – ele contrata o jovem estudante David Blake, que fica entusiasmado com a possibilidade de trabalhar com um grande gênio da ciência. Porém, David ignora o tipo de serviço que realizará para o dr. Stone, que na verdade deseja uma cobaia humana para as suas experiências insanas. Enquanto David envolve-se afetivamente com Kristina, a filha de Stoner, o cientista começa a injetar-lhe um composto de sua invenção, sob o pretexto de tratar-se de um antídoto preventivo contra o veneno das cobras perigosas que estão no laboratório. Logo, David começa a notar que está passando por algumas mudanças físicas, sem saber que o cientista biruta está tentando transformá-lo em uma serpente humana.

COMENTÁRIOS: Com pouca ação e sem nenhuma justificativa plausível para sua trama, este filme é mais uma versão da velha história do cientista louco que comete todos os tipos de ações condenáveis com o objetivo de "salvar" a humanidade de ameaças bem menos perigosas que ele.

AVALIAÇÃO: ***

STAY ALIVE

JOGO MORTAL

DIRETOR: William Brent Bell

PAÍS: Estados Unidos

COMPANHIA PRODUTORA: Wonderland Sound and

Vision / Stay Alive

ANO DE PRODUÇÃO: 2006

DURAÇÃO: 100'

IDIOMA ORIGINAL: Inglês

PRODUÇÃO: McG, Peter Schlessel, James Stern, Matthew Peterman (coprodutores: Erin Stam, David Manpearl)

ARGUMENTO: William Brent Bell, Matthew Peterman

ROTEIRO: William Brent Bell, Matthew Peterman

FOTOGRAFIA: Alejandro Martinez [cor]

MONTAGEM: Harvey Rosenstock

MÚSICA: John Frizzell

ELENCO: Jon Foster, Samaire Armstrong, Frankie Muniz, Wendell Pierce, Jimmi Simpson, Milo Ventimiglia, Maria Kalinina, James Haven, Alice Krige, Sophia Bush, Adam Goldberg, Billy Slaughter, Nicole Oppermann, April Wood, Monica Monica, Rio Hackford, Billy Louviere, Richey Nash, Lauren Lorbeck, Veronica Mosgrovc, Rick Green (voz)

GÊNERO: Horror para adolescentes

SINOPSE: Aficcionados por jogos de computador come-çam a testar um novo lançamento, até que percebem que o jogo foi criado pelo fantasma de uma velha bruxa, que resolveu usar tecnologia de ponta para conseguir reviver através da realidade virtual. Logo, os jovens descobrirão que aquilo que lhes acontece no jogo também repercute na vida real, o que não é nada bom, já que o tal joguinho é uma tenebrosa e sangrenta história de terror.

COMENTÁRIOS: Uma ideia não propriamente original, destinada a conquistar o público dos videogames de realidade virtual.

AVALIAÇÃO: ***

THE STEPFORD WIVES

ESPOSAS EM CONFLITO

DIRETOR: Bryan Forbes

PAÍS: Estados Unidos

COMPANHIA PRODUTORA: Fadsin Cinema Associates

ANO DE PRODUÇÃO: 1975

DURAÇÃO: 115'

IDIOMA ORIGINAL: Inglês

PRODUÇÃO: Edgar J. Scherick

ARGUMENTO: Ira Levin

ROTEIRO: William Goldman

FOTOGRAFIA: Owen Roizman [cor]

MONTAGEM: Timothy Gee

MÚSICA: Michael Small

ELENCO: Katharine Ross, Paula Prentiss, Peter Masterson, Nanette Newman, Tina Louise, Carol Rossen, William Prince, Patrick O'Neal, Carole Mallory, Toni Reid, Judith Baldwin, Barbara Rucker, George Coe, Franklin Cover, Robert Fields, Michael Higgins, Josef Somer, Paula Trueman, Martha Greenhouse, Simon Deckard, Remak Ramsay, Mary Stuart Masterson, Ronny Sullivan, John Aprea, Matt Russo, Anthony Crupi, Kenneth McMillan, Dee Wallace, Tom Spratley

GÊNERO: Mistura de ficção científica e crítica social

SINOPSE: Apesar de uma certa relutância, Joanna, uma mulher jovem e independente, aceita a ideia de seu marido e muda-se com ele e suas duas filhinhas de Nova Iorque para a cidadezinha de Stepford, muito mais tranquila e barata. Logo de saída, ela estranha bastante a cidade, um oásis burguês onde todas as mulheres são donas de casa perfeitas e esposas submissas. Porém, quando uma vizinha feminista adere subitamente a esse "clube das Amélias", Joanna passa a desconfiar de que algo muito anormal pode estar acontecendo na aparentemente pacata comunidade.

COMENTÁRIOS: Baseado no livro de Ira Levin, trata-se de uma brilhante sátira ao desespero machista diante da crescente emancipação feminina.

AVALIAÇÃO: ****

STORM WARNING

Aviso de tempestade

DIRETOR: Jamie Blanks

PAÍS: Austrália

COMPANHIA PRODUTORA: Resolution Independent

ANO DE PRODUÇÃO: 2007

DURAÇÃO: 82'

IDIOMA ORIGINAL: Inglês

PRODUÇÃO: Gary Hamilton, Pete! Ford (coprodutora: Ann Darrouzet)

ROTEIRO: Everett DeRoche

FOTOGRAFIA: Karl von Moller [cor]

MONTAGEM: Jamie Blanks, Geoff Hitchins

MÚSICA: Jamie Blanks

ELENCO: Nadia Farés, Robert Taylor, David Lyons, Mathew Wilkinson, John Brumpton

GÊNERO: Suspense e horror

SINOPSE: Na Austrália, um casal de yuppies sai para um passeio de barco e se perde, indo parar no canal de irrigação de uma fazenda, em meio a uma violenta tempestade. Eles buscam abrigo na sede da propriedade, que parece estar deserta, mas logo descobrem – tarde demais – que o lugar é uma plantação clandestina de maconha explorada por um trio de violentos psicopatas bem pouco amistosos.

COMENTÁRIOS: Como sempre, vale ressaltar um aspecto bizarro do cinema australiano, que costuma mostrar a população do interior do país como um bando de caipiras tarados, violentos e retardados.

AVALIAÇÃO: **

HISTÓRIAS DA PESADA

DIRETOR: Mary Lambert [1, 3], Bryan Spicer [2, 4]

PAÍS: Estados Unidos

COMPANHIA PRODUTORA: Viacom

ANO DE PRODUÇÃO: 2001

DURAÇÃO: 87'

IDIOMA ORIGINAL: Inglês

PRODUÇÃO: Deborah Ann Henderson (coprodutores: Joseph Anaya, Dale Kutzera)

ROTEIRO: Joseph Anaya, Dale Kutzera, Dan Merchant

FOTOGRAFIA: Philip Linzey [cor]

MONTAGEM: Tom Walls, Chris Willingham

MÚSICA: Tyler Bates

ELENCO: Martin Cummings, Christopher Kennedy Masterson, Brandy Ledford, Danny Masterson, Judd Nelson, Erik Palladino, Eric Roberts, Marla Sokoloff, Holland Taylor, John Taylor, Christine Chatelain, Brian Drummond, Dean Marshall, Shawn Reis, Kendall Saunders, Jessica Van der Veen, Trevor White, Emy Aneke, Shannon Beaty, Doron Bell, Preston Cook, Kurt Evans, Deryl Hayes, Adrian Holmes, Nels Lennarson, John Mann, Christian Mena, Darryl Scheelar, Desirée Zurowski, Ben Cotton, Tom Heaton, Jane Sowerby, Don Thompson, Keegan Connor Tracy, Ben Bass, Scott McNeil, Gerard Plunkett

GÊNERO: Horror para adolescentes

SINOPSE: Em quatro episódios: [1] DISCO INFERNO: Dois devotados amantes do rock pauleira sofrem um grave acidente de automóvel, bem em frente a uma discoteca. Apesar de sentirem repugnância pelo ambiente mauricinho que domina o local, eles entram para usar o telefone e acabam descobrindo algo muito assombroso; [2] MY GENERATION: Roqueiro dos anos 80 diverte-se pelas estradas da América, assassinando os jovens que lhe pedem carona para assistir a festivais e concertos de rock moderninho. Porém, ele descobre que um de seus caronistas é um colega de ofício, com a variante de que só assassina hippongos coroas; [3] ROOM SERVICE: Astro de rock muito porra-louca hospeda-se num luxuoso hotel, promovendo as orgias mais escabrosas. Porém, uma velha camareira sempre se encarrega de deixar seu quarto um brinco. Furibundo, o rapaz resolve sabotar o trabalho da mulher, causando uma enorme destruição; [4] MORE THAN A FEELING: Produtor de uma grande gravadora tem um dom especial para descobrir futuros astros da música, já que sua velha úlcera o adverte sobre os novos talentos. Porém, ele vive atormentado pelo fato de que todos os seus pupilos são vítimas de desgraças, não suportando as pressões da fama e do sucesso.

COMENTÁRIOS: Telefilme derivado de uma série de TV, com histórias criativas, bem desenvolvidas e com uma boa dose de ironia.

AVALIAÇÃO: ***

CORPOS DE ESTUDANTES

DIRETOR: Mickey Rose

PAÍS: Estados Unidos

COMPANHIA PRODUTORA: Universal Southwest Cinema / Allen Smithee Classic Films

ANO DE PRODUÇÃO: 1981

DURAÇÃO: 86'

IDIOMA ORIGINAL: Inglês

PRODUÇÃO: Allen Smithee [Michael Ritchie]

ARGUMENTO: Mickey Rose

ROTEIRO: Mickey Rose

FOTOGRAFIA: Robert Ebinger [cor]

MONTAGEM: Kathryn Ruth Hope

MÚSICA: Gene Hobson

ELENCO: Kristen Riter, Matt Goldsby, Richard Brando [Jerry Belson], Joe Flood, Joe Talarowski, Mimi Weddell, Carl Jacobs, Peggy Cooper, Janice E. O'Malley, Kevin Mannis, Sara Eckhardt, Brian Batytis, Cullen G. Chambers, Joan Browning Jacobs, Angela Bressler, Kay Ogden, Douglas Cotner, Charles L. Trotter, Jonathan Walling, Keith Singleton, Dario O. Jones, Thomas D. Cannon II, Oscar James, Robyn Flanery, Tammie M. Tignor, Anita Taylor, John M. Armstrong, Brenda Maduzia, Dorothy Rich, Anne Bell, Kathryn Reve Doster, Lauren Ritchie, Janice Elaine Berridge, The Stick, cão Zeno, cão Casine

GÊNERO: Comédia de terror

SINOPSE: Numa escola secundária, uma série de crimes causa medo e desconfiança. Toby, uma das estudantes, passa a ser a principal suspeita e, para livrar-se das acusações, se dispõe a investigar o caso por conta própria.

COMENTÁRIOS: Paródia dos filmes *slasher*, explorando os diversos clichês deste subgênero. Porém, este antepassado da série *Todo mundo em pânico* está bem longe de ser engraçado ou criativo.

AVALIAÇÃO: **

THE STUFF

A COISA

DIRETOR: Larry Cohen

PAÍS: Estados Unidos

COMPANHIA PRODUTORA: Larco

ANO DE PRODUÇÃO: 1985

DURAÇÃO: 93'

IDIOMA ORIGINAL: Inglês

PRODUÇÃO: Paul Kurta

ARGUMENTO: Larry Cohen

ROTEIRO: Larry Cohen

FOTOGRAFIA: Paul Glickman [cor]

MONTAGEM: Armond Lebowitz

MÚSICA: Anthony Guefen

ELENCO: Michael Moriarty, Andrea Marcovicci, Garrett Morris, Paul Sorvino, Danny Aiello, Patrick O'Neal, Scott Bloom, James Dixon, Alexander Scourby, Russell Nype, Gene O'Neill, Catherine Schultz, James Dukas, Peter Hock, Colette Blonigan, Frank Telfer, Brian Bloom, Harry Bellaver, Beth Tegarden, Ann Dane, Rutanya Alda, David Snell, Edward Power, Nick Taylor, Daniel Antonovich, Heidi Miller, Marilyn Staley, Adrienne Sachs, John Newton, Harvey Waldman, Nicholas DeToth, Bobbi Burns, Gretchen Ullman, Jery Hewitt, Lisa Crosby, Christie Angelica, Brooke Adams, Laurene Landon, Tammy Grimes, Abe Vigoda, Clara Peller

GÊNERO: Comédia de terror

SINOPSE: Um produto misterioso, o Stuff, torna-se o alimento preferido de milhões de pessoas e logo conquista o mercado norte-americano de sobremesas. Em desespero, os concorrentes contratam Rutherford, um ex-agente do FBI e agora sabotador e espião industrial. Com a ajuda de Nicole, responsável pela propaganda do Stuff, Rutherford fica sabendo que o produto surgiu de repente, tendo sido aprovado para consumo humano em condições extraordinárias. Indo visitar a fábrica, ele descobre que, na verdade, o Stuff é uma substância que brota do centro da Terra, assumindo o controle sobre o organismo de todos os que o consomem (que se tornam zumbis viciados). Vendo que nada conseguirá por conta própria, Rutherford vai procurar a ajuda de um velho militar aposentado – patriota radical, que montou um exército de mercenários para combater o comunismo, inclusive na sua vertente gastronômica.

COMENTÁRIOS: A ideia é excelente, mas a realização deixa muito a desejar. Cohen – conhecido especialista em filmes de terror B – constrói uma história descosida, desperdiçando boas situações. Para piorar, um herói antipático e uma mocinha que serve apenas para encher a tela.

AVALIAÇÃO: **

Comando suburbano

DIRETOR: Burt Kennedy

PAÍS: Estados Unidos

COMPANHIA PRODUTORA: New Line Cinema

ANO DE PRODUÇÃO: 1991

DURAÇÃO: 90'

IDIOMA ORIGINAL: Inglês

PRODUÇÃO: Howard Gottfried

ROTEIRO: Frank Cappello

FOTOGRAFIA: Bernd Heinl [cor]

MONTAGEM: Terry Stokes

MÚSICA: David Michael Frank

ELENCO: Hulk Hogan, Christopher Lloyd, Shelley Duvall, Larry Miller, William Ball, Jo Ann Dearing, Jack Elam, Roy Dotrice, Michael Faustino, Tony Longo, Laura Mooney, Mark Calaway, Dennis Burkley, Luis Contreras, Nick Eldredge, Vincent Hammond, Denice Kumagai, Duane Taniguchi, Richard Narita, Christopher Neame, Tony Epper, John Furlong, Marcy Goldman, Jennifer De-lora, Ellis Edwards, Keith Campbell, Michael Ballew, Dave

Efron, Marc Miles, Will Miles, Elisabeth Moss, Malachi
Pearson, Joey Simmrin, Skip Stellrecht, Sumant, Tom
Morga, Louan Gideon, Sparkle, Billy 'Sly' Williams, Pat
Millicano

GÊNERO: Comédia de ficção científica

SINOPSE: Após arruinar os planos do perverso general Sui-
tor, que pretendia dominar o universo, o guerreiro espacial
Ramsay está voltando para o seu planeta. Porém, um problema mecânico em sua nave obriga-o a pousar na Terra.
Tendo que esperar um longo tempo pelo conserto da nave,
Ramsay – que pousou nos Estados Unidos – resolve alugar
um quarto no subúrbio. O lugar escolhido é a casa de Charlie, um arquiteto com mania de inventor que vive sofrendo
toda espécie de abusos, já que é muito tímido e abobado.
Ramsay logo conquista a simpatia de seus hospedeiros, im-
pressionados com sua fantástica força física. Desconfiado,
Charlie resolve seguir Ramsay e descobre seu segredo, apo-
derando-se de uma de suas armas. Porém, a arma é detec-
tada por caçadores de recompensa espaciais, que vão em
busca de Ramsay e passam a ameaçar a família de Charlie.

COMENTÁRIOS: Uma banalidade que vale principalmente pela canastríssima simpatia do ex-campeão de luta-
livre Hulk Hogan.

AVALIAÇÃO: ***

SUPER-INFRAMAN

DIRETOR: Hua Shan

PAÍS: Hong Kong (China)

COMPANHIA PRODUTORA: Shaw Brothers

ANO DE PRODUÇÃO: 1975

DURAÇÃO: 90'

IDIOMA ORIGINAL: Mandarim

PRODUÇÃO: Runme Shaw

ROTEIRO: I Kuang

FOTOGRAFIA: Ho Lan-Shan [cor]

MONTAGEM: Chiang Hsing-Lung

MÚSICA: Chen Yung-Yu

ELENCO: Li Hsiu-Hsien [Danny Lee]

GÊNERO: Ação e ficção científica

SINOPSE: Depois de uma série de terríveis e inexplicáveis tremores de terra, a humanidade recebe um recado da rainha Elzibub, chefe suprema do povo que há milhões de anos habita o centro da Terra. Elzibub deseja assumir o controle da superfície e exige que os humanos se rendam, ameaçando destruir o mundo com os seus enormes poderes sísmicos. Diante do perigo iminente, um cientista chinês, o professor Liu, desenvolve um projeto para transformar um ser humano comum, por meio de implantes eletrônicos, em um super-herói defensor da humanidade.

COMENTÁRIOS: Produção chinesa bastante pobre que tenta copiar o cinema de monstros dos japoneses, com muita agitação e pouco conteúdo.

AVALIAÇÃO: **

SUPERMAN E OS HOMENS-TOUPEIRA

DIRETOR: Lee Sholem

PAÍS: Estados Unidos

COMPANHIA PRODUTORA: National Comics Publications

ANO DE PRODUÇÃO: 1951

DURAÇÃO: 58'

IDIOMA ORIGINAL: Inglês

PRODUÇÃO: Barney A. Sarecky

ROTEIRO: Richard Fielding [Robert Maxwell]

FOTOGRAFIA: Clark Ramsey [p&b]

MONTAGEM: Al Joseph

MÚSICA: Darrell Calker

ELENCO: George Reeves, Phyllis Coates, Jeff Corey, Walter Reed, J. Farrell MacDonald, Stanley Andrews, Ray Walker, Hal K. Dawson, Phil Warren, Frank Reicher, Beverly Washburn

GÊNERO: Ação e aventura com elementos de ficção científica

SINOPSE: Os repórteres Clark Kent e Lois Lane chegam a uma pequena cidade do interior norte-americano, a fim de fazerem uma reportagem sobre uma companhia petrolífera que perfurou o poço mais profundo já explorado, com quase 10.000 metros de profundidade. Porém, eles logo se decepcionam com a notícia de que o poço está sendo desativado, por causas não reveladas. Nessa mesma noite, ao visitarem o canteiro de obras, os dois repórteres descobrem o vigia morto. Embora a morte pareça ter sido por causas naturais, Lois avista dois estranhos seres, que parecem não ser humanos. Ao falar com o administrador do local, Clark fica sabendo a verdadeira causa do fim das perfurações: ao atingir os 10.000, a broca chegara a uma cavidade de grandes dimensões, da qual trouxera terra contaminada com rádio.

Clark chega à conclusão de que os seres vistos por Louis podem ser habitantes de uma civilização do centro da Terra, mas terá que utilizar sua identidade secreta de Super-homem para evitar que os estranhos visitantes sejam chacinados pela população em pânico.

COMENTÁRIOS: Filme que antecedeu a longa série de TV do Super-homem, exibida originalmente entre 1952 e 1958. Além da pobreza completa da produção, o destaque negativo vai para o roteiro primário e, ao mesmo tempo, repleto de absurdos. Um dos paradoxos do personagem é justamente ser indestrutível e superpoderoso, mas se comportar como se tivesse fraquezas (além, é claro, da kriptonita).

AVALIAÇÃO: **

SUPERNATURAL

ANJO E DEMÔNIO

DIRETOR: Victor Halperin

PAÍS: Estados Unidos

COMPANHIA PRODUTORA: Paramount Productions

ANO DE PRODUÇÃO: 1933

DURAÇÃO: 65'

IDIOMA ORIGINAL: Inglês

PRODUÇÃO: Victor Halperin, Edward Halperin

ARGUMENTO: Garnett Weston

ROTEIRO: Harvey Thew, Brian Marlow

FOTOGRAFIA: Arthur Martinelli [p&b]

ELENCO: Carole Lombard, Allan Dinehart, Vivienne Osborne, Raldolph Scott, H. B. Warner, Beryl Mercer, William Farnum, Willard Robertson, George Burr MacAnnan, Lyman Williams

GÊNERO: Drama de suspense com elementos horroríficos

SINOPSE: Ruth Rogen é uma psicopata acusada de estrangular três homens durante uma orgia. Condenada, ela é executada na cadeira elétrica, depois de concordar que o seu corpo seja entregue a um cientista, o dr. Houston, que acredita que os espíritos dos assassinos mortos costumam penetrar em outros corpos, que também passam a cometer crimes. Com uma invenção de sua autoria, ele acredita poder impedir que isso aconteça, no caso de Ruth. Porém, as intenções da assassina não são nem um pouco científicas, já que ela pretende usar o experimento de Houston para possuir um corpo e poder se vingar de Paul Bavian, um médium picareta que a traiu e que pretende aplicar um golpe na irmã de um milionário morto.

COMENTÁRIOS: Um bom exemplo do instigante cinema hollywoodiano anterior ao código de censura. Infelizmente, a ousadia do tema e das imagens não corresponde ao roteiro, que se arrasta apesar de sua curtíssima duração.

AVALIAÇÃO: ***

Supernova

DIRETOR: Thomas Lee [Walter Hill]

PAÍS: Estados Unidos

COMPANHIA PRODUTORA: Screenland Pictures / Hammerhead

ANO DE PRODUÇÃO: 1999

DURAÇÃO: 90'

IDIOMA ORIGINAL: Inglês

PRODUÇÃO: Ash R. Shah, Daniel Chuba, Jamie Dixon

ARGUMENTO: William Malone, Daniel Chuba

ROTEIRO: David Campbell Wilson

FOTOGRAFIA: Lloyd Ahern II [cor]

MONTAGEM: Michael Schweitzer, Melissa Kent

MÚSICA: David Williams

ELENCO: James Spader, Angela Bassett, Robert Forster,

Lou Diamond Phillips, Peter Facinelli, Robin Tunney, Wilson Cruz, Eddy Rice Jr., Knox Grantham White, Vanessa Marshall (voz)

GÊNERO: Ficção científica

SINOPSE: Num futuro mais ou menos distante, uma nave espacial médica percorre o universo prestando socorro aos exploradores estelares em dificuldades. Atendendo a um chamado do conhecido cientista e aventureiro Karl Larson, que está em perigo numa mina espacial abandonada, a equipe de socorro realiza uma perigosa travessia dimensional na qual morre Marley, o comandante da nave. Quando o resgate é feito, eles descobrem que quem pediu socorro foi, na verdade, Troy, filho de Larson, que usou o nome do pai para chamar a atenção de Kaela Evers, a médica da nave (e ex-amante do cientista). Porém, a tripulação logo descobre que Troy é uma espécie de pirata espacial, que estava na mina para procurar materiais preciosos. Eles descobrem também que o rapaz carrega consigo um estranho objeto luminoso, que parece exercer forte atração sobre todos. Porém, como falta combustível para a viagem de volta, Nick, o novo comandante da nave, vai até a mina procurar mais, a conselho de Troy. Mas era apenas uma armadilha para se livrar de uma ameaça, já que o rapaz assume o controle da nave e passa a exterminar seus tripulantes.

COMENTÁRIOS: Filme bastante confuso, com uma história mais enrolada que os anéis de Saturno. Apesar do bom elenco e dos efeitos especiais bem cuidados, o filme não consegue escapar de ser mais um clone de "Alien", recheado com clichês de diversos outros sucessos do gênero. A diferença entre todos os inúmeros filmes deste tipo se limita, quase sempre, à qualidade do elenco e à riqueza dos efeitos especiais, já que as histórias são de uma desconcertante banalidade.

AVALIAÇÃO: ***

UCHU DAISENSO

(Cf. Battle in outer space)

THE UNBORN II / BABY BLOOD II

O BEBÊ MALDITO 2

DIRETOR: Rick Jacobson

PAÍS: Estados Unidos

COMPANHIA PRODUTORA: The Pacific Trust

ANO DE PRODUÇÃO: 1993

DURAÇÃO: 83'

IDIOMA ORIGINAL: Inglês

PRODUÇÃO: Mike Elliott (coprodução: Scott Phillip Levy) (executivo: Roger Corman)

ARGUMENTO: Rob Kerchner

ROTEIRO: Mark Evan Schwartz, Daniella Percell

FOTOGRAFIA: Mike Gallagher [cor]

MONTAGEM: John Gilbert

MÚSICA: John Graham

ELENCO: Michele Greene, Scott Valentine, Robin Curtis, Leonard O. Turner, Brittney Powell, Carole Ita White, Michael James McDonald [Michael McDonald], Shiela Travis [Sheila Travis], Darryl Heniques [Darryl Henriques], Anneliza Scott, Ron Melendez, Kat Sawyer-Young, Jill Pierce, Lori Lively, Patrick Statham, Jim Scholl, Bob McFarland, Matt Warren, Patrick Husted, Roger Hall, Michael Sloane, Johnathan Winfrey, Roy Boesch, Rich Willis, Chuck Moore, Frank Novak, Joyce Kuetz (voz)

GÊNERO: Horror trash

SINOPSE: Devido a uma bizarra experiência genética, envolvendo a criação de uma raça humana superior, diversas mulheres dão à luz bebês monstruosos, com inteligência, força e crueldade sobre-humanas. Uma dessas mães, Catherine, é obrigada a matar sua filhinha, que desejava eliminá-la (após sair do período de aleitamento). Escapando ao controle mental do bebê, Catherine decide exterminar todas as crianças em igual condição, saindo pelo país em sua caçada. Apesar de perseguida pela polícia, ela consegue sucesso em diversos casos, até que chega a vez de acabar com o pequeno Joey.

COMENTÁRIOS: Abominável horror B que continua a saga dos bebês assassinos (iniciada nos anos 70, com a série "It's alive", de Larry Cohen). Com uma história rampeira e efeitos especiais paupérrimos, trata-se de um autêntico trash, bastante adequado para puxar o sono ou resolver problemas digestivos.

AVALIAÇÃO: *

UNCLE SAM

TIO SAM

DIRETOR: William Lustig

PAÍS: Estados Unidos

COMPANHIA PRODUTORA: Gable Productions

ANO DE PRODUÇÃO: 1996

DURAÇÃO: 90'

IDIOMA ORIGINAL: Inglês

PRODUÇÃO: George G. Braunstein

ARGUMENTO: Larry Cohen

ROTEIRO: Larry Cohen

FOTOGRAFIA: James Lebovitz [cor]

MONTAGEM: Bob Murawski

MÚSICA: Mark Governor

ELENCO: William Smith, David Shark Fralick, Leslie Neale, Matthew Flint, Anne Tremko, Tim Grimm, P. J. Soles, Thom McFadden, Zachary McLemore, Morgan Paull, Richard Cummings Jr., Robert Forster, Christopher Ogden, Bo Hopkins, Timothy Bottoms, Isaac Hayes, Frank Pesce, Jason Adelman, Laura Alcalde, Raquel Allessi, Abby Ball, Stanton Barrett, Mark Chadwick, Chris Durand, Taylor Jones, Desirae Klein, Jason Lustig, Joseph Vitare, Steve Moramarco, Jonathon Stearns, Gary Viggers, Peter Fullerton

GÊNERO: Horror satírico

SINOPSE: Em uma pequena cidade do interior norte-americano, o menino Jody idolatra seu tio Sam, um soldado que desapareceu durante a primeira guerra contra o Iraque. Quando o corpo de seu tio é descoberto e mandado de volta para casa, a fim de ser enterrado no jazigo da família, o entusiasmo militarista e nacionalista de Jody cresce ainda mais. Porém, o que o menino ignora é que seu tio não passava de um psicopata, que atormentava a vida da irmã – a mãe de Jody – e de sua esposa, tendo entrado no exército apenas para poder matar gente sem correr o risco de ser preso. Para complicar as coisas, Sam tornou-se um zumbi, e foge do caixão em pleno feriado de 4 de julho, a fim de se vingar de seus inimigos. Como foi vítima do "fogo amigo" – ou seja, dos próprios soldados americanos – Sam quer vingar-se de todos e inicia uma matança generalizada.

COMENTÁRIOS: Uma boa ideia e uma péssima execução, já que o filme não funciona como horror e nem como sátira ao militarismo e ao *american way of life*. Além do roteiro sem nenhum nexo e dos efeitos especiais paupérrimos, o filme ainda demora muito tempo para "engrenar", sem conseguir criar qualquer empatia entre o espectador e os personagens.

AVALIAÇÃO: **

THE UNDEAD

Os reencarnados

DIRETOR: Roger Corman

PAÍS: Estados Unidos

COMPANHIA PRODUTORA: Balboa Productions

ANO DE PRODUÇÃO: 1956

DURAÇÃO: 72'

IDIOMA ORIGINAL: Inglês

PRODUÇÃO: Roger Corman

ROTEIRO: Charles Griffith, Mark Hanna

FOTOGRAFIA: William Sickner [p&b]

MONTAGEM: Frank Sullivan

MÚSICA: Ronald Stein

ELENCO: Pamela Duncan, Richard Garland, Allison Hayes, Val Dufour, Mel Welles, Dorothy Neumann, Billy Barty, Bruno Ve Sota, Richard Devon, Maurice Manson, Aaron Saxon, Don Garret, Richard Miller

GÊNERO: Horror

SINOPSE: Quintus é um psiquiatra cheio de curiosidade, que pretende desvendar os mistérios da mente humana através da hipnose. Com a ajuda de seu velho professor, ele convence a prostituta Diana a servir-lhe de cobaia para uma ousada experiência de regressão, conseguindo levar o espírito da moça para a Idade Média. Reencontrando uma de suas vidas passadas: Helen, uma jovem inocente que está prestes a ser executada como feiticeira, Diana consegue fazer com que ela fuja, reencontrando seu amado Pendragon. Porém, ao perceber o que está acontecendo, Quintus vê que esta alteração no passado pode determinar a morte de Diana no presente. Arriscando tudo, ele resolve utilizar seus conhecimentos da mente para unir-se à moça no passado e consertar a situação.

COMENTÁRIOS: Uma boa ideia que se converte em um filme extremamente monótono e ridículo, com uma história cheia de absurdos e um roteiro fraquíssimo.

AVALIAÇÃO: *

THE UNDYING MONSTER

DIRETOR: John Brahm

PAÍS: Estados Unidos

COMPANHIA PRODUTORA: Twentieth Century Fox

ANO DE PRODUÇÃO: 1942

DURAÇÃO: 63'

IDIOMA ORIGINAL: Inglês

PRODUÇÃO: Bryan Foy

ARGUMENTO: Jessie Douglas Kerruish

ROTEIRO: Lillie Hayward, Michel Jacoby

FOTOGRAFIA: Lucien Ballard [p&b]

MONTAGEM: Harry Reynolds

MÚSICA: Emil Newman, David Raksin

ELENCO: James Ellison, Heather Angel, John Howard, Bramwell Fletcher, Heather Thatcher, Aubrey Mather, Halliwell Hobbes

GÊNERO: Horror e mistério

SINOPSE: Interior da Inglaterra, final do século 19: Os Hammond, uma das mais tradicionais famílias da aristocracia britânica, são assombrados por uma maldição secular, já que alguns de seus membros costumam ser atacados e mortos por um misterioso monstro. Quando Oliver Hammond é atacado e quase morre, a Scotland Yark se encarrega do caso, enviando para a mansão Hammond o detetive-cientista Robert Curtis.

COMENTÁRIOS: Mais um exemplar da interminável série de filmes B de mistério dos anos 30/40, com uma narrativa breve, um elenco mínimo e um orçamento para lá de reduzido.

AVALIAÇÃO: **

O SOLAR DAS ALMAS PERDIDAS

DIRETOR: Lewis Allen

PAÍS: Estados Unidos

COMPANHIA PRODUTORA: Paramount Pictures

ANO DE PRODUÇÃO: 1943

DURAÇÃO: 100'

IDIOMA ORIGINAL: Inglês

PRODUÇÃO: Charles Brackett

ARGUMENTO: Dorothy Macardle

ROTEIRO: Dodie Smith, Frank Partos

FOTOGRAFIA: Charles Lang Jr. [p&b]

MONTAGEM: Doane Harrison

MÚSICA: Victor Young

ELENCO: Ray Milland, Ruth Hussey, Donald Crisp, Cornelia Otis Skinner, Dorothy Stickney, Barbara Everest, Alan Napier, Gail Russell

GÊNERO: Drama de horror

SINOPSE: Passeando pelo litoral britânico, os irmãos Roderick e Pamela Fitzgerald apaixonam-se por um velho casarão, que parece abandonado. Roderick descobre o proprietário, o comandante Beech, e consegue comprar o imóvel, apesar da oposição de Stella, neta do velho. Mais tarde, Roderick e sua irmã descobrem que a casa está fechada desde a morte da mãe de Stella, Mary, que se suicidou quando a menina ainda era bem pequena. Órfã, Stella sempre se sentira frustrada por não poder entrar na casa e Roderick logo se oferece para levá-la, apesar da proibição de Beech. Porém, os dois irmãos não demoram a perceber que a casa é assombrada, achando que se trata da alma penada de Mary. Stella fica fascinada com a casa e com o fantasma, mas – durante um delírio – quase cai no mesmo abismo onde sua mãe se jogara, fazendo com que Roderick desista de convidá-la novamente. Pesquisando os fenômenos, Pamela pensa que Stella pode estar sendo perseguida pelo fantasma de Carmel, amante do pai da moça e talvez assassina de Mary. Carmel, uma modelo espanhola, posava para o pai de Stella – que era pintor – e se apaixonara por ele, morrendo de pneumonia poucos dias depois de Mary.

COMENTÁRIOS: Apesar de lidar com velhos clichês (mesmo para os anos 40), o filme conta com um bom roteiro, um excelente elenco e um clima dos mais adequados, destacando-se como um verdadeiro clássico do cinema de horror hollywoodiano.

AVALIAÇÃO: ***

UNIVERSAL HORROR

Terror Universal

DIRETOR: Kevin Brownlow

PAÍS: Estados Unidos

COMPANHIA PRODUTORA: Photoplay Productions / Universal Television

ANO DE PRODUÇÃO: 1998

DURAÇÃO: 95'

IDIOMA ORIGINAL: Inglês

PRODUÇÃO: Patrick Stanbury

FOTOGRAFIA: Gerald Saldo, John Ames [cor/p&b]

MONTAGEM: Kevin Brownlow

MÚSICA: James Bernard

NARRAÇÃO: Kenneth Branagh

E: Christopher Adamson, John Augur

DEPOIMENTOS: Ray Bradbury, Nina Foch, James Karen, Carla Laemmle, Sara Karloff, Forrest Ackerman, David

J. Skal, Gloria Stuart, Fay Wray, Anne Carré, Gavin Lambert, Nicholas Webster, Lupita Tovar, James Curtis, George Turner, Gloria Jean, Curtis Harrington, Turhan Bey, Rose Hobart, Arianne Ulmer Cipes, Curt Siodmak

GÊNERO: Documentário

SINOPSE: Documentário (feito para a TV) sobre as produções de horror da Universal, durante as décadas de 20, 30 e 40. Além de trechos dos filmes da Universal e de outras obras-primas do cinema, o documentário traz depoimentos de artistas e técnicos remanescentes daquele período, além de comentários do escritor Ray Bradbury (velho fã do terror cinematográfico).

COMENTÁRIOS: Mais do que uma simples colcha de retalhos, destinada a contextualizar o ciclo de horror da Universal para um público moderno, o filme desenvolve uma consistente análise crítica, buscando as influências artísticas dos filmes e realizando perfis dos mais importantes diretores. Ao contrário de documentários semelhantes, trata-se de um registro realmente informativo, enriquecendo bastante a apresentação dos filmes originais.

AVALIAÇÃO: ****

SASQUATCH – O ABOMINÁVEL

DIRETOR: Jonas Quastel

PAÍS: Canadá

COMPANHIA PRODUTORA: Wilderness Productions

ANO: 2002

DURAÇÃO: 92'

IDIOMA ORIGINAL: Inglês

PRODUÇÃO: Craig Denton, Rob Clark (coprodução: Glen Reynolds, Bergman Lustig)

ARGUMENTO: "história real"

ROTEIRO: Jonas Quastel, Chris Lanning

FOTOGRAFIA: Shaun Lawless [cor]

MONTAGEM: Gabriel Wrye

MÚSICA: Larry Seymour, Tal Bergman

ELENCO: Lance Henriksen, Andrea Roth, Russell Ferrier, Jeremy Radick, Mary Mancini, Erica Parker, Phil Granger, Taras Kostyuk, Rob Clark

GÊNERO: Horror

SINOPSE: Funcionários de uma empresa de pesquisas genéticas sofrem um desastre de avião e desaparecem nas florestas geladas do Canadá. Alguns meses depois, o dono da empresa reúne uma equipe e organiza uma operação de resgate – já que, além de um experimento importante, o avião também transportava sua única filha. Porém, a floresta remota esconde uma terrível criatura sedenta de sangue.

COMENTÁRIOS: Uma história "real" bastante enfadonha e trivial, utilizando um personagem do folclore canadense (o Sasquatch, conhecido em outras regiões como Pé-Grande).

AVALIAÇÃO: **

L'UOMO MECCANICO

O HOMEM MECÂNICO

DIRETOR: André Deed

PAÍS: Itália

COMPANHIA PRODUTORA: Milano Film

ANO DE PRODUÇÃO: 1921

DURAÇÃO: 80'/25'

IDIOMA ORIGINAL: Mudo

ARGUMENTO: André Deed

ROTEIRO: André Deed

FOTOGRAFIA: Alberto Chentrens [p&b]

ELENCO: André Deed, Valentina Frascaroli, Gabriel Moreau, Mathilde Lambert, Ferdinando Vivas-May

GÊNERO: Ficção científica e aventura

SINOPSE: Uma mulher misteriosa cria um robô com superpoderes e movido por controle remoto, com a ajuda do qual ela passa a cometer diversos crimes. Para combater esta ameaça, um cientista inventa outro robô, enquanto a engenhoca do mal causa muita confusão.

COMENTÁRIOS: Este filme, originalmente um longa de cerca de 80 minutos, foi por muitos anos considerado perdido, até que alguns trechos – da parte final – foram encontrados na Cinemateca Brasileira. O que restou, pouco mais de 20 minutos, é muito fragmentário e nos faz lamentar o que se perdeu, já que os efeitos são realmente impressionantes e a narrativa tem a movimentação febril dos antigos seriados.

AVALIAÇÃO: ***

URBAN EXPLORER

DIRETOR: Andy Fetscher

PAÍS: Alemanha

COMPANHIA PRODUTORA: Papermoon Films / Rialto Film / MH Films

ANO DE PRODUÇÃO: 2010

DURAÇÃO: 95'

IDIOMA ORIGINAL: Inglês

PRODUÇÃO: Oliver Thau

ARGUMENTO: Martin Thau

ROTEIRO: Martin Thau

FOTOGRAFIA: Andy Fetscher [cor]

MONTAGEM: Andy Fetscher

MÚSICA: Steven Schwalbe, Robert Henke

ELENCO: Nathalie Kelley, Nick Eversman, Max Riemelt, Brenda Koo, Catherine de Léan, Klaus Stiglmeier, Carlo Degen, Andreas Wisniewski, Sascha Marten, Adolfo Assor, Johannes Klaussner, Tim Holzapfel, Ron Holzapfel, Insa Matting, Johannes Matting

GÊNERO: Horror

SINOPSE: Em Berlim, quatro jovens turistas de diversas partes do mundo – um casal de namorados dos Estados Unidos, uma moça francesa e uma coreana – contratam um guia local para levá-los para uma excursão clandestina pelos túneis subterrâneos da cidade, em busca de antigas instalações nazistas. Porém, quando estão voltando para a superfície, o guia sofre um grave acidente e fica desacordado. Enquanto a francesa e a coreana correm para buscar ajuda, o casal fica cuidando do guia. Subitamente surge Armin, um antigo guarda de fronteira da Alemanha Oriental que vive nos subterrâneos e se oferece para ajudá-los. Os jovens concordam em segui-lo, mas logo descobrem que se envolveram em uma situação extremamente perigosa.

COMENTÁRIOS: A ideia e as situações estão longe de ser originais, mas o filme pode agradar os fãs do subgênero "turistas não são bem-vindos".

AVALIAÇÃO: ***

URBAN LEGEND

LENDA URBANA

DIRETOR: Jamie Blanks

PAÍS: Estados Unidos

COMPANHIA PRODUTORA: Phoenix Pictures

ANO DE PRODUÇÃO: 1998

DURAÇÃO: 99'

IDIOMA ORIGINAL: Inglês

PRODUÇÃO: Neal H. Moritz, Gina Matthews, Michael McDonnell

ARGUMENTO: Silvio Horta

ROTEIRO: Silvio Horta

FOTOGRAFIA: James Chressanthis [cor]

MONTAGEM: Jay Cassidy

MÚSICA: Christopher Young (supervisão: Elliot Lurie)

ELENCO: Jared Leto, Alicia Witt, Rebecca Gayheart, Joshua Jackson, Natasha Gregson Wagner, Loretta Devine, Tara Reid, Michael Rosenbaum, Danielle Harris, John Neville, Robert Englund, Julian Richings, Gord Martineau, Kay Hawtrey, Angela Vint, J. C. Kenny, Vince Corrazza, Balázs Koós, Stephanie Mills, Danny Comden, Nancy McAlear, Shawn Mathieson, Cle Bennett, Danielle Brett, Roberta Angelica, Matt Birman, Brad Dourif

GÊNERO: Horror para adolescentes

SINOPSE: Psicopata assassino ataca em uma universidade norte-americana, executando crimes que se baseiam nas lendas urbanas típicas dos Estados Unidos.

COMENTÁRIOS: O filme segue uma fórmula para lá de desgastada, embora tenha a vantagem de ser bem melhor que as suas inevitáveis continuações.

AVALIAÇÃO: **

URBAN LEGENDS: FINAL CUT

LENDA URBANA 2

DIRETOR: John Ottman

PAÍS: Estados Unidos

COMPANHIA PRODUTORA: Phoenix Pictures

ANO DE PRODUÇÃO: 2000

DURAÇÃO: 97'

IDIOMA ORIGINAL: Inglês

PRODUÇÃO: Neal H. Moritz, Gina Matthews, Richard Luke Rothschild (coprodutor: Michael McDonnell)

ROTEIRO: Paul Harris Boardman, Scott Derrickson

FOTOGRAFIA: Brian Pearson [cor]

MONTAGEM: John Ottman, Rob Kobrin

MÚSICA: John Ottman

ELENCO: Jennifer Morrison, Matthew Davis, Hart Bochner, Joseph Lawrence, Anson Mount, Anthony Anderson, Eva Mendes, Michael Bacall, Jessica Cauffiel, Marco Hofschneider, Loretta Devine, Derek Aasland, Jacinda Barrett, Peter Millard, Chas Lawther, Chuck Campbell, Yani

Gellman, Jeannette Sousa, Rory Feore, Shauna Black, Leland Tilden, Joel Gorson, David Cook, Bianca Muller, Jenny Kim, Nicole Crozier, Pat Kelly, Stephanie Moore, Kevin Hare, David Sparrow, Clare Martina Preuss, cão Santo

GÊNERO: Horror para adolescentes

SINOPSE: Aluna de uma faculdade de cinema está preparando um filme para a sua graduação e decide usar, como tema, a história do filme "Urban legend". Porém, sua iniciativa tem um resultado inesperado e logo surge um maníaco homicida de verdade para começar a matança de estudantes desavisados.

COMENTÁRIOS: Sem nexo e sem noção, esta continuação consegue a pouco notável proeza de ser bem mais fraca que o original.

AVALIAÇÃO: **

VACACIONES DE TERROR

DIRETOR: René Cardona III

PAÍS: México

COMPANHIA PRODUTORA: Casa Blanca Producciones

ANO DE PRODUÇÃO: 1988

DURAÇÃO: 81'

IDIOMA ORIGINAL: Espanhol

PRODUÇÃO: Pedro Galindo III, Eduardo Galindo, Santiago Galindo

ARGUMENTO: René Cardona III, Santiago Galindo

ROTEIRO: Carlos Valdemar

FOTOGRAFIA: Luis Medina [cor]

MONTAGEM: Jesus Paredes

MÚSICA: Eugenio Castillo

ELENCO: Pedro Fernandez, Julio Alemán, Gabriela Hassel, Nuria Bages, Gianella Hassel Kus, Carlos East Jr., Ernesto East, Carlos East, Andaluz Russell, Ernesto Casillas, Regina de Seeman, Julima Cardona, Al Coster, Regina Seeman A., Manolo Fregoso, Roberto Schlosser

GÊNERO: Horror

SINOPSE: Fernando, um estudioso da cultura mexicana pré-colombiana, herda uma casa de campo e vai levar sua família para conhecê-la. Além dele, de sua esposa Lorena e de seus três filhos pequenos, vão também sua sobrinha Paulina e o namorado dela, Júlio, um debiloide que se interessa por ocultismo. A casa não desperta muito entusiasmo, já que está bastante depauperada pelos anos de abandono. Porém, algo bem pior que mofo e cupins se esconde sob as ruínas: há alguns séculos, naquele local, uma bruxa foi queimada pela Inquisição e jurou ressuscitar para se vingar da humanidade. Logo, Gabi, a filhinha de Fernando, cai em um buraco e encontra uma boneca antiga. Ao ser resgatada, a menina fica com a boneca, sem saber que ela está possuída pelo espírito da bruxa. Livre e exercendo influência sobre Gabi, a bruxa volta a fazer as suas maldades, ameaçando a segurança de toda a família.

COMENTÁRIOS: Um enredo dos mais convencionais e efeitos especiais bastante medíocres, apesar do elenco simpático.

AVALIAÇÃO: ***

VACACIONES DE TERROR 2 – CUMPLEAÑOS DIABOLICO

DIRETOR: Pedro Galindo III

PAÍS: México

COMPANHIA PRODUTORA: Televicine / Grupo Galindo

ANO DE PRODUÇÃO: 1989

DURAÇÃO: 86'

IDIOMA ORIGINAL: Espanhol

PRODUÇÃO: Santiago Galindo, Eduardo Galindo P.

ARGUMENTO: Santiago Galindo P., Pedro Galindo III, Eduardo Galindo P.

ROTEIRO: Pedro Galindo III

FOTOGRAFIA: Javier Cruz Osorio [cor]

MONTAGEM: Antonio Lopez

MÚSICA: Pedro Plascencia Salinas

ELENCO: Pedro Fernandez, Tatiana, Joaquin Cordero, Luis Camarena, Renata de los Rios [Renata del Rio], Alfredo Gutierrez [El Turco], Ernesto Casillas, Ernesto Carregha, Juana Bocanegra

GÊNERO: Horror

SINOPSE: Júlio, o idiota do filme anterior, esqueceu sua noiva inesquecível – que pediu um cachê muito alto – e agora é dono de uma floricultura. Ele fica interessado em uma de suas clientes, a cantora Mayra, que o convida para a festa do aniversário de sete anos de sua irmã Tania, um grande baile a fantasia promovido por seu pai, o famoso produtor de cinema Roberto Mondragon. Porém, quando Mayra vai embora, Julio vê que a irmãzinha da moça está com uma boneca idêntica àquela na qual encarnou a bruxa do filme anterior. Como se não bastasse, ele recebe a visita de um homem misterioso, que o adverte sobre um grande perigo. Apesar de tudo, a festa parece correr bem, até que Tania fere o dedo na hora de cortar o bolo e seu sangue devolve a vida à barbie do mal. Um dos técnicos de cinema é barbaramente assassinado e a festa se acaba com uma debandada geral. Durante a madrugada, Tania percebe que esqueceu um valioso presente que recebera de seu pai e pede que Mayra a leve de volta ao local da festa, nos estúdios de Mondragon. Lá, as duas encontram Julio, que está investigando o caso. Mas a bruxa também se junta ao grupo e leva Tania, que precisa ser salva antes que o dia amanheça.

COMENTÁRIOS: Continuação que tem pouca ligação com o filme anterior, a não ser pela presença do protagonista Pedro Fernandez (já que, neste exemplar, ninguém está de férias). De resto, os dois filmes são produções bastante convencionais, que não provocam sustos, mas conseguem entreter gente como nós, que tem estômago para consumir essas "tubaínas" cinematográficas.

AVALIAÇÃO: ***

VALLEY OF THE ZOMBIES

O VALE DOS ZUMBIS

DIRETOR: Philip Ford

PAÍS: Estados Unidos

COMPANHIA PRODUTORA: Republic Pictures

ANO DE PRODUÇÃO: 1946

DURAÇÃO: 56'

IDIOMA ORIGINAL: Inglês

PRODUÇÃO: (associados: Dorrell McGowan, Stuart McGowan)

ARGUMENTO: Royal K. Cole, Sherman L. Lowe

ROTEIRO: Dorrell McGowan, Stuart McGowan

FOTOGRAFIA: Reggie Lanning [p&b]

MONTAGEM: Wm. P. Thompson

MÚSICA: Richard Cherwin

ELENCO: Robert Livingston, Adrian Booth, Ian Keith, Thomas Jackson, Charles Trowbridge, Earle Hodgins, LeRoy Mason, William Haade, Wilton Graff, Charles Cane, Russ Clark, Charles Hamilton

GÊNERO: Drama criminal de horror

SINOPSE: O dr. Maynard, um médico veterano, é assassinado por um de seus antigos pacientes, Murks, um louco obcecado pela ideia de que pode viver eternamente como um zumbi, alimentado por periódicas doses de sangue. Porém, o tal Murks não é tão louco assim, já que foi dado como morto justamente por Maynard, há cinco anos. Como não há nenhuma pista do culpado, Terry, o assistente do médico morto, e sua enfermeira são detidos, embora não existam provas contra eles. Desconfiado de que o crime possa estar ligado ao caso de Murks, Terry resolve investigar por conta própria – achando que a polícia não dará nenhuma importância às suas suspeitas.

COMENTÁRIOS: Mais um dos inúmeros filmes C despejados nos drive-ins e nos cinemas de programa duplo pela produtora Republic, nos anos 30 e 40. Um roteiro totalmente inepto – misturando uma história primária com situações sem nexo – e um orçamento ridículo garantem o total desinteresse desse filme, que passa com rapidez pela tela e pela memória dos espectadores.

AVALIAÇÃO: **

VAMP

VAMP

DIRETOR: Richard Wenk

PAÍS: Estados Unidos

COMPANHIA PRODUTORA: New World Pictures / Balcor Film Investors

ANO DE PRODUÇÃO: 1986

DURAÇÃO: 94'

IDIOMA ORIGINAL: Inglês

PRODUÇÃO: Donald P. Borchers

ARGUMENTO: Donald P. Borchers, Richard Wenk

ROTEIRO: Richard Wenk

FOTOGRAFIA: Elliot Davis [cor]

MONTAGEM: Marc Grossman

MÚSICA: Jonathan Elias

ELENCO: Chris Makepeace, Sandy Baron, Robert Rusler, Dedee Pfeiffer, Gedde Watanabe, Grace Jones, Billy Drago, Brad Logan, Lisa Lyon, Jim Boyle, Larry Spinak, Eric Welch, Stuart Rogers, Gary Swailes, Ray Ballard, Paunita Nichols, Trudel Williams, Marlon McGann, Thomas Bellin, Bryan McGuire, Leila Hee Olsen, Hilary Carlip, Francine Swift, Tricia Brown, Naomi Shohan, Janeen Davis, Ytossie Patterson, Tanya Papanicolas, Robin Kaufman, Hy Pyke, Pops, Bob Schott, Adam Barth, Bill Morphew, Simmy Bow, Roger Hampton, Andy Rivas, Julius LeFlore, Greg Lewis, Dar Robinson

GÊNERO: Comédia de terror para adolescentes

SINOPSE: Keith e AJ são dois adolescentes loucos para entrar numa prestigiada fraternidade acadêmica, cheia de mordomias e privilégios. Porém, para isso, eles devem executar uma complicada tarefa iniciática: conseguir uma linda stripper para se apresentar numa festinha dos estudantes. Com esse objetivo, eles viajam até uma cidade próxima, onde existe um clube noturno especializado em sacanagem. AJ consegue encontrar a stripper ideal, a exótica Katrina, que se encanta pelo rapaz e o seduz. Porém, Katrina é, na verdade, uma poderosa vampira, que é dona do clube e mantém uma corte de servos vampirizados que se alimentam dos seus frequentadores solitários.

COMENTÁRIOS: Ridículo filme para adolescentes utilizando o surradíssimo clichê da fraternidade estudantil. Trata-se de uma produção absolutamente idiota, que não funciona como terror, como humor ou como erotismo (com algumas insossas sequências de strip-tease).

AVALIAÇÃO: **

THE VAMPIRE BAT

O MORCEGO VAMPIRO

DIRETOR: Frank Strayer

PAÍS: Estados Unidos

COMPANHIA PRODUTORA: Majestic Pictures

ANO DE PRODUÇÃO: 1933

DURAÇÃO: 65'/60'

IDIOMA ORIGINAL: Inglês

PRODUÇÃO: Phil Goldstone

ARGUMENTO: Edward T. Lowe

ROTEIRO: Edward T. Lowe

FOTOGRAFIA: Ira Morgan [p&b]

MONTAGEM: Otis Garrett

MÚSICA: Abe Meyer (?)

ELENCO: Lionel Atwill, Fay Wray, Melvyn Douglas, Maude Eburne, George E. Stone, Dwight Frye, Robert Frazer, Rita Carlisle, Lionel Belmore, William V. Mong, Stella Adams, Harrison Greene

GÊNERO: Horror

SINOPSE: Aldeola dos cafundós da Alemanha é aterrorizada por estranhos crimes, que parecem reviver o vampirismo que já existiu naquela região. Porém, tudo não passa do trabalho de um cientista louco local, que usa seu criado sonâmbulo para raptar mulheres para extração de sangue (com o qual pretende criar vida em seu laboratório). Ao mesmo tempo, um cético investiga o caso, disposto a combater as superstições do zé povinho crédulo e ignorante.

COMENTÁRIOS: Produção de baixíssimo orçamento, com muito clima mas absolutamente nenhum susto. A única razão de ser deste filme é a presença de Fay Wray, no auge de sua beleza.

AVALIAÇÃO: ***

VAMPIRE CIRCUS

O CIRCO DOS VAMPIROS

DIRETOR: Robert Young

PAÍS: Inglaterra

COMPANHIA PRODUTORA: Hammer

ANO DE PRODUÇÃO: 1971

DURAÇÃO: 83'

IDIOMA ORIGINAL: Inglês

PRODUÇÃO: Wilbur Stark

ROTEIRO: Judson Kinberg

FOTOGRAFIA: Moray Grant [cor]

MONTAGEM: Peter Musgrave

MÚSICA: David Whitaker

ELENCO: Adrienne Corri, Thorley Walters, Anthony Corlan [Anthony Higgins], John Moulder-Brown, Laurence Payne, Richard Owens, Lynne Frederick, Elizabeth Seal, Robin Hunter, Domini Blythe, Robert Tayman, John Bown, Mary Wimbush, Christina Paul, Robin Sachs, Lalla Ward, Skip Martin, Dave Prowse, Roderick Shaw, Barnaby

Shaw, Milovan & Serena, Jane Derby, Sibylla Key, Dorothy Frere, Sean Hewitt, Giles Phibbs, Jason James, Arnold Locke

GÊNERO: Horror

SINOPSE: Depois do sequestro e assassinato de uma criancinha, a população de uma pequena aldeia inglesa lincha o nobre local, que era um terrível vampiro. Quinze anos depois, a aldeia é atingida por uma peste, ao mesmo tempo em que um estranho circo chega para uma curta temporada. Porém, longe de oferecer apenas diversão barata, pipoca e churros de doce de leite, o que os seus integrantes querem é vingar o vampiro e ressuscitá-lo.

COMENTÁRIOS: Algumas pitadas de erotismo, com as sempre saudáveis e opulentas coadjuvantes da Hammer, salvam esta obra da nossa indiferença.

AVALIAÇÃO: ***

THE VAMPIRE LOVERS

CARMILLA, A VAMPIRA DE KARNSTEIN

DIRETOR: Roy Ward Baker

PAÍS: Inglaterra

COMPANHIA PRODUTORA: American International /

Hammer Films

ANO DE PRODUÇÃO: 1970

DURAÇÃO: 91'

IDIOMA ORIGINAL: Inglês

PRODUÇÃO: Harry Fine, Michael Style

ARGUMENTO: Harry Fine, Tudor Gates, Michael Style (or: Sheridan Le Fanu)

ROTEIRO: Tudor Gates

FOTOGRAFIA: Moray Grant [cor]

MONTAGEM: James Needs

MÚSICA: Harry Robinson (supervisão: Philip Martell)

ELENCO: Ingrid Pitt, Pippa Steele, Madeline Smith, Peter Cushing, George Cole, Dawn Addams, Kate O'Mara, Douglas Wilmer, Jon Finch, Ferdy Mayne, Kirsten Betts, John Forbes-Robertson, Shelagh Wilcocks, Harvey Hall, Janet Key, Charles Farrell, Graham James, Tom Browne, Joanna Shelley, Olga James

GÊNERO: Horror

SINOPSE: Após a destruição dos Karnstein, uma família de vampiros, a única a escapar é Carmilla, uma bela vampira oficialmente morta no século 16. Para conservar sua não-vida, Carmilla consegue hospedar-se nas casas de famílias aristocráticas, com o objetivo de seduzir e consumir até à morte algumas belíssimas donzelas virginais.

COMENTÁRIOS: Numa tentativa de modernização, a Hammer investe numa narrativa mais ousada, com temática lésbica e algumas cenas de nudez. Trata-se, de fato, de uma produção bastante correta, com um elenco de alta qualidade e um acabamento refinado. Baseado na célebre história de Sheridan Le Fanu, esta é a primeira parte da trilogia Karstein.

AVALIAÇÃO: ***

EL VAMPIRO

DIRETOR: Fernando Mendez

PAÍS: México

COMPANHIA PRODUTORA: Cinematográfica A. B. S. A.

ANO DE PRODUÇÃO: 1957

DURAÇÃO: 95'/84'

IDIOMA ORIGINAL: Espanhol

PRODUÇÃO: Abel Salazar

ARGUMENTO: Ramon Obon

ROTEIRO: Ramon Obon (diálogos: Rafael R. Esparza)

FOTOGRAFIA: Rosalio Solano [p&b]

MONTAGEM: José W. Bustos

MÚSICA: Gustavo C. Carrion

ELENCO: Abel Salazar, Ariadna Welter, Carmen Montejo, José Luis Jimenez, Mercedes Soler, Alicia Montoya, José Chavez, Julio Daneri, Amado Zumaya, German Robles

GÊNERO: Horror

SINOPSE: Marta chega à cidadezinha de Sierra Negra, a fim de visitar sua tia Maria Tereza, que está gravemente doente. Porém, como seu trem atrasou, ela não encontra ninguém que a leve à propriedade de sua família, que fica bastante afastada da povoação e que ela não visita há muitos anos. Por sorte, Marta encontra Enrique, outro recém-chegado que se oferece para acompanhá-la. Ao chegar em casa, Marta descobre que sua tia faleceu, mas a dor se junta à surpresa de encontrar sua outra tia, Eloisa, com uma aparência extraordinariamente jovem. Porém, Marta não desconfia de que todos esses acontecimentos estranhos são obra de um vampiro, o sr. Duval, que está vivendo na vizinhança e se tornou amante de Eloisa. O objetivo de Duval é ressuscitar seu irmão, o conde de Lavud, que foi morto há 100 anos naquela região, para que ambos se tornem senhores de tudo e

suguem o sangue da população (como os políticos e banquei-
ros brasileiros). No entanto, os planos do vampiro podem ser
prejudicados pela presença de Enrique, que na verdade é um
investigador contratado pelo tio de Marta.

COMENTÁRIOS: Filme de vampiros em estilo clássico,
com uma abordagem bastante convencional, mas igualmente competente. É curioso observar que este filme foi realizado pouco antes do início da série *Drácula* no cinema inglês (portanto, numa época em que o personagem estava no
ostracismo).

AVALIAÇÃO: ***

VAMPYR ou L'ÉTRANGE AVENTURE DE ALLAN GRAY

VAMPIRO

DIRETOR: Carl Th. Dreyer

PAÍS: Alemanha / França

ANO DE PRODUÇÃO: 1932

DURAÇÃO: 83'/75'

IDIOMA ORIGINAL: Alemão

PRODUÇÃO: Carl Th. Dreyer

ARGUMENTO: J. Sheridan Le Fanu

ROTEIRO: Christen Jul, Carl Th. Dreyer

FOTOGRAFIA: Rudolph Maté [p&b]

MONTAGEM: Tonka Taldy (?)

MÚSICA: Wolfgang Zeller

ELENCO: Julian West, Maurice Schutz, Rena Mandel, Sybille Schmitz, Jan Hieronimko, Henriette Gérard, Albert Bras, N. Babanini, Jane Mora

GÊNERO: Horror metafísico

SINOPSE: Allan Gray é um jovem esquisitão envolvido com pesquisas sobre os mais variados fenômenos sobrenaturais. Um dia, percorrendo uma remota localidade rural da França, Allan se vê às voltas com um vampiro, que está atacando as moças de uma família da aristocracia local.

COMENTÁRIOS: Baseado no romance *In a glass darkly*, este grande clássico do cinema de horror apresenta um envolvente clima onírico, abordando seu tema através de sutis jogos de imagens.

AVALIAÇÃO: ****

VARGTIMMEN

A HORA DO LOBO

DIRETOR: Ingmar Bergman

PAÍS: Suécia

COMPANHIA PRODUTORA: Svensk Filmindustri

ANO DE PRODUÇÃO: 1968

DURAÇÃO: 90'

IDIOMA ORIGINAL: Sueco

PRODUÇÃO: Lars-Owe Carlberg

ARGUMENTO: Ingmar Bergman

ROTEIRO: Ingmar Bergman

FOTOGRAFIA: Sven Nykvist [p&b]

MONTAGEM: Ulla Ryghe

MÚSICA: Lars Johan Werle

ELENCO: Max von Sydow, Liv Ullmann, Gertrud Fridh, Georg Rydeberg, Erland Josephson, Naima Wifstrand, Ulf Johanson, Gudrun Brost, Bertil Anderberg, Ingrid Thulin

GÊNERO: Drama de horror psicológico

SINOPSE: Atormentado pelos fantasmas de sua mente, o

pintor Johan Borg decide isolar-se numa pequena ilha aparentemente deserta, junto com sua esposa Alma. Porém, o isolamento só piora seu estado de espírito e ele passa a ter visões com estranhos personagens, adquirindo um medo da escuridão que não o deixa dormir à noite. Alma, como uma compreensiva esposa de filme sueco, suporta todas as excentricidades de seu marido, embora esteja cada vez mais preocupada com a sua sanidade mental. Mas surge um acontecimento que irá abalar ainda mais a tranquilidade do casal. Eles descobrem que têm vizinhos – a família do barão von Merkens – que se revelam admiradores da obra de Johan e os convidam para um jantar. Durante a reunião, os Von Merkens – um grupo de nobres arruinados e decadentes – trarão à tona, involuntariamente, a principal causa de todos os problemas de Johan.

COMENTÁRIOS: Levando um pouco mais longe sua obsessão pelos estados psicológicos, Bergman realiza um filme que – sob certos aspectos – pode ser considerado um drama de horror fantasmagórico (algo inusitado na obra do cineasta). Johan e Alma são dois personagens típicos do diretor: um casal em que a grande proximidade física e a comunicação constante (reafirmadas pelo isolamento), correspondem ao mais absoluto distanciamento de espíritos. O pintor – cuja imaginação exacerbada produz todo um corpus de fantasmas, projeções de seus traumas e desejos – tenta afastar-se do mundo que o atormenta, sem saber que assim estará se entregando ao maior dos perigos: a convivência consigo próprio. Narrado em flash-back, o filme tem um clima inegavelmente atraente (ressaltado pela bela fotografia em preto-e-branco), mas a abordagem um tanto fraca (principalmente se comparada a obras semelhantes do próprio diretor). Um momento menor no cinema de Bergman, que ainda assim bem superior à maior parte dos filmes que vemos por aí.

AVALIAÇÃO: ***

WAR OF THE PLANETS

(Cf. Anno zero - Guerra nello spazio)

WITHOUT WARNING

SEM AVISO

DIRETOR: Greydon Clark

PAÍS: Estados Unidos

COMPANHIA PRODUTORA: Heritage Enterprises

ANO DE PRODUÇÃO: 1979

DURAÇÃO: 97'

IDIOMA ORIGINAL: Inglês

PRODUÇÃO: Greydon Clark (coprodução: Daniel Grodnik, Lyn Freeman)

ROTEIRO: Lyn Freeman, Daniel Grodnik, Ben Nett, Steve Mathis

FOTOGRAFIA: Dean Cundey [cor]

MONTAGEM: Curtis Burch

MÚSICA: Dan Wyman

ELENCO: Jack Palance, Martin Landau, Tarah Nutter, Christopher S. Nelson, Cameron Mitchell, Neville Brand, Sue Ane Langdon, Ralph Meeker, Larry Storch, Lynn Theel, David Caruso, Kevin Hall, Darby Hinton, Mark Ness, Jeffrey Sudzin, Bert Davis

GÊNERO: Horror e ficção científica com elementos satíricos

SINOPSE: Dois casais de jovens estão indo acampar em um lago distante, quando são advertidos – pelo dono de um decadente posto de gasolina – de que devem evitar o local, já que é uma região de caça e algumas pessoas estão desaparecendo por lá. Obviamente, eles desdenham o aviso e prosseguem sua viagem, sem saber que estão indo para o território de caça de um grupo de alienígenas. Quando descobrem o que está acontecendo, Greg e Sandy, os dois únicos jovens sobreviventes, vão buscar ajuda e só encontram um militar maníaco que acredita na sua história... e que pode ser bem mais perigoso que os aliens.

COMENTÁRIOS: As duas únicas coisas notáveis neste filme – com pouca ação e efeitos especiais paupérrimos – são o elenco de veteranos (alguns em participações bem curtas) e o fato de ter servido de inspiração para o clássico "Predator" (John McTiernan, 1987).

AVALIAÇÃO: ***

THE WIZARD OF GORE

DIRETOR: Herschell Gordon Lewis

PAÍS: Estados Unidos

COMPANHIA PRODUTORA: Mayflower Pictures

ANO DE PRODUÇÃO: 1970

DURAÇÃO: 95'

IDIOMA ORIGINAL: Inglês

PRODUÇÃO: Herschell Gordon Lewis

ARGUMENTO: Allen Kahn

ROTEIRO: Allen Kahn

FOTOGRAFIA: Herschell Gordon Lewis (?) [cor]

MONTAGEM: Eskandar Ameripoor

MÚSICA: Larry Wellington

ELENCO: Ray Sager, Judy Cler, Wayne Ratay, Phil Laurenson, Jim Rau, Don Alexander, John Elliot, Karin Alexana, Jack Gilbreth, Corinne Kirkin, Monika Blackwell, Sally Brody, Karen Burke, Eric Kelner Raynard, Sheldon Reis, Julie Yager, Charlotte Bell, Ali Ameri, David Atlas, Patty La Du, Stephen Field

GÊNERO: Horror escatológico

SINOPSE: O mágico esquisitão Montag realiza truques bizarros em seu espetáculo teatral. Porém, as ilusões do mágico começam a ficar sérias quando as moças que participam das suas apresentações passam a ser assassinadas de verdade.

COMENTÁRIOS: Como em muitos dos filmes de Lewis, uma história interessante é prejudicada pelos efeitos pobres e pelo elenco deficiente.

AVALIAÇÃO: **

WOLF CREEK

WOLF CREEK – VIAGEM AO INFERNO

DIRETOR: Greg McLean

PAÍS: Austrália

COMPANHIA PRODUTORA: 403 Productions / The True Crime Channel

ANO DE PRODUÇÃO: 2004

DURAÇÃO: 104'/99'

IDIOMA ORIGINAL: Inglês

PRODUÇÃO: Greg McLean, David Lightfoot (coprodutor: Matt Hearn)

ARGUMENTO: Greg McLean

ROTEIRO: Greg McLean

FOTOGRAFIA: Will Gibson [cor]

MONTAGEM: Jason Ballantine

MÚSICA: François Tétaz

ELENCO: John Jarratt, Cassandra Magrath, Kestie Morassi, Nathan Phillips, Gordon Poole, Guy O'Donnell, Phil Stevenson, Geoff Revell, Andy McPhee, Aaron Sterns, Michael Moody, Andrew Reimer, Vicki Reimer, Isabella Reimer, David Rock, Jenny Starvall, Guy Petersen, Paul Curran, Christian McMillan, Sean Gannon, Aaron March, Eddie White, Geoffrey Yu, Amy Schapel, Teresa Palmer, Bow Vayne, Renee Chomel, Simone Duntone, John Henry Duncan, Chloe Gardner, Greg Sara, Renee Luna, Michael Soang, Niesha de Jong, Leesa Millhouse, Alex De Rosa, Darren Humphreys, Peter Alchin, Rory Walker, John Blaike

GÊNERO: Suspense e horror

SINOPSE: Dois casais de jovens fazem turismo pelo interior da Austrália quando enfrentam problemas com seu automóvel. Providencialmente, surge um mecânico com um reboque para ajudá-los, levando-os para seu acampamento em busca de peças para o conserto do carro. Porém, os jovens logo descobrirão que o bom-samaritano é um tarado psicopata sádico, que vai transformar suas vidas em um show de horrores.

COMENTÁRIOS: Versão australiana, sem nenhuma novidade, de um dos temas básicos do horror moderno: o grupo de jovens viajantes que se torna presa de um ou mais maníacos. É surpreendente que um filme australiano apresente uma visão tão negativa dos habitantes do interior do país, sempre mostrados como indivíduos grosseiros, violentos e psicóticos.

AVALIAÇÃO: **

WRONG TURN

Pânico na floresta

DIRETOR: Rob Schmidt

PAÍS: Estados Unidos / Alemanha

COMPANHIA PRODUTORA: Summit Entertainment / Constantin Film / McOne

ANO DE PRODUÇÃO: 2003

DURAÇÃO: 84'

IDIOMA ORIGINAL: Inglês

PRODUÇÃO: Stan Winston, Brian Gilbert, Eric Feig, Robert Kulzer

ARGUMENTO: Alan McElroy

ROTEIRO: Alan McElroy

FOTOGRAFIA: John S. Bartley [cor]

MONTAGEM: Michael Ross

MÚSICA: Elia Cmiral

ELENCO: Desmond Harrington, Eliza Dushku, Emmanuelle Chriqui, Jeremy Sisto, Lindy Booth, Julian Richings, Gary Robbins, Ted Clark, Kevin Zegers, Yvonne Gaudry, Joel Harris, David Huband, Wayne Robson, James Downing

GÊNERO: Horror

SINOPSE: Excursionistas desavisados penetram numa abandonada estrada de montanha e têm os pneus de seu carro furados por uma armadilha de pregos. A eles se junta um jovem médico, que também sofreu um acidente de automóvel no mesmo local. Isolados do mundo, numa região remotíssima, eles passam a ser caçados por um trio de aberrações antropomórficas, que adquiriram o hábito de consumir carne humana.

COMENTÁRIOS: Velhas ideias num velho estilo, usando um dos personagens básicos do horror norte-americano: o caipira degenerado canibal (que se tornou popular com o filme "O massacre da serra elétrica").

AVALIAÇÃO: ***

WRONG TURN 2: DEAD END

PÂNICO NA FLORESTA 2

DIRETOR: Joe Lynch

PAÍS: Estados Unidos / Alemanha

COMPANHIA PRODUTORA: Summit Entertainment / Constantin Film

ANO DE PRODUÇÃO: 2007

DURAÇÃO: 93'

IDIOMA ORIGINAL: Inglês

PRODUÇÃO: Jeff Freilich

ARGUMENTO: Alan McElroy

ROTEIRO: Turi Meyer, Al Septien

FOTOGRAFIA: Robin Loewen [cor]

MONTAGEM: Ed Marx

MÚSICA: Bear McCreary

ELENCO: Erica Leerhsen, Henry Rollins, Texas Battle, Aleksa Palladino, Daniella Alonso, Steve Braun, Matthew Currie Holmes, Crystal Lowe, Kimberly Caldwell, Ken Kirzinger, Wayne Robson, Ashlea Earl, Clint Carleton, Rorelee Tio, Jeff Scrutton, Cedric de Souza, John Stewart, Bro Gilbert, Patton Oswalt

GÊNERO: Horror

SINOPSE: Equipe de uma produtora de TV independente vai para uma remota floresta norte-americana a fim de gravar um novo *reality show* de sobrevivência. Porém, a sobrevivência do grupo vai se complicar muito, já que a região é habitada por uma família de canibais deformados (por causa da contaminação de uma extinta fábrica de papel), que passa a caçá-los impiedosamente.

COMENTÁRIOS: Bons efeitos e bastante ação garantem a diversão para os fãs de caipiras mutantes assassinos.

AVALIAÇÃO: ***

X – THE UNKNOWN

O ESTRANHO DE UM MUNDO PERDIDO

DIRETOR: Leslie Norman

PAÍS: Inglaterra

COMPANHIA PRODUTORA: Sol Lesser Productions / Hammer Film

ANO DE PRODUÇÃO: 1956

DURAÇÃO: 81'

IDIOMA ORIGINAL: Inglês

PRODUÇÃO: Anthony Hinds

ARGUMENTO: Jimmy Sangster

ROTEIRO: Jimmy Sangster

FOTOGRAFIA: Gerald Gibbs [p&b]

MONTAGEM: James Needs

MÚSICA: John Hollingsworth (música: James Bernard)

ELENCO: Dean Jagger, Edward Chapman, Leo McKern, Anthony Newley, Jameson Clark, William Lucas, Peter Hammond, Marianne Brauns, Ian MacNaughton, Michael Ripper, John Harvey, Edwin Richfield, Jane Aird, Norman MacOwan, Neil Hallet, Kenneth Cope, Michael Brooke, Fraser Hines

GÊNERO: Horror e ficção científica

SINOPSE: Quando os militares britânicos estão realizando um treinamento no interior da Escócia, abre-se subitamente uma estranha fenda no chão, de onde parece emanar radio-atividade. Chamado para examinar o terreno, o cientista nuclear Adam Royston fica intrigado com a profundidade da fenda e com o completo desaparecimento de qualquer vestígio radioativo. Porém, nessa mesma noite, um menino das redondezas é internado com fortes queimaduras por radiação. Logo depois, o laboratório de Royston é invadido e amostras de estrôncio são roubadas. Quando o laboratório de radiografia de um hospital também é roubado, Royston passa a desconfiar de que exista alguma forma de energia inteligente no centro da Terra, que veio à superfície a fim de se alimentar de material radioativo.

COMENTÁRIOS: O enredo utiliza um dos temas fundamentais do cinema fantástico dos anos 50: a energia nuclear. Pertencente à fase inicial da Hammer, este filme se escora em um bom elenco e no sólido roteiro de Jimmy Sangster, com uma trama bastante original. Algumas fontes indicam a participação de Joseph Losey na direção.

AVALIAÇÃO: ***

YELLOWBRICKROAD

DIRETOR: Andy Mitton, Jesse Holland

PAÍS: Estados Unidos

COMPANHIA PRODUTORA: Points North Films

ANO DE PRODUÇÃO: 2009

DURAÇÃO: 96'

IDIOMA ORIGINAL: Inglês

PRODUÇÃO: Eric Hungerford (coprodutor: Anessa Ramsey)

ARGUMENTO: Andy Mitton, Jesse Holland

ROTEIRO: Andy Mitton, Jesse Holland

FOTOGRAFIA: Michael Hardwick [cor]

MONTAGEM: Judd Resnick, Jesse Holland, Andy Mitton

MÚSICA: Jonathan McHugh

ELENCO: Michael Laurino, Anessa Ramsey, Alex Draper, Cassidy Freeman, Clark Freeman, Tara Giordano, Sam Elmore, Laura Heisler, Lee Wilkof, Joseph Collier

GÊNERO: Horror

SINOPSE: Em 1940, toda a população de uma pequena cidade do interior norte-americano desaparece misteriosamente, abandonando suas casas e seguindo por uma trilha que corta a floresta vizinha. Quase 70 anos depois, o jornalista Teddy consegue informações pormenorizadas sobre o caso – que se tornou quase uma lenda – e resolve, junto com seu amigo Walter, realizar uma expedição seguindo pelo mesmo caminho, com o objetivo de escrever um livro e faturar muito com a curiosidade popular. A expedição se desenvolve normalmente, até que uma série de incidentes bizarros vai abalando os nervos da equipe, com consequências trágicas.

COMENTÁRIOS: Dentro dos filmes mais ou menos inspirados em "A bruxa de Blair", este é um dos prometem muito, sem oferecer realmente grande coisa. Trata-se do que existe de mais rasteiro no gênero: o enredo baseado em um complicadíssimo mistério que não é resolvido (ou é resolvido de um modo ridículo, como neste caso).

AVALIAÇÃO: **

YOSEI GORASU / GORATH

GORATH

DIRETOR: Ishiro Honda

PAÍS: Japão

COMPANHIA PRODUTORA: Toho

ANO DE PRODUÇÃO: 1962

DURAÇÃO: 88'

IDIOMA ORIGINAL: Japonês

PRODUÇÃO: Tomoyuki Tanaka

ARGUMENTO: Jojiro Okami

ROTEIRO: Takeshi Kimura

FOTOGRAFIA: Hajime Koizumi [cor]

MONTAGEM: Reiko Kaneko

MÚSICA: Kan Ishii

ELENCO: Ryo Ikebe, Yumi Shirakawa, Akira Kubo, Kumi Mizuno, Hiroshi Tachikawa, Akihiko Hirata, Kenji Sahara, Jun Tazaki, Ken Uehara, Takashi Shimura, Seizaburo Kawazu, Ko Mishima, Sachio Sakai, Takamaru Sasaki, Ko Nishimura, Eitaro Ozawa, Masanori Nihei, Kozo Nomura, Keiko Sata, Hideyo Amamoto, George Furness, Ross Benette, Junichiro Mukai, Nadao Kirino, Fumio Sakashita, Ikio Sawamura, Toshihiko Furuta, Yoshiyuki Uemura, Rinsaku Ogata, Koichi Sato, Masayoshi Kawabe, Yasushi Matsubara, Tadashi Okabe, Koji Uno, Yukihiko Gondo, Kenichiro Maruyama, Yasuhiko Saijo, Katsumi Tezuka, Akira Yamada, Hiroshi Takagi, Koji Suzuki, Wataru Omae,

Ichiro Shoji, Yasuo Araki, Hideo Shibuya [Shinpei Mitsui],
Kazuo Imai, Takuya Yuki, Koji Ishikawa, Yusuke Suzuki,
Takuzo Kumagai [Jiro Kumagai]

GÊNERO: Ficção científica

SINOPSE: Um gigantesco meteoro está prestes a se chocar
com a Terra, o que transformará nosso pobre planeta em um
monte de poeira cósmica. Como quase ninguém acredita no
perigo, o Japão assume a tarefa heróica de salvar o mundo.
Para isso, o governo nipônico ordena a construção de uma
grande rede de túneis no Pólo Sul, com a finalidade de insta-
lar motores para que a Terra seja movida para fora da sua
órbita convencional.

COMENTÁRIOS: A ideia até que não era ruim, mas resul-
tou em um filme chatíssimo. Teria sido muito mais provei-
toso se os produtores tivessem convocado o Godzilla para dar
um chute no tal meteoro.

AVALIAÇÃO: **

YOU'LL FIND OUT

O PALÁCIO DOS ESPÍRITAS

DIRETOR: David Butler

PAÍS: Estados Unidos

COMPANHIA PRODUTORA: RKO Radio Pictures

ANO DE PRODUÇÃO: 1940

DURAÇÃO: 97'

IDIOMA ORIGINAL: Inglês

PRODUÇÃO: David Butler

ARGUMENTO: David Butler, James V. Kern

ROTEIRO: James V. Kern

FOTOGRAFIA: Frank Redman [p&b]

MONTAGEM: Irene Morra

MÚSICA: Roy Webb (letras: John Mercer) (música: James McHugh)

ELENCO: Kay Kyser, Peter Lorre, Helen Parrish, Dennis O'Keefe, Bela Lugosi, Alma Kruger, "Kay Kyser's Band" [Ginny Simms, Harry Babbitt, Ish Kabibble, Sully Mason], "The College of Musical Knowledge", Boris Karloff, Joseph Eggenton

GÊNERO: Comédia musical com elementos horroríficos

SINOPSE: A famosa orquestra de Kay Kyser vai tocar na festa de aniversário de 21 anos de Janis, a namorada do empresário do grupo. A festa acontece na sinistra mansão da família da garota, em um local bastante isolado – e que fica ainda mais isolado depois que um raio destrói a ponte que era a única saída. Porém, o isolamento não é o único problema, já que Janis está sendo vítima de um complô para impedir que ela complete a maioridade e receba a sua herança milionária.

COMENTÁRIOS: Simpática produção escapista realizada como veículo para o *band leader* Kay Kyser, grande sucesso no rádio norte-americano dos anos 30/40. O maior destaque, obviamente, vai para a reunião de três grandes lendas do cinema de horror: Karloff, Lugosi e Lorre. Um filme com o sabor dos velhos tempos.

AVALIAÇÃO: ***

ZHONG GUO CHAO REN

(Cf. The Super Inframan)

ZINDA LAASH

DRÁCULA NO PAQUISTÃO

DIRETOR: Kh. Sarfraz [Khwaja Sarfraz]

PAÍS: Paquistão

COMPANHIA PRODUTORA: Screen Enterprise

ANO DE PRODUÇÃO: 1967

DURAÇÃO: 103'

IDIOMA ORIGINAL: Urdu

PRODUÇÃO: Abdul Baqi

ARGUMENTO: Bram Stoker

ROTEIRO: (diálogos: Naseem Rizwani)

FOTOGRAFIA: Raza Mir, Nabi Ahmed, Irshad [Irshad Bhatti] [p&b]

MONTAGEM: Asghar

MÚSICA: Tassadaque Hussain (letras: Mushir Kazmi)

ELENCO: Yasmeen [Yasmeen Shaukat], Deeba [Deeba Begum], Habib [Habibur Rehman], Asad [Asad Bukhari], Ala-Ud-Din [Allauddin], Nasreen, Sheela, Cham Cham, Baby Najmi, Rehan, Nazar, Talish [Agha Talish], Rangeela, Munwar Zarif, Latif Charlie

GÊNERO: Horror musical

SINOPSE: Um cientista, o professor Tabani, desenvolve um soro que deve lhe dar a vida eterna. Obviamente, ele experimenta a droga em si mesmo e os resultados até que são positivos, embora ele se transforme em um vampiro sedento de sangue humano. Anos depois, sua casa é visitada por um turista, o dr. Aqil, um incrédulo que se interessa pelas lendas locais. Acolhido por Tabani, Aqil, obviamente, torna-se uma vítima do vampiro, transformando-se também em um morto-vivo. Procurando por Aqil, seu irmão chega à casa de Tabani e encontra seu cadáver. Sabendo que se trata de um vampiro, já que leu o livro de Bram Stoker, ele destroi o seu coração e vai avisar Parvez, irmão da noiva de Aqil, e sua esposa Shirin. Porém, Parvez é um homem muito incrédulo e se recusa a acreditar na história do rapaz, principalmente depois de visitar a casa de Tabani e não encontrar nenhum cadáver. No entanto, Tabani representa uma séria ameaça para a sua família, já que está interessado em juntar a noiva de Aqil ao seu harém de mortas-vivas.

COMENTÁRIOS: Bizarra versão paquistanesa da história de Drácula, imitando ao mesmo tempo o clássico de Tod Browning e a série da Hammer (com Christopher Lee). O aspecto mais extravagante do filme é a sua ridícula trilha sonora, com músicas totalmente inadequadas ao gênero, e os números de canto e dança, tão frequentes no cinema da Ásia meridional (e que são, no fundo, o mais interessante deste filme).

AVALIAÇÃO: ***

ZOLTAN... HOUND OF DRACULA

(Cf. Dracula's dog)

ZOMBEAVERS – TERROR NO LAGO

DIRETOR: Jordan Rubin

PAÍS: Estados Unidos

COMPANHIA PRODUTORA: Armory Films / Benderspink

ANO DE PRODUÇÃO: 2014

DURAÇÃO: 88'

IDIOMA ORIGINAL: Inglês

PRODUÇÃO: Evan Astrowsky, Chris Lemole, Tim Zajaros, Chris Bender, Jake Weiner, J. C. Spink

ROTEIRO: Al Kaplan, Jordan Rubin, Jon Kaplan

FOTOGRAFIA: Jonathan Hall [cor]

MONTAGEM: Ed Marx, Seth Flaum

MÚSICA: Al Kaplan, Jon Kaplan

ELENCO: Rachel Melvin, Cortney Palm, Lexi Atkins, Hutch Dano, Peter Gilroy, Jake Weary, Brent Briscoe, Phylis Katz, Rex Linn, Robert R. Shafer, Bill Burr, John Mayer, cão J. J., urso Cody, cão Kirby, Jordan Rubin, Sonny Tanning (voz)

GÊNERO: Comédia de terror para adolescentes

SINOPSE: Três amigas vão passar alguns dias em uma cabana remota, nas proximidades de um lago, em busca de paz e tranquilidade. Porém, seus planos são atrapalhados pela chegada dos seus namorados, que vieram em busca de muita diversão e nenhuma paz. No entanto, a turma logo descobre que o lugar está infestado por estranhos castores, que foram infectados por detritos tóxicos e se transformaram em zumbis carnívoros raivosos. Enquanto tentam salvar suas vidas, os jovens vão ter outra desagradável surpresa, já que a doença dos castores é contagiosa e atinge os seres humanos.

COMENTÁRIOS: A ideia de usar os simpáticos castores como vilões até pode parecer original, mas o filme é uma tediosa mistura dos mais desgastados e previsíveis clichês deste subgênero.

AVALIAÇÃO: **

ZOMBI 2 / ZOMBIE

Zumbi 2

DIRETOR: Lucio Fulci

PAÍS: Itália

COMPANHIA PRODUTORA: Variety Film

ANO DE PRODUÇÃO: 1979

DURAÇÃO: 92'

IDIOMA ORIGINAL: Inglês (dub)

PRODUÇÃO: Ugo Tucci, Fabrizio De Angelis

ARGUMENTO: Elisa Briganti

ROTEIRO: Elisa Briganti

FOTOGRAFIA: Sergio Salvati [cor]

MONTAGEM: Vincenzo Tomassi

MÚSICA: Fabio Frizzi, Giorgio Tucci

ELENCO: Tisa Farrow, Ian McCulloch, Richard Johnson, Al Cliver, Auretta Gay, Stefania D'Amario, Olga Karlatos

GÊNERO: Horror

SINOPSE: Quando o barco de seu pai é encontrado vazio e à deriva, no porto de Nova Iorque, Anne se une ao repórter Peter para viajar até às Antilhas, a fim de saber o que aconteceu com ele. Junto com um casal de turistas, os dois viajam para uma pequena ilha, onde descobrem que uma epidemia está transformando toda a população em zumbis sequiosos por carne humana.

COMENTÁRIOS: Clássico do gênero, e responsável por toda uma série de filmes similares em sua terra natal, essa é uma espécie de continuação não-oficial de "Dawn of the dead", de George Romero (intitulado "Zombi", no mercado italiano).

AVALIAÇÃO: ***

ZOMBI 3

ZOMBIE 3

DIRETOR: Lucio Fulci

PAÍS: Itália

COMPANHIA PRODUTORA: Flora Film

ANO DE PRODUÇÃO: 1988

DURAÇÃO: 95'

IDIOMA ORIGINAL: Inglês (dub)

PRODUÇÃO: Franco Gaudenzi

ARGUMENTO: Claudio Fragasso

ROTEIRO: Claudio Fragasso

FOTOGRAFIA: Riccardo Grassetti [cor]

MONTAGEM: Alberto Moriani

MÚSICA: Stefano Mainetti

ELENCO: Deran Sarafian, Beatrice Ring, Richard Raymond [Ottaviano Dell'Acqua], Alex McBride [Massimo Vanni], Ulli Reinthaler, Marina Loi, Deborah Bergamini, Alan Collins

GÊNERO: Horror

SINOPSE: Cientista cheio de estranhas preocupações éticas desenvolve uma nova arma biológica que se revela um vírus capaz de transformar humanos mortos em zumbis insanos e agressivos. Como o contágio é fácil e violento, ele resolve desistir do projeto. Porém, uma quadrilha tenta roubar o vírus. No confronto com os seguranças, um dos bandidos se contamina e foge, hospedando-se em um hotel de veraneio. Tem início, então, uma tenebrosa e sanguinolenta epidemia de zumbinismo, que pode significar o fim da civilização neoliberal pós-moderna.

COMENTÁRIOS: Nada de novo no mundo dos mortos-vivos, nem mesmo quando o notável Fulci resolve fazer uma continuação do seu grande sucesso de 1979.

AVALIAÇÃO: **

DIRETOR: Frank Martin [Marino Girolami]

PAÍS: Itália

COMPANHIA PRODUTORA: Flora Film / Fulvia Film / Gico Cinematografica

ANO DE PRODUÇÃO: 1980

DURAÇÃO: 84'

IDIOMA ORIGINAL: Inglês

PRODUÇÃO: Gianfranco Couyoumdjian, Fabrizio De Angelis

ARGUMENTO: Fabrizio De Angelis

ROTEIRO: Romano Scandariato

FOTOGRAFIA: Fausto Zuccoli [cor]

MONTAGEM: Alberto Moriani

MÚSICA: Nico Fidenco

ELENCO: Ian McCulloch, Alexandra Delli Colli, Sherry Buchanan, Peter O'Neal, Donald O'Brien, Dakar, Walter Patriarca, Linda Fumis, Roberto Resta, Franco Ukmar, Giovanni Ukmar, Angelo Ragusa

GÊNERO: Horror escatológico

SINOPSE: Nova Iorque tem sido palco de alguns casos de canibalismo, que parecem estar ligados ao primitivo culto do deus Kito, praticado apenas nas distantes Ilhas Molucas. Assim, um funcionário do departamento de saúde da Big Apple convida um colega, uma estudante de medicina e uma jornalista para uma expedição totalmente insensata, com o objetivo de identificar a origem do problema. Porém, ao chegarem à ilha de Kito, juntamente com seu guia e alguns carregadores nativos, os aventureiros americanos são atacados pelos gulosos canibais e ainda têm que enfrentar um bando de estranhos zumbis (pois existem zumbis bastante triviais).

COMENTÁRIOS: Nesta descerebrada salada de clichês, canibais e zumbis se misturam com um cientista louco e doses cavalares de sangue e tripas.

AVALIAÇÃO: **

ZOMBIE

(Cf. Zombi 2)

ZOMBIE HOLOCAUST

(Cf. Zombi holocaust)

ZOMBIO 2 – CHIMARRÃO ZOMBIES

DIRETOR: Petter Baiestorf

PAÍS: Brasil

COMPANHIA PRODUTORA: Canibal Filmes / El Reno Fitas / Camarão Filmes e Ideias Caóticas / Bulhorgia Filmes / Sui Generis Filmes

ANO DE PRODUÇÃO: 2013

DURAÇÃO: 83'

IDIOMA ORIGINAL: Português

PRODUÇÃO: Petter Baiestorf

ARGUMENTO: Petter Baiestorf

ROTEIRO: Petter Baiestorf

FOTOGRAFIA: Flávio C. von Sperling, Leo Pyrata [cor]

MONTAGEM: Gurcius Gewdner

MÚSICA: (seleção: Petter Baiestorf) (original: "Erro")

ELENCO: Airton Bratz, Elio Copini, Gisele Ferran, Coffin Souza, Jorge Timm, PC, Gurcius Gewdner, Raíssa Vitral, Adriano de Freitas Trindade, Flamingo, Cristian Verardi, Douglas Domingues, André Luiz, Felipe M. Guerra, Miyuki Tachibana, E. B. Toniolli, Marcel Mars, Alexandre Brunoro, Sanzio Machado

GÊNERO: Comédia de horror escatológico

SINOPSE: Uma pequena localidade interiorana está sendo vitimada por uma epidemia de zumbinismo. Como a polícia não leva a coisa muito a sério, envia para lá o detetive particular Chibamar, que costuma assessorar as autoridades em casos de nenhuma importância. Com sua perspicácia, Chibamar descobre que o problema está sendo causado por chimarrão contaminado com lixo radioativo.

COMENTÁRIOS: Mais uma das produções semiamadoras

de Baiestorf, explorando os clichês dos filmes de zumbi. O "Zombio" original, realizado em 1999, era um média-metragem.

AVALIAÇÃO: ***

ZONA TRASH

DIRETOR: Clauwelivan S. Rocha

PAÍS: Brasil

COMPANHIA PRODUTORA: CH Trash Filmes

ANO DE PRODUÇÃO: 2014

DURAÇÃO: 101'

IDIOMA ORIGINAL: Português

PRODUÇÃO: Clauwelivan S. Rocha, Dorival Bezerra, José Dayvisson

ROTEIRO: Clauwelivan S. Rocha, Dorival Bezerra

FOTOGRAFIA: Clauwelivan S. Rocha [cor/p&b]

MONTAGEM: Clauwelivan S. Rocha

MÚSICA: "Banda Mutação"

ELENCO: Cícero Marques, Dido Pacheco, Tony Rodrigues, Jorio Fernandes, Evandro Amorim, Ellyanna Salles, Thiago Silva, Paulo Lessa, José Paraguai, Antonio Godoi, Daniel

Pereira

GÊNERO: Drama de horror zumbinífero

SINOPSE: Uma pequena localidade do interior alagoano é afetada por uma praga de zumbinismo, que atinge quase todos os moradores. O governador providencia o envio de uma força militar, que contém o perigo. Porém, um ano depois, a praga volta a atacar e ameaça se espalhar por todo o sertão.

COMENTÁRIOS: Interessante experimento de horror trash em pleno sertão nordestino, realizado em um esquema semiamador. A parte amadorística fica por conta do roteiro cheio de clichês e do elenco sem o menor cacoete para a atuação.

AVALIAÇÃO: ***

ZONE OF THE DEAD / APOCALYPSE OF THE DEAD

ZONA DOS MORTOS

DIRETOR: Milan Konjevic, Milan Todorovic

PAÍS: Sérvia / Itália / Espanha

COMPANHIA PRODUTORA: Talking Wolf Productions / PFI Studios / Trees Pictures / Passworld / ABS Production / Viktorija Film

ANO DE PRODUÇÃO: 2009

DURAÇÃO: 96'

IDIOMA ORIGINAL: Inglês & Sérvio

PRODUÇÃO: Vukota Brajovic, Milan Todorovic, Loris Curci, Zeljko Mitrovic

ARGUMENTO: Vukota Brajovic, Milan Todorovic

ROTEIRO: Milan Konjevic

FOTOGRAFIA: Steve Brooke Smith [cor]

MONTAGEM: Filip Dedic

MÚSICA: Stefano Caprioli

ELENCO: Ken Foree, Kristina Klebe, Emilio Roso, Miodrag Krstovic, Vukota Brajovic, Steve Agnew, Nenad Ciric, Marko Janjic, Ariadna Cabrol, Eugeni Roig, Iskra Brajovic, Maria Kawecka, Bojan Dimitrijevic, Zivko Grubor, Zoran Miljkovic, Vahidin Prelic, Nenad Herakovic, Jelena Radenovic, Vanja Kapetanovic, Zeljko Sesta, Marko Backovic, Bojan Belic, Marko Jovanovic, Loris Curci, Zoran Babic, Milena Predic, Branislav Fistric, Uros Mirkovic, "Vibrator U. Rikverc", Vanja Vajzmanovic

GÊNERO: Horror de zumbis

SINOPSE: Na Sérvia, uma equipe da Interpol está transportando um prisioneiro político quando é atacada por um

bando de zumbis, gerados pelo vazamento de um gás experimental. Logo, a ameaça adquire graves proporções e todos
precisam lutar para não se transformarem também em mortos-vivos canibais babosos e idiotas.

COMENTÁRIOS: Mais uma banalidade do gênero, tendo
como única curiosidade o fato de ter sido coproduzida pela
Sérvia.

AVALIAÇÃO: **

ZONTAR – THE THING FROM VENUS

O MONSTRO DE VÊNUS

DIRETOR: Larry Buchanan

PAÍS: Estados Unidos

COMPANHIA PRODUTORA: Azalea Pictures

ANO DE PRODUÇÃO: 1966

DURAÇÃO: 80'

IDIOMA ORIGINAL: Inglês

ARGUMENTO: Lou Rusoff

ROTEIRO: Hillman Taylor, Larry Buchanan

FOTOGRAFIA: Robert B. Alcott [cor]

ELENCO: John Agar, Susan Bjurman, Anthony Houston,

Patricia De Laney, Neil Fletcher, Warren Hammack, Colleen Carr, Jeff Alexander, Bill Thurman, Andrew Traister, Jonathan Ledford, George Edglley, Carol Gilley, Bertha Holmes

GÊNERO: Ficção científica e horror

SINOPSE: Keith Ritchie é um gênio científico considerado meio louco por conta das suas ideias bizarras acerca do desenvolvimento da civilização – o que o afastou dos meios acadêmicos e das verbas das instituições de pesquisa. Velho amigo de Curt Taylor, o principal responsável pelo programa espacial norte-americano, Keith adverte-o acerca do perigo de lançar satélites ao espaço, já que a Terra estaria sendo constantemente monitorada por alienígenas. Não levando a sério as afirmações do amigo, Curt continua seu trabalho, sem saber que Keith está em permanente comunicação com Zontar, um alienígena do planeta Vênus, que acaba utilizando um dos satélites terrestres como transporte para vir visitar o nosso planeta. Acreditando que Zontar está chegando para botar ordem nessa grande zona na qual se transformou a sociedade humana – através do controle das mentes de nossos grandes líderes – Keith se torna seu colaborador, até perceber que o alien tem intenções nada amistosas.

COMENTÁRIOS: Refilmagem para a TV de "It conquered the world" (Roger Corman, 1956). Se a versão cinematográfica já era paupérrima, dá para imaginar a qualidade atroz desta versão televisiva.

AVALIAÇÃO: *

ZYZZYX RD.

ESTRADA DA MORTE

DIRETOR: John Penney

PAÍS: Estados Unidos

COMPANHIA PRODUTORA: Beachouse Productions

ANO DE PRODUÇÃO: 2005

DURAÇÃO: 90'

IDIOMA ORIGINAL: Inglês

PRODUÇÃO: John Penney, Leo Grillo (coprodução: Valerie McCaffrey)

ARGUMENTO: John Penney

ROTEIRO: John Penney

FOTOGRAFIA: David Klein [cor]

MONTAGEM: Joseph Gutowski

MÚSICA: Ryan Beveridge

ELENCO: Katherine Heigl, Leo Grillo, Rickey Medlocke, Tom Sizemore, Yorlin Madera, Meguire Grillo, Di Koob,

Nancy Linari (voz)

GÊNERO: Drama de suspense e horror

SINOPSE: Grant, um modesto contador de meia-idade, vai se divertir em um cassino de Las Vegas, no qual encontra a jovem Marissa. Os dois logo se sentem mutuamente atraídos e têm uma louca aventura. Porém, justamente quando estão transando, os dois são flagrados pelo namorado da garota, com quem ela estava brigada. Furioso, ele agride Grant, que revida e acaba matando-o acidentalmente. Desesperado, ele decide esconder o cadáver, a fim de evitar um escândalo que vai arruinar sua carreira e destruir seu casamento. Com a ajuda de Marissa, ele leva o cadáver para uma remota estrada do deserto, com o objetivo de enterrá-lo. Porém, quando o corpo desaparece subitamente, tem início uma bizarra série de acontecimentos.

COMENTÁRIOS: Uma trama razoavelmente inteligente, embora um tanto confusa.

AVALIAÇÃO: ***